中国社会科学院创新工程学术出版资助项目
中国社会科学院重大项目 A 类

神话与古史

中国现代学术的建构与认同

文 明 起 源 的 神 话 学 研 究 丛 书

谭 佳 著

社会科学文献出版社
SOCIAL SCIENCES ACADEMIC PRESS (CHINA)

目录

引　言

从古至今，如何走近与理解上古，如何研究神话与古史，这并非历史学、考古学、神话学或其他任何一门学科能单独处理的问题。神话与古史的关系在根本上形塑和制约了今人对传统、历史、文化、价值认同等诸方面的理解。不同时期、不同语境和不同的研究范式，导致上古于时人之意义有本质区别，尤以有无"史"字为分水岭。"古"加上"史"——"古史"，这个称谓宣告着传统的解体与被颠覆。在"古史"的现代研究范式之前，"古"是一种信仰，一个文化共同体的神圣源泉，具有哲学意义上的先验合法性，是真实的信仰叙事。然而，当把"古"理解为一段起源意义上的普通历史时，势必首先面对那些无法穷究、无法说清、无法辨识客观与真伪的现象与问题。处理这些现象与问题的过程，就是中国"神话"及中国神话学发生，并且参与现代学术建构的过程。不妨说，将上古历史区分为信史和神话，并把神话加以科学性、实证性研究，这是中国 20 世纪学术史最重要的实践之一。只有神话与古史联袂呈现及其内在话语实现完整统一建构，现代学术的整体转型才能有基石与土壤。

鉴于此，本书将使用"神话—古史"这样的书写形式，旨在强调二者共生互补、一体两面的特殊关系。"神话—古史"的话语系统不仅参与，而且主导了中国现代学术的建构，甚至还在"中华民族"和现代性认同方面，起着不可替代的重要作用。从晚清社会及其学术转型开始，神话资源一直形塑着"中国"认同。尽管当时知识界有"孔子纪年"与"黄帝纪年"之争，对"中国"历史应该从何时开始、包含哪些范围等问题各执一词，但是各论派必须共同摒除传统的华夏认同方式，取而代之的是要将追祖溯源作为实现认同的唯一方法，而追祖溯源的过程就是中国神话学发生并主导完成的过程。从更深一层来看，一个文化共同体的民族意识与民族主义诉求往往在其遭遇外来对抗时被聚焦和凸显，比如南宋、晚明莫不如此。然而，内忧外患的晚清还与它们不同，晚清不仅面临外来文明与文化的激烈碰撞和冲突，而且有内在的政治认同危机。故此，当时有识之士大都会聚焦"民族""种族""神话"等新的词语，希望对内重构一个中华认同体（尽管在对待清朝的正统性上有分野），对外成为具有竞争力的"民族"或"种族"，从而与外来文明分庭抗礼。中国"神话"及中国神话学出现的契机和意义也正在于此。

从上述两个角度出发，中国文化被晚清士人发现并归纳出"神话"这类现象，既源于当时日本的现代国族建构（以及欧洲浪漫主义思潮和文化人类学）的影响，同时也因为"神话—古史"的话语系统，能妥善安置上古文化中那些无法用现代科学观、理性主义、实证主义话语来统摄和研究的部分。"神话—古史"话语系统与历史学、考古学、人类学这些新兴学科一起，共同完成了"中国"和"中华民族"的现代认同方案及理论表述模式。"神话—古史"的联袂共生，相辅相成，成为中国现代学术建构中非常重要的面相。遗憾的是，历来对中国现代学术史的研究大都关注史学、政治思想方面，忽略甚至遗忘了神话学。

中国神话学曾不断被研究、撰写，这个过程也是"神话"被不断遮蔽、掩盖、边缘化的过程。在古史辨派将"神话"驱逐出"信史"后，史学家仅关注能作为可靠史料的神话材料记载，神话学家似乎也普遍缺少观照总体历史及社会理论的诉求。神话学一直偏安于文艺学、民族学、民间文学的领域，解决业已形成的学科问题。倘若重新考量神话与历史的关系，尤其是回到"神话—古史"这个曾最为核心的学术话语时，如何反思中国神话学，以及站在整体神话学（中西方的融会贯通视角）高度，将当代已取得的神话学资源切入古史研究，找到双方互为激发生长的沟通点、关键点，就显得尤为重要。王汎森先生曾说，"这一百多年来，我们对知识的了解、定义、诠释、范围，大多是跟着新式教科书走的，就像突然一阵风吹来，人们的思维世界悄悄转换成教科书或其他新书中的新定义、新概念，此后大家相沿而不自知，几乎不再意识到其中有一个很复杂的历史过程"[1]。人们对中国神话学的复杂历史过程的认识也是如此。"神话"的意义不仅是人类学、文学或史学的，更重要之处在于：伴随"神话—古史"话语与范式的是一系列新旧交织的概念、意识形态与社会实践。如何追溯它们产生的过程，并在有重要推进的关键之处做分析，这正是本书的问题意识所在。所以，笔者并不勾勒通史，不求面面俱到，也不从常见的分类途径来梳理学科史，而是力求探寻"神话—古史"的呈现过程，探讨潜藏在其背后的思想因子及其可反思之处。

---

[1] 王汎森：《执拗的低音：一些历史思考方式的反思》，生活·读书·新知三联书店，2014，"序言"，第 7 页。

　　当然，"神话"并非某种古已有之的实存之物，它只是现代学术建构中的一种观念物。"神话"究竟是什么？这只能用"莫衷一是"来形容。许多神话定义及理论是在毫无"共识"的情况下对话的，这意味着其基本概念上的根本差异，这些根本差异潜藏在截然不同的历史、社会与意识形态之中。如何在基本概念的层面上相互对话、共性反思，进而与其他学科进行交锋？这可能是神话学及其跨学科化的最基本任务。纵览西方神话学，不管是建构民间文学范式的格林兄弟、基于比较语言学来建构学理的马克斯·缪勒，还是重视哲学的卡西尔、强调心理学的荣格、打造宗教学的伊利亚德、喜欢结构主义的列维－斯特劳斯、开拓功能主义的马林诺夫斯基……他们的观念主张不乏相互抵触，甚至有内在学理逻辑截然相反的部分。比如，列维－斯特劳斯强调神话必须有可供分析的"强结构"，它是科学知识，是世俗性的；而伊利亚德则毕生研究神话的神圣性与信仰价值。再比如，弗洛伊德、荣格的心理学研究，究其根本是一种普适性的解释话语，它们的理论逻辑必然反历史主义和具有非时间性。甚至不妨认为，阐释性的神话理论是基于人类时空世界的任何标准而进行的，无法被证伪。试问，如何证明人类思想没有原型？如何证明神话时间不是非时间性的呢？……这类解释性的神话理论又如何与重视田野作业、重视功能性的马林诺夫斯基对话，与重视结构主义、共时性研究的列维－斯特劳斯对话呢？我们又如何将这些不同面相的理论杂糅、统一、融会贯通在中国的类似文化现象中呢？诸如此类的诘问还能列举出许多，细究这些神话理论及相互对话的可能性并非本书主旨，笔者是想借此强调以下方面。

　　面对被移植和套用的中国神话学，当神话学者综合汲取和运用这些纷呈的神话理论、"为我所需"时，如何处理这些理论的界限与内部矛盾？毋庸置疑，基于传统土壤和现实语境的促发及制约，中国神话学的建构与发展并没有展现足够的自我理论素养及实践内容。然而，这并不代表它没有普适性、独特性与拓展空间。在晚清经学解体的大背景下，历史学和神话学的联袂产生，以及"神话—古史"之间一直不断缠绕交叉的种种现象，构成了中国神话学的独特面貌。如果没有"神话—古史"的学术话语，就无法处理被现代学术质疑、还原、颠覆的上古世界。置入中国神话学的视野，"中国神话"所主导或参与的对"中国""中华民族""历史"、现代性的理论建构，已经从形式和内容上决定了今日"中华文明探源工程"的话语模式。换言之，中国考古学界习以为常的一些基本观念、术词并非理应如此，而是伴随历史学、神话学的建构而产生的。从中国神话学的视角反思"中华文明探源工程"，理应成为理解上古及中国现代学术史的一条必要途径。

绪　论

本书要研究的"古史"即上古时期的历史，大致从新石器时期至夏商周三代，尤其侧重从新石器晚期到夏商之际。尽管这段跨度一万余年的时间仅是先秦历史的一小段，但它决定性地形塑和造就了"中国"。正如张光直先生所说："在中国早期的历史上，夏商周三代显然是关键性的一段：中国文字记载的信史是在这一段时间里开始的，中国这个国家是在这一段时期里形成的，整个中国历史时代的许多文物制度的基础是在这个时期里奠定的。"[1] 徐苹芳先生对先秦历史的重要性及时间界定也集中在新石器时代至夏商周三代："从一万多年以来的新石器时代至夏商周三代，虽然占不到整个先秦历史的百分之一的岁月，但它却包含着氏族社会从母系向父系的演变，也包含着氏族社会向文明社会的转变，还包含着夏商部族文化向西周华夏共同体文化迈进的历程，以及秦始皇统一中国和汉武帝完成统一中国大业的全部历史。这些重大的事件贯穿着中国秦以前社会历史的全过程，形成了中国文明的特色，并直接影响着其后的中国社会历史和文化的发展。"[2] 考古学上最早关注中国文明起源的夏鼐先生，第一次用"中国文明的起源"的题目在日本公开讲演时指出："中国文明起源探索的主要对象是新时期时代末期或铜石并用时代的各种文明要素的起源和发展。"[3] 陈星灿教授也曾说，"中国文明与国家探源主要集中在三代研究上"。[4]

从实际研究来看，"中华文明探源工程"（以下简称"探源工程"）的"预设阶段"（2001～2003年）专门设置了"古史传说和有关夏商时期的文献

---

[1] 张光直：《从夏商周三代考古论三代关系与中国古代国家的形成》，张光直：《中国青铜时代》，生活·读书·新知三联书店，2013，第71页。

[2] 徐苹芳：《中国文明的形成及其在世界文明史上的地位》，徐苹芳：《中国历史考古学论集》，上海古籍出版社，2012，第14页。

[3] 夏鼐：《中国文明的起源》，文物出版社，1985，第80页。

[4] 陈星灿：《中国史前考古学史研究》，生活·读书·新知三联书店，1997，第77页。

研究""上古时期的礼制研究"的内容。"探源工程"的第一阶段（2004～2005 年）目标之一是：重点探索公元前 2500～前 1500 年中原地区的文明形态，并初步勾勒出了公元前 2500～前 1500 年即尧舜时代到夏商之际的社会图景。第二阶段（2006～2008 年）的四个子课题之一为：公元前 3500～前 1500年各地区社会与精神文化的发展。第三阶段（2009～2015 年）设置了"精神文化的发展状况研究和中华文明形成和早期发展的整体性研究"的内容。① 综上可见，先秦历史中的新石器时代晚期至夏商时期是中华文明探源的重点时期。这段时期具有"上古之事传说与史实混而不分"的特点②，它也是中国神话学建构之初最为关注，并一直是研究重点的时期。面对上古，今日习以为常的神话与信史之间的二元对立，乃是"神话与历史"这个更大的学术观念中的一种可能性而已。

第一节　作为学术话语的"神话—古史"

所谓"话语"，笔者将其理解为"一套在一定的历史时空规限下相互联系的思想，它嵌在文本、言词和各种实践中，关涉寻找、生产和证实'真理'的各种程序"。③ 换言之，话语是具有连贯和连续形式的思想实践及表达，具有自己的秩序和规则。有别于福柯将话语与权力紧密相连，笔者在此使用"学术话语"，意在强调学术生产的建构性，以及当时的社会文化、意识形态等对学术的控制和规约。"神话"与"古史"本来是两个独立的术词，笔者将其连缀在一起使用乃鉴于有"神话"才有"古史"，反之亦然，二者联袂共生。从现代学术转型角度审视，二者的产生乃是"史"不断发生变化、"上古"从信仰对象转变为实证对象的过程。

一　理解上古的三种话语

从古至今，对"上古"的理解与叙述有着价值信仰与事实求证之间的沟

---

① 关于"中华文明探源工程"的几大阶段情况可参阅王巍《关于中华文明探源工程的介绍》，中国考古网；张碧波、张军：《中华文明探源》，上海人民出版社，2007。

② 王国维《古史新证》中所说："上古之事传说与史实混而不分，史实之中国不免有所缘饰，与传说无异，而传说之中亦往往有史实为之素地。二者不易区别。"（王国维：《古史新证》，清华大学出版社，1994，第 2 页）

③ 〔美〕麦克洛斯基：《社会科学的措辞》，许宝强等编译，生活·读书·新知三联书店，2000，第 81 页。

鋬，殊途殊归。对此现象，学术界已有归纳。例如黄铭崇先生曾讲：

> 在帝制时代，中国的上古史的"典范"是东周至汉代逐渐成形的"万世一家"的古史系统。从十九世纪末至二十世纪初，中国本土史学者对于此一典范的反动，终于汇聚力量而形成本世纪前期的"疑古"的风潮。逮"神话"的概念传入中国后，与疑古汇流，使得"古史即神话"变成了中国古史的新典范。①

黄先生在《"古史即神话"——以〈大荒经〉及〈尧典〉为中心的再检讨》中以法国学者 Henri Maspero 的《书经中的神话》一书为重点，试图论证古史即"神话"如何造成今人走近古史的新障碍，并反思了用"神话"来归纳一些史料，是否对古史研究有帮助。黄先生对"神话"的引进问题，（按学术界一般的做法）采用了袁珂先生的观点，即 1903 年蒋观云在《神话、历史养成的人物》中最早引进"神话"一词。事实上，早于蒋观云，章太炎的"神话"使用既有"疑古"，但又不似古史辨派那样排斥神话，章氏的神话思想介于传统与非传统的对抗性矛盾之中，类似的学术现象亟须重新梳理与澄清。再如，还有学者归纳为：以"六经皆史说"为主流的信古时代，以"古史层累造成说"为主流的疑古倾向，以"二重证据法"为主流的释古工作。②这种视角紧扣对"古"之态度及学术实践。然而，"六经皆史"已经是"信古时代"式微的表征，而且提倡二重证据法的王国维本人虽然在释古，其信仰与学问的二元悖论却正体现了"上古"话语转型的矛盾与艰难。因此，势必需要寻找能涵括这些现象的划分新视角。笔者将对上古的研究划分为三种话语：信仰话语、信仰—实证话语、实证话语。

（一）信仰话语

所谓"信仰话语"是将"上古"，即"三代"视为文化共同体的源头与价值标准，认为它具有不容置疑的神圣性、对后世社会的统摄性，及围绕这些所形成的各种理解、阐释与研究。"三代"最早见于《论语·卫灵公》："斯民也，三代之所以直道而行也。"该词一直到战国时期都是指

---

① 黄铭崇：《"古史即神话"——以〈大荒经〉及〈尧典〉为中心的再检讨》，《新史学》1996 年第 7 卷第 3 期，第 175～194 页。
② 江林昌、孙进：《学术史与中国上古文明研究》，江林昌主编《中国古代文明研究与学术史》，河北大学出版社，2006，第 377 页。

夏、商、西周。秦以后，其含义开始包括东周，并一直沿用下去。在这类话语中，"三代"圣人对人间秩序做出规定，"三代"是社会理想境界、价值意义以及相应典章制度的来源，它不同于后世历史期，也不是普通的王朝。后世的王朝及其权力秩序仅是一时的，但"三代"却是永恒的、绝对的，它是价值与礼乐规范之源头。这类话语模式从春秋开始一直居于绝对主导地位，直到清末民初开始被质疑。其中又可细分为两种基本样态：尧舜禹模式、黄帝模式。

尧舜禹模式：春秋以前的文献如《诗经》《尚书》所载最古之帝王皆止于禹，不曾提及黄帝、尧、舜。《论语》《墨子》《孟子》等则上溯至尧、舜而不及黄帝，后者传说之大盛在战国时代。① 相关追溯和勾勒在古史辨派的研究中有完整辨析，此不详列。

黄帝模式：黄帝在《史记·五帝本纪》中就备受推崇，居帝系之始。将黄帝作为整个"中国"的信仰源头奠基于王夫之的《黄书》。《黄书》"后序"开篇云："述古继天而王者，本轩辕之治，建黄中，拒间气殊类之灾，扶长中夏以尽其材，治道该矣。"② 此后，清末民初和抗战时期皆掀起过黄帝崇拜热潮，学界对此已有研究。③ 不过，也恰恰从晚清开始，对上古的理解出现了迟疑与徘徊，即既推崇又质疑、既信仰又欲解构的双重心态。在这种心态下产生了本书所列举的第二种话语：信仰—实证话语。

（二）信仰—实证话语

有一类特殊的研究，其特点在于对上古既有推崇、皈依的文化情怀，将之作为中国文化的神圣与合法性源头，不容置疑与求证。同时，在外来文化的刺激下，又欲对上古展开实证性的史学研究，这种混合与纠结的心态及研究实践构成理解上古的第二种话语——"信仰—实证话语"，其典型代表是章太炎与梁启超的相关论著。比如章太炎对传统的"非传统性"态度，对六经

---

① 杨宽：《中国上古史导论》，吕思勉、童书业编著《古史辨》（第7册上编），上海古籍出版社，1982，第189~209页。

② 王夫之：《黄书》，《王船山诗文集》（下），中华书局，2006，第538页。

③ 关于清季黄帝崇拜的研究，参阅沈松侨《我以我血荐轩辕——黄帝神话与晚清的国族建构》，《台湾社会研究季刊》1997年第28期；孙隆基：《清季民族主义与黄帝崇拜之发明》，《历史研究》2000年第3期，第68~79页。不过，沈、孙两位先生的文章皆将"黄帝崇拜"完全视为现代民族主义思潮下的发明之物，对此，笔者并不认同，此处暂不对此展开讨论。

的史料化改造倾向，积极地以进化论看历史，以进化论讲人种，但又不乏对整个西方"文明"观的抵触。再看梁启超，他一方面以轩辕为本民族肇纪："黄帝以后，我族滋乳渐多，分布于中原，而其势不相统合。……惟内力充实，乃能宣泄于外，亦惟外竞剧烈，而内力乃以益充。"① 不仅如此，梁氏对上古经典《春秋》格外推崇，视之为"正统之源"。另一方面，他却对历来的上古研究，以及后续的王朝历史研究有强烈不满，诉诸"新史学"和"民族/人种"新资源来重建中国历史与文化的研究范式。② 需要强调的是，民国以后普遍将"黄帝"视为中华民族认同的符号和"共信"的国本，"黄帝"起点不可动摇和质疑，这甚至成为当时的国家意识形态。③ 民国思想者中也不乏仍然追慕"三代"之士，然而，这些现象都不再是纯粹的信仰话语。

金观涛先生曾建立了一个近代文献数据库，他在检索相关文献后得出一个重要结论："中国人对所谓个人、个性、个人主义接受都比较晚，都是五四前后才进入中国的。"④ 晚清士人对"个人"等辞藻其实并不太敏感，而对"民主""共和"这些概念接受得很早，借此可以理解国人孜孜不倦向往的"天下为公"境界，并用以反思秦以来的"家天下"。秦晖先生曾用"引西救儒"来解释这类现象，他认为，真正的儒家从传统上就带有一种愤世嫉俗的心理，主张"三代"仍是很理想的时代。秦晖还列出当时很多学者的类似论述。例如郭嵩焘明确说："三代以前，独中国有教化耳……自汉以来，中国教化日益微灭。而政教风俗，欧洲各国乃独擅其胜。其视中国，亦犹三代盛时之视夷狄也。"再例如谭嗣同说，秦后"二千年由三代之文化降而今日之土番野蛮者"。徐继畬说，唯西方尚"得三代之遗意"。薛福成也持此论点："唐虞以前，皆民主也。……秦汉以后，则全乎为君主矣。若夫夏商周之世，……孟子'民为贵，社稷次之，君为轻'之说，犹行于其间，其犹今之英、义诸国君民共主政乎？……所以三代之隆，几及三千年之久，为旷古所未有也。"⑤

---

① 梁启超：《（黄帝以后第一伟人）赵武灵王传》，《饮冰室合集·专集之六》（第 6 册），中华书局，1989，第 1 页。
② 谭佳：《现代性转型中的"〈春秋〉学"悖论——以梁启超的观点为例》，《现代中国文化与文学》（第 5 辑），巴蜀书社，2008。
③ 从古史辨派创始人顾颉刚所编的《现代初中教科书·本国史》的"被禁"风波事件中可见一斑。
④ 金观涛、刘青峰：《观念史研究：中国现代重要政治术语的形成》，香港中文大学出版社，2008，第 147 页。
⑤ 所引文献皆转引自秦晖《晚清儒者的"引西救儒"》，《南方周末》2010 年 6 月 17 日。

上述列举的这些文化人都认为中国文化在"三代"时最了不起，那曾是世界上最文明的时期，但是秦汉以后就开始"堕落"，自汉以后中国似乎已经逐渐成了"夷狄"，而西方世界却恰恰实现了"三代"理想。不过，这类现代国家意识形态下的文明溯源，对"三代"的膜拜与传统的"信仰话语"有本质区别。前者的黄帝认同目的在于向前追溯中国历史，提高民族自豪感与凝聚力（尤其是抗战时期）。在实际的上古研究中，前者已然以进化论为轴，以科学主义为器，呈现出实证话语样态。

（三）实证话语

实证话语占现代以来的绝对优势，看看历史学的先秦研究、考古学的文明探源工程便可得知。当然，现代的哲学、美学、社会学、人类学、神话学等也会聚焦上古文化，但其理论阐述乃基于实证性的史学研究而展开，这些理论研究也无法等同于信仰本身。故而，笔者仍将其视为实证话语下的不同表达方式。在诸多种类的实证话语中，当代"探源工程"声势浩大，影响深远，颇具代表性。

"探源工程"是继国家"九五"重点科技攻关项目——"夏商周断代工程"之后，又一项由国家支持的多学科结合研究中国古代历史与文化的重大科研项目。该项目由科技部立项，作为国家"十五""十一五""十二五"科技攻关、科技支撑项目，由国家文物局组织，中国社会科学院考古研究所和北京大学考古文博学院作为主要承担单位，联合了国内外数十家单位的数百位专家、学者进行的大规模科研项目。在工程实施过程中，各个学科相互配合，协同作战，联合攻关，探讨中华文明起源、形成的年代、文明形成时期的环境背景、经济技术发展状况及其在文明形成过程中的作用、各个都邑遗址的年代、文明形成期的聚落形态所反映的社会结构、人们精神文化的发展状况、中华文明多元一体格局的形成过程、中华文明的特点等问题。"探源工程"的目标是：多学科结合，多角度、多层次、全方位地研究中华文明的形成与早期发展的过程，并初步探索其背景、原因、道路与特点。[1]

"探源工程"的研究方法既与近代那辈学者（如王国维）有别，上古先王系谱不再是探源的焦点；同时，也与"疑古"者有别（如古史辨派），不再强

---

[1] 此段介绍出自"中华文明探源工程"项目负责专家王巍教授的《关于中华文明探源工程的介绍》一文，见中国考古网。

调驱逐神话。取而代之的是，"探源工程"将"神话"作为一种研究对象和具体材料。"'如何重建古史传说的历史'——这应是探索中国文明起源在方式与目标方面区别于西方而具有中国学术特色的重要内涵之一。"① "探源工程"主张将史前考古发现与上古神话传说联结起来，通过排比史前史分期、社会演进阶段、古史传说中的帝王时代，力图发现其在先后顺序上存在的一致性。"三皇五帝的历史地位被加以重新估定，新发现的史前文化断代序列逐渐替代原先的三皇五帝所占据的正统地位"。② 较之古史辨派，"探源工程"尽管走出"疑古"，但与前者一样，"古"之神圣性也随着三皇五帝的"被重新估定"而消失殆尽。即使是再科学、再精确的文化断代、序列组合，也替代不了研究这些"代"与"组合"的文化性本身。仅通过实证话语来重建上古史，借此树立民族自信心，结果有可能南辕北辙。考古发现以及种种证据既改变了人们对古史的看法，也连带抽空了对上古黄金世界的种种膜拜，以及对上古的认同和信仰。这种情况恰如黄进兴在评说梁启超"新史学"时所论述的那样："史料观念的改变，对传统史学起了莫大的颠覆作用。首先便是动摇了传统史学经典的权威形象，如帝制时代尊为正史的二十四史，现在也只是一堆史料了。往昔，上古史册笼罩着近乎神圣的色彩，其记载的真实性不容置疑，而今，则可以对之大鸣大放，无所禁忌了。"③ 结合史学与考古学理解上古，不可回避地要剖析它的神圣性，并阐释它何以神圣，探究它对后世的影响等。这些维度都可成为神话学研究的内容。不过，在传统文献考证和现代实证话语的主导下，神话学对上古的研究基本上在"虚构—真实"的二元对立中生发、成熟，亟须新观念与新方法的突破。

二　"神话—古史"的联袂互补

综观理解上古的三种话语，只有在第二种"信仰—实证话语"和第三种"实证话语"下，"神话—古史"才会被共同呈现、结合、对立、交织，又各自演化。

"史"在古今中国的内涵与不同的演变过程，就是中国学术不同阶段特征

---

① 朱乃诚：《21世纪初中国文明起源研究的主要特点、成果与展望》，见中国考古网。
② 张维屏：《雷海宗〈中国通史选读〉讲义所反映之当代古史观念的探讨》，《思与言》2003年第41卷第2期，第167页。
③ 黄进兴：《中国近代史学的双重危机：试论"新史学"的诞生及其所面临的困境》，黄进兴：《历史主义与历史理论》，陕西师范大学出版社，2002，第284、285页。

的呈现过程。第一个阶段：上古常以"祝史""卜史""巫史"等连称，这里的"史"是沟通人神之间的一种神圣职务。"史的神职性质一直到春秋时期也没有什么改变。他们要对神负责，要作忠实的记载。"① 第二个阶段：战国以后私人著史和阐释官书成为可能。东汉明帝以后，修史、撰史遂成为国家政事要职之一，逐渐形成所谓"正史"观念，历代官方编撰的"二十四史"陆续形成。在魏晋以后，《五代史志》的《经籍志》创立史部著录，这是后世广泛使用"史"字指称一切史事记载的标志。在这条发展线索中，"史"从神职人员演变为史书、史事之义，"史"的神圣特性逐渐消失。不过，"从用以称史官的'史'，到用以称历史记载的'史'，不知要经过多少年代"②。第三个阶段：晚清以降，受西方史学观念、研究方法及学科建制的影响，逐渐形成现代"历史"观念。

1902 年，清政府颁布了《钦定学堂章程》，史称"壬寅学制"。根据新学制规定，无论小学、中学，还是大学都设置历史课程：初等小学为"史学"，中学课程为"中外史学"，大学课程为"中国史学""万国史学"。③ 自此，"历史学"热出现，大量新式的历史教科书也应运而生。这一时期正是经学解体期，"历史学"便成为现代学术转型和构建中最早与西来文化挂钩的学科。④借"历史"之缘由，大量舶来的新术语译介和新方法冲击着根深蒂固的经史传统。其中，"神话"的引进与神话学建构便是重要的一环（第一章将分析这些内容）。在 19 世纪的最后几年，"神话"与"历史"一起进入知识精英的话语中。比如：最早且正式建构神话学研究范式的章太炎、梁启超，引进"神话"乃基于对上古文化、民族共同体、"文明"的理解。二人都是通过日本学界，将西方的文化人类学理念运用到中国史学研究上，在仿效日本中，从体制、方法等方面彻底改变了传统史学叙事、资政的功能。最早使用"神话"的章太炎认为，先秦史官记录的文字与神话很相近，它们在文化进化链条中尚处于初级阶段，是一种病态，要排除神话。这种将神话与上古文化发展相关联，尤其将神话与可考证的信史相对立的方式开后世研究之先河。更关键

---

① 白寿彝：《中国史学史》（第十册），上海人民出版社，1996，第 11 页。
② 白寿彝：《中国史学史》（第十册），上海人民出版社，1996，第 6 页。
③ 舒新城编《中国近代教育史资料》（中册），人民教育出版社，1981，第 401、493、582 页。
④ 对经学解体和史学转型的论述，可参见罗志田《近代中国史学十论》，复旦大学出版社，2003，第 88 页；桑兵：《晚清民国的国学研究》，上海古籍出版社，2001，第 5 页；郑师渠：《晚清国粹派文化思想研究》，北京师范大学出版社，1997，第 100 页。

的是，通过对上古文化的神话化处理，章氏用西方宗教学的宗教性来阐释六经的神圣性，用巫史文化的史官职能来处理争论不休的六经作者问题，进而提出"历史民族"的范畴。尽管对中国传统文化持捍卫立场，但是章氏已经无法将上古作为信仰来对待，其实质是将神话与信史相对立，他与梁氏一起开创了神话与古史相剥离、相对立的范式（将在第二章第一节详细展开）。梁启超将无法考证的上古历史现象划为神话，并从社会心理角度研究神话对于历史的意义。他将神话研究置于比较视野，尤其注重"民族"和"人种"问题，建构"中华民族"概念。紧随其后，第一位撰文专门论述中国神话的蒋观云顺此理路，在现代民族主义的驱使下，通过"神话"及其素材来套用"文明西来说"，借此追溯"中华民族"共同的文化传统、风俗教习（相关问题将在第二章第二节详细分析）。至此，"神话—古史"一起改写了中国学术发展的脉络，它们的内在关系及学理逻辑成为我们今日看待上古，进行文明探源工作的起点与轴心。从晚清至民国，从章太炎、梁启超到古史辨派，"神话—古史"联袂共生后各自演化，但又常在文明溯源、"中华民族"形成，民族精神与特性等问题上相互影响和共同发酵作用。后来的神话学、历史学、考古学，都是在这个相同的诉求中进行各自拓展（第二章第三节将分析这些内容）。

尽管从 20 世纪 80 年代开始，随着学界对"民族—国家"（nation - state）一体化、同质化的反思与批判，国内外不少学者关注中国内部族群文化的多元异质性，对中国现行的民族构架进行反思性辨析。但是，从中国神话学发展脉络来看，中国现代学术话语仍然在为"民族—国家"这条主旋律服务。继章太炎、梁启超和蒋观云之后，对中国神话学影响最大的是鲁迅、周作人、茅盾等人的神话学主张。他们通过"神话"来审视、反思中国传统文化、建构民族性和民族精神，强化"民族—国家"的一体化、同质化。值得注意的是，与今日的学院式生产方式不同，鲁迅和周作人在凸显神话的文学性的同时，还对神话进行了更为深入的文化性思考。这些思考是我们理解中国现代性认同方式的有益视角。当然，各个研究者，各种理论内部有着不同的表现形态，但它们在"神话—古史"所奠基的学术话语下，一起构成了中国神话学的基本面貌与特征（这些内容将在第三章各节详细展开）。从古人对上古的信仰话语到现代的实证话语演变，以及现代学科内部的知识生产规诫，使得无论是对古史的研究，还是对神话学的研究，其方法论都有鲜明的"中国"特色：在传统与现代、学问与德性、文献与实物、阐释与实证等方面的交叉发展，留给我们诸多的反思空间（这些内容将在第四章各节展开）。

三 神话与历史

在实证话语的主导下，尽管我们习惯性地将神话的虚构与历史的真实相对立，然而放入更大的学术史视野，神话与历史、虚构与真实的关系并非只能如此。在我们的观念建构中，神话不仅可以是虚构的，也可以是真实的。关键在于，我们用什么样的眼光看待历史与自己，如何择取不同的研究范式切入对象。

（一）从神话中找信史

钱穆先生曾说："各民族最先历史无不从追记起来，故其中断难脱离'传说'与带有'神话'之部分。若严格排斥传说，则古史即无从说起。"① 徐旭生先生也讲，无论如何，很古时代的传说总有它历史方面的质素、核心，并不是向壁虚造的。②

与此相类似，凌纯声等认为，"承认历史与自然环境必然要在一切文化成就上留下深刻的痕迹，所以也在神话上留下深刻的痕迹，然将一切神话都看作历史，那就等于将它看作原始人自然主义的诗歌，是同样的错误"③。这些观点集中代表了现代史学、考古学、神话学最普遍的理念，即主张古史中必有神话传说，不能完全排斥这部分神话传说，而是将之作为"真实"的线索去尽可能地找到历史真相。尽管这些神话有真实的因子，但它们是虚假的，不是历史本身。随着考古学的发展，上述从神话中找"真实"的思路更鲜明地体现出来。最具代表性的是李伯谦先生曾把"考古学的中国古史体系"与"传统史学的中国古史体系"两个系统绘制出一个对应表，他进行比较后说：

> 尽管两个系统使用的符号不同，也不敢说表列的对应关系没有一点差错或存在前后游移的余地，但从人猿揖别、人类社会出现以来，两者由低级到高级的发展规律基本相同，每个大体相对应的阶段所表现出来的特征基本相同，从而决定了无论是考古学构建的古史体系还是传统史

---

① 钱穆：《国史大纲》，商务印书馆，1996，第 8 页。
② 徐旭生：《中国古史的传说时代》，文物出版社，1985，第 20 页。
③ 凌纯声、芮逸夫：《湘西苗族调查报告》，民族出版社，2003，第 166 页。

学的古史体系都具有自己的合理性。考古学构建的古史体系固然是科学有据的，没有或甚少文字记载或仅有口耳相传的神话、传说形式流传下来的古史体系也不能说全是子虚乌有，正如尹达先生所言，这些神话、传说都有史实的素地，都在一定程度上反映了历史的真实。拂去附着其上的荒诞不经的尘垢，便可揭示出其合理的内核。①

李学勤先生认为："此文代表了中国学者探索古史，特别是远古历史的新趋向。"② 换言之，他们都认定通过考古挖掘可以验证神话中的真实性，让神话成为研究客观历史的有用材料。不唯中国，在西方，将神话与历史相对立的观点同样占主导地位，考古学的发展不断佐证了神话的真实因子，强化了这种对立关系。笔者仅以希腊考古成就来说明此问题。

1870 年，德国商人施里曼根据"荷马史诗"中关于特洛伊战争的记载，在阿伽门农的故乡达达尼尔海峡附近土耳其境内的希沙里克山丘，挖掘出了属于那个时代的一座巨大王陵。出土的大量金银器证明，迈锡尼文明"遍地是黄金"的传说并非凭空捏造。其中尤其引人注目的是一个镶着鸽子的金杯和一具头戴黄金面具的男尸，证明了荷马描述的用"鸽子酒杯"喝酒以及"阿伽门农的面具"并非完全虚构。20 世纪初，英国考古学家伊文思又在克里特岛的克诺索斯发现了规模巨大的王宫遗址。华丽的米诺斯宫殿廊道迂回、宫室交替，无异于荷马提到的米诺斯迷宫。数千年来一直被当作神话传说流传的特洛伊战争、米诺斯文明，终于在考古挖掘中显露出了可信的一面。2006年 3 月 28 日，希腊考古学家罗洛斯声称在萨拉米斯岛的卡纳基亚村附近找到了《伊利亚特》中提到的埃阿希德王朝的宫殿。这些希腊考古的众多例子表明，看似没有事实根据的神话传说，却有可能确实与历史事实有关，考古学者只要找到相关的证据就可以证明，从而拉长历史。

在华夏大地，从 1921 年瑞典人安特生在河南渑池仰韶进行挖掘开始，利用考古发掘来研究中国上古神话就成为神话研究的新途径。例如古本《竹书纪年》中有一则被认为是神话的记载"懿王元年天再旦于郑"，意即"一天之内太阳升起了两次"。根据文献考证，"郑"的地望在西周都城（今西安）附近的华县或凤翔。参与"夏商周断代工程"的天文学家通过理论研究，建立了描述日出时日食所造成的天再旦现象的地面区域，并对公元前 1000 ~ 前 840

---

① 李伯谦：《考古学视野的三皇五帝时代》，《古代文明研究通讯》2008 年第 36 期。
② 李学勤：《古史研究的当前趋向》，《邯郸学院学报》2008 年第 2 期。

年的日食进行全面计算，得出公元前899年四月二十一日的日食可以在西周郑地造成"天再旦"现象。1997年3月9日，在新疆北部实际观测到了"天再旦"现象，理论上的假设得到了实际的印证。再据古史传说，黄帝时代的史官仓颉始作文字。考古人员在河南贾湖出土了8000年前的龟甲刻符，接近于汉字源头。在山东大汶口文化遗址中，也出土有陶符十几种，时间大约在公元前3000年。郭沫若、于省吾、唐兰、李学勤等人均认为，这些陶器上的刻画符号就是中国汉字的最早起源。据《易经·系辞下》记载，炎帝神农氏开创了原始市场、原始商业："日中为市，致天下之民，聚天下之货，交易而退，各得其所，盖取诸噬嗑。"① 又有一种传说讲神农之城"有石城十仞，汤池百步"（晁错《论贵粟疏》）。而据道家经典记载，黄帝始创原始城市，"帝始作屋，筑宫室，以避寒暑燥湿，……帝又令筑城邑以居之"（《云笈七笺·轩辕本纪》）。中国考古学的发现证明，中国原始城市最初确实出现在公元前4000～前2500年的这段时间里，至少有内蒙古、山东、中南、中原、四川、东南六个古城群和五六十个古城址。

总之，从上古神话传说中找到与之对应的考古线索，从而证明神话中也有真实情况，用科学和实证的方式延伸中国文明的纵深度，成为中国考古学界最为普遍的做法。

不过，已有对借用神话和考古来拉长文明历史的做法持警惕态度的学者。毕竟考古材料和文献是不同的研究材料，完全将考古发现用来印证史籍记载的方式值得反思。在"夏商周断代工程"结项前后，西方一些媒体对此发表了相关的评论，并引发了一场网络大讨论。有些美国学者直言不讳地指出，今日中国大陆的考古学田野方法与美国20世纪30年代的方法相仿，其中最大的问题是对考古材料缺乏系统的发现和分析，某些中国学者将二里头遗址作为夏都的做法是让人难以接受的，甚至会误导别人。② 摒除中西意识形态的成见不论，美国学者的指责有一定的可取之处，即不要简单地将神话与文献相对应，认为夏朝必然能被考古证明。其实，这种寻找的更深层动机还是国家主义诉求，貌似客观实证的考古研究背后仍然是国家、民族的观念形态在起主导作用。同理，貌似主观虚构的神话，换种学术视野，也可以是历史和

① 《周易·系辞下》，李学勤主编《周易正义》，北京大学出版社，1999，第299页。
② 刘星：《缺席的对话：夏商周断代工程引起的海外学术讨论记实》，《中国文物报》2001年6月6日第5版。

真实。

（二）神话就是历史

前文已提及，在现代科学范式建构和被普遍接受之前，古人往往生活在信仰的真实中。正如我们很难去求证"上帝是谁"，但一直有人信仰上帝，相信他的存在，上古神话的人物或事件，尤其是世系和价值观念等，仅用进化论、实证论的神话观去打量，既是考古学界的一种普遍的"误读"，也是现代学术缺乏反思的表现。神话，也可以就是历史本身。例如，古代希腊人并不严格区分神话和历史，他们把英雄神话当作古史，并且为神话编订系统，为神话人物编订年谱。另外，希腊神话主要依靠"荷马史诗"保存下来。在荷马的心目中，神话和历史是交织在一起的。在中国古代，所谓"道统"或"黄金三代"也是建立在对上古神话的信仰基础之上的。

区别于古人的信仰真实，现代宗教学从学理上论证神话和传说就是历史。例如意大利宗教史学家贝塔佐尼认为，神话讲述的是"那些令人难以忘怀的创造过程"，诸如事物的起源、世界的起源、人类的起源、生与死的起源、动物和植物（含蔬菜）的起源等。所有这些事件都发生在极为远古的时代，但人们现在生活的源头和基础都是由此而来的，整个社会的结构也是以此为基础的。[①] 与宗教学的论述不同，随着新史学和历史人类学的崛起，"历史"与"真实"的绝对客观性同样受到了质疑，神话所蕴含的理性逻辑得到认识，神话、历史与"真实"在意义的层面得以会合交织。与宗教学的论述角度不同，在后现代对历史话语反思潮流的推动下，发掘神话深层的模式，并以此认识特定文化所表述的宇宙观对其历史建构的影响，已成为历史人类学和新历史主义的一个新的视点。历史人类学和新历史主义强调历史理论的文本性和虚构性，认为任何既定的历史事实都是一种叙事建构，是一种话语遮蔽，研究者可以通过回溯文本更为原生的土壤，去阐释其隐匿的意识形态和建构过程。这些对历史与叙事之关系的重新理解，既基于"神话"与"历史"的二元区分理解，同时又打破了神话与事实之间曾经被视为牢不可破的屏障，尝试对被认为是客观的

---

① 〔意〕拉斐尔·贝佐塔尼：《神话的真实性》，〔美〕阿兰·邓迪斯编《西方神话学读本》，朝戈金译，广西师范大学出版社，2006，第121页。

史书或事件做虚构的模式阐释，因此有人说"历史可能是我们的神话"。①在西方甚至出现了 Mythistory 这样的合成词，"神话"与"历史"之间貌似不再有实质性的区分。②

然而，我们又不能简单地将"神话等于历史"这类西学思潮作为颠覆中国现代学术史与学科的理由。作为研究参照对象，西方史学和神话学前沿值得国人深入研究和借鉴。但若以"西人已有，吾邦也要有"为命题存在之由，则不仅高估了后现代史学的解构力量，而且屏蔽了需要用现代性话语中的神话概念去"肢解"前现代文化的警醒，同时也遮蔽了对传统文化及现代学术建构的反思初衷。

中国学者在引进日本和西方"神话"范畴的同时，在"神话"与"历史"的观念和研究范式上不仅毫不犹豫地接受了真实与虚构的二元对立立场，而且在现代学人看来，由于先秦文献没有类似于"荷马史诗"等标准的"神话"样式，也没有类似于古希腊的"神话"现象，因而进一步强化"神话"与"历史"的对立冲突，以此解释中国历史的发展特殊性，从梁启超、茅盾、古史辨派学者的神话观和古史研究方法，以及当下众多的神话学研究书目中都可看到这条认知主线。正如美国古典神话学家威廉·汉森所指出的，中国学者通过各种阐释，排除神话中的神奇元素，从而将神话予以历史化的做法叫作"帕莱法特斯主义"。③今日的历史学、考古学，尤其是"探源工程"对神话的理解，基本上仍然停留在这个阶段。不仅前文提及的李伯谦先生的"神话—信史"的对应表是典型例子，再例如徐旭生凭传世文献"摸"到二里头，留给后人最大的启示是"文献中关于古史的传说并非全是无稽之谈；经过系统梳理考证的文献，可以作为我们探索中国早期文明的有益线索"④。对于类似的神话与历史的认识，笔者在拙著《断裂中的神圣重构——〈春秋〉的神话隐喻》中有过分析和总结："神话"处于人类初级思维阶段，它与所谓真正的、高级思维的"历史"有本质不同的阶段性分别，这既是西方历史学的根基之一，也是中国现代史学和神话学的基本观念之一。在这类观念下，历史叙事者的诉求始终以"求真"为线索，成熟的历史叙事是"人"的历史，

① Donald R. Kelley, *Faces of History*, Yale University Press, 1998.

② Joseph Mali, *Mythistory：The Making of a Modern Historiography*, The University of Chicago Press, 2003.

③ 杨利慧：《神话与神话学》，北京师范大学出版社，2009，第 198～200 页。

④ 许宏：《最早的中国》，科学出版社，2009，第 38 页。

它摒弃虚构与想象的"神话"，成为理性的人世记录与评判。① 笔者通过阐释《春秋》的神话性来试图说明，中国神话学所遵循的现代学术界常见的"理性化"历史叙事模式，并不具有真正的本土解释力，我们需要以新的眼光进入中国历史叙事的起源和中国神话研究。应该说，神话学与考古学共同关注的上古，正是我们用"新的眼光"走进中国历史叙事的有效途径，神话学与考古学的交叉互动，新的研究范式与学术方法的产生则是在这条途径上探索出来的硕果。

第二节 神话学与中华文明探源研究

正如神话学支脉众多、内在学理斑驳缠绕，考古学同样在不算太长的学科历史中有太多演变、术词和观点。即使想对考古学做学科的总体描述也绝非易事，它存在着诸如线性写作范式、阶段性写作范式、思想史写作范式、后过程主义写作范式等模式。若不经过严格的学科训练就做此工作，无异于鲁莽和不自知。不过，尝试走近考古学，至少能从其学科的发生、发展中看到与神话学的内在关联。20 世纪初期，神话学、考古学和历史学一起促成了"中华民族"的观念建构和中国历史叙事的新范式。基于这个大的文化前提，今日的"夏商周断代工程"与"探源工程"则延续了这些学术建构与国家话语叙事。正是今日的中华文明探源工作，让我们乐观地看到神话学、考古学的交叉趋势和拓展空间所在。下文即从这几个方面择要论述。

一 基于"神话—古史"的中国考古学

先于考古学的发生和实践，中国神话学应是最早介入探讨文明起源、文化渊源、国家认同的学科之一。徐苹芳先生曾总结：

> 中国文明起源的研究，从一开始便与中国文明（文化）之来源联在一起，中国文化是土生土长的独立（原生）文化，还是外来的传播（次生）文化，便成了一个有争论的问题。所以，在谈中国文明起源的时候，

---

① 谭佳：《断裂中的神圣重构——〈春秋〉的神话隐喻》，南方日报出版社，2010，第49页。

不可避免地要先从中国文化的来源说起。①

从中国神话学的发生来看，它在建构之初就关注"中国文化的来源"问题。若再进一步追问"中国文化的来源"问题又是在什么情况下被知识界作为研究对象的，这恰恰是在晚清文化认同遭遇危机，学术面临转型，对上古的信仰话语被处理为"神话—古史"的过程中发生的。

（一）从"神话—古史"到考古学

按学术界的观点，考古学人大都认为中国考古学是 20 世纪全新的研究传统，与此前的金石学传统不存在前后传承或者转型的关系。李济先生曾说："要是把现在的考古学与我们固有的金石学放在一个宗派里，岂不成了中国的胡人用改姓的办法冒充黄帝的子孙的那一套把戏。"② 究其根本，考古学、历史学、神话学，都是西学东渐的新兴学科，它们之所以能在近代中国扎根、发展壮大，最根本原因还是在于契合了当时的社会文化转型、现代学术建构与认同的需要。

清末民初的疑古思潮打破了以儒家思想为主导的传统信仰话语。"古史辨"派在整理、辨别文献史料的年代，在解构千古一系、民族出于一元、地域一统等传统观念方面进行了重要实践，也为史学和考古学的发展扫除了若干障碍。但"层累地造成中国古史"说把中国上古、远古几乎抹杀成一片真空，迫切需要无争议的科学史料去填充。为此，如认为"古史问题的唯一解决方法就是考古学"，"要努力向发掘方向走"的诉求应运而生③，真古史的解决就只能依靠考古学，这成为当时古史研究的趋势所在。正因为学理逻辑承接了"神话—古史"的二分并致力于研究信史，所以长期以来，"中国考古学被看作历史学的一个分支，在学科分类或定位上归属于历史学科下的二级学科。这种分类或者定位是受我国学术传统影响的结果，并源于

---

① 徐苹芳：《中国文明起源考古学研究的回顾与展望》，《中国历史考古学论集》，上海古籍出版社，2012，第 3 页。

② 李济：《〈城子崖发掘报告〉序》，张光直主编《李济文集》（第 2 卷），上海人民出版社，2006，第 206 页。

③ 李玄伯：《古史问题的唯一解决方法》，《现代评论》1924 年第 1 卷第 3 期。这篇文章被后人频繁引用，但不太被人关注的是，到了 1938 年，李玄伯出版《中国古代社会新研》（上海开明书店），用的全部是传世文献记载的史料。这或许可视为当时史学界态度的一个转变。

20世纪初西学东渐大潮中考古学被我国史学界用来解决上古史的争议"①。按中国社会科学院考古研究所编著的《中国考古学》（夏商卷）的论述，"在重建中国古代信史，重建中国古史科学体系的渴望中，以田野发掘为特点的中国考古学应运而生"②。这些论述明显地反映出，考古学对上古的研究根本上在于解决悬而未决的古史问题，将其打造为科学体系中的信史。考古学的这种研究必然是在上古文化被分割为"神话—古史"，在现代性转型下的学术建构中完成。只有"神话"被建立，"古史"成为可实证的部分，考古学才能应运而生。

回顾中国考古学的建立，也能验证这条基本路径：考古学建立之初最具标志性的事件是安阳挖掘③，它最直接的贡献在于证实了晚商的存在。至此，"证实"对于中国上古史，尤其是对于在疑古思潮冲击下亟待重建的古史至关重要。虽然安阳的挖掘并不能和《史记·殷本纪》完全对应，"但是古史体系急不可待地征引了安阳'证实'的范畴"。④ 这种将考古挖掘与文献记载相对应的研究模式强化了编史倾向，强化了"神话—古史"的对立模式。同时，考古学人希望在"证实"中延伸中华民族历史，增强对其时间与空间的认同，这些都与当时中国神话学的发展殊途同归，共同服务于现代"民族—国家"的认同诉求。然而，考古如何证实黄帝、尧、舜呢？其证据是什么？仅靠证实，恐怕考古学永远不可能证明先殷神话，反之亦然，神话也很难被简单地视为史学研究的证据性材料。所以，20世纪30年代以后，考古学者仍全力考其古史，而史学家则根据神话资料重建古史，至于神话学家就在神话、文学、文艺的殿堂里沉潜其味。例如史学家有蒙文通《古史甄微》中的"三集团说"⑤，傅斯年的

① 陈淳：《民族学对考古学阐释的贡献》，北京大学考古文博学院编《考古学研究》（十），科学出版社，2012，第6页。

② 中国社会科学院考古研究所编著《中国考古学》（夏商卷），中国社会科学出版社，2003，"绪论"，第1页。

③ 学界对中国考古学诞生的标志性事件存在分歧。有的以中国境内第一次具有科学意义的考古学挖掘，即安特生（J. G. Andersson）主持的河南渑池仰韶挖掘为标准；有的以中国学人主持的第一次考古学实践，即李济1926年在山西夏县西阴村的挖掘调查和发掘为标准；有的以国家考古研究机构的成立，即中研院历史语言研究所的成立和安阳挖掘工作的展开为标准。虽然存在争议，但是诸家之说都未违背"田野考古"的定义，且都在20世纪20年代。

④ 王国维：《古史新证》，清华大学出版社，1994，第52页。

⑤ 蒙文通：《古史甄微》，商务印书馆，1933。

"夷夏东西说"①，埃伯哈德（W. Eberhard）的古代地方文化说②，茅盾、鲁迅、周作人等神话学大师则进一步强化了神话的文艺性与文学研究。

不仅神话学从学理逻辑上为考古学扫清了障碍，考古学的诞生与发展也直接或间接地催生着中国神话学的内容与功能，呼应和延续了中国神话学最初聚焦的民族建构和文明渊源问题。在"神话"引进之前，从18世纪下半叶开始，法、英等国便出现了"中国文化西来说"，清末民初的神话研究在很大程度上吸收了这些内容。章太炎、梁启超、蒋观云最初从神话学角度谈民族认同与文明渊源问题后，20世纪20年代以来，出现了"夷夏东西说"，即西部的仰韶文化为虞夏民族的文化，而小屯商文化则应来自东方，可能与龙山文化有关。③ 这种认识一直到20世纪50年代还很流行④，比如安志敏先生认为黄河流域的中原地区，无疑是中国文明的发祥地。⑤ 李先登先生认为中国古代文明的起源，严格地说是一元的，而不是多元的。⑥ 20世纪70年代，随着田野考古发掘与研究的进展，中原以外各地新石器文化被大量地揭示出来，并显示出不同的谱系和地域性特征。1981年，苏秉琦先生提出"区域类型理论"，把中国新石器时代文化分为六个区域，挑战了"一元论"和"中原中心论"。自此，"多元一体"的文明起源论逐渐成为学术界主流的认识，时至今日，文明探源工程仍然聚焦于文明的原生性与渊源问题。极具代表性的观点有：

> 中华文明是在欧亚大陆东部产生的一支原生文明。……对夏、商二代的历史，先秦文献只留下若干片段记录；司马迁在《史记·夏本纪》和《殷本纪》中也仅梳理出简单的历史框架，有世无年。近、现代考古学提供的丰富材料，极大地开阔了认识夏、商文明的视野。以田野工作为基础的考古学研究，成为重建夏、商信史的主要途径。⑦

---

① 傅斯年：《夷夏东西说》，《中央研究院历史语言研究所集刊外编·庆祝蔡元培先生六十五岁论文集》（下编），（北平）历史语言研究所出版社，1935。
② 转引自张光直《中国青铜时代》，生活·读书·新知三联书店，2013，第370页。
③ 傅斯年：《夷夏东西说》，《中央研究院历史语言研究所集刊外编·庆祝蔡元培先生六十五岁论文集》（下编），（北平）历史语言研究所出版社，第1093~1134页。
④ 陈星灿：《从一元到多元：中国文明起源研究的心路历程》，《中原文物》2002年第2期。
⑤ 安志敏：《试论文明的起源》，《考古》1987年第5期。
⑥ 李先登：《关于中国古代文明起源的若干问题》，《天津师大学报》1988年第2期。
⑦ 中国社会科学院考古研究所编著《中国考古学》（夏商卷），中国社会科学出版社，2003，"绪论"，第1页。

　　许宏教授在《最早的中国》中也强调中国文明的原生性，并引用了英国考古学家格林·丹尼尔教授，以及严文明教授的观点来说明："以西亚两河流域为根基发展起来的西方文明和以东亚大两河流域（指黄河流域和长江流域）为根基发展起来的东方文明，这两个大的文明体系是独立起源的，在早期也基本上是自行发展的，只是到了西汉和罗马帝国的时期才发生了具有重要意义的接触和交往。此后这两个文明体系本身的发展和相互关系，便构成了世界历史的主要内容。"①

　　放入国家话语层面，神话学、历史学、考古学的现实诉求都在于解决中国历史的起源问题，考古学在这个问题上更强调具体的时间和地点定性。"夏商周断代工程"以多学科相结合的方法，推出了一份夏商周三代文明史的科学年表。我们不妨对比一下，2000多年前的司马迁在《史记·十二诸侯年表》中将中国的历史纪年追溯到西周晚期的共和元年，即公元前841年，再往上的《三代世表》便有世无年。"夏商周断代工程"的最直接作用在于，将公元前841年向前推进了1200多年。"考古学的价值在于提供历史材料，证实或者证伪成文献，补充文献失载、语焉不详或者被曲解的古代文化物质面貌。考古学作为材料之学的印象得以进一步强化。……对于中国考古学而言，自生成之初开始与史料学的密切联系进一步将考古学的价值锁定在为历史学提供新资料的地位上。"② 在中国汉代及先秦古籍中保存着丰富的有关早期文明的传说，这在其他文明中是难以看到的。正是由于这样，中国传统记史和文献的丰富又在一定程度上成为制约考古学发展的藩篱。进而，"神话—古史"的学术话语内在制约了中国考古学的发展模式。

（二）"神话—古史"对中国考古学的制约

　　若对比中国与欧美的考古学特点，后者的主要倾向是离开文献，或者说是要补文献的不足，即求之于"器"。早在考古学刚传入中国不久，章太炎就指责"今人以为史迹渺茫，求之于史，不如求之于器"乃是"拾欧洲考古学者之唾余也"，他认为：

　　　　凡荒僻小国，素无史乘，欧洲人欲求之，不得不乞灵于古器。如史

---

① 许宏：《最早的中国》，科学出版社，2009，第20、21页。
② 徐坚：《暗流：1949年之前安阳之外的中国考古学传统》，科学出版社，2012，第22页。

乘明白者，何必寻此迂道哉？①

　　夫欧人见亡国无史，不得已而求之器物，固不足怪；吾华明明有史，且记述详备，反言史不足信，须恃器物作证，以为书篇易伪，器物难伪，……比非至愚而何？妄人之论，本不足辨，无如其说遍于国中，深恐諸惑听闻，抹杀历史，而不惮辞费而辟之，使人不为所愚。②

　　章太炎的观点鲜明地体现了传统观念对新兴学科的制约，中国考古学在很大程度上要承担印证文献记录的使命。"神话—古史"的背后是二元对立的真假之别，考古是借助神话来确定古史传说的可信度，进而对照延绵千年的记史传统，寻找中国文明的承转启合。中国文明和国家探源的编史传统使张光直先生深感困惑：为什么中国学者对文明起源仅仅限制在"中国文明是从什么地方来的"这个问题上来理解？为什么不讨论产生文明的社会内部动力问题？③ 陈淳先生认为，殷墟的发掘和研究不仅是中国考古学起步的一座里程碑，而且对后来的考古工作产生了极大的影响……从学术影响而言，它牢固确立了中国考古学依附于历史学的学术定位，成为证经补史的工具。正是殷墟发掘与典籍的吻合，使得中国考古学在后来的半个多世纪里，没有再在完善和改进自身理论方法上下功夫，发扬善疑和善思的探索精神，以提出问题和解决问题为己任，却在史学的学科定位上裹足不前，将印证史籍看成有最大成就感的工作，并将发现稀世珍宝和评出十大发现视为最高学术荣誉。于是，证经补史和挖宝心态成为中国考古学视野和研究水平提高的两个主要羁绊。④ 仍是陈淳先生所讲：

　　困于狭隘的编史传统，中国的文明和国家起源研究至今还没有涉及郭沫若和吕振羽在 70 年前提出的通则问题，也没有充分利用田野考古的丰富潜力去超越文献线索，启示新的历史问题和创造古史研究的新境界。考古学家没有设法去寻找和解决只有他们自己才能提供的证据和问题，努力重建一种和史籍记载完全不同的历史进程，并以自己的研究成果成为提供历史新知的源泉。中国文明和早期国家探源目前还没有摆脱直觉

① 徐一士：《太炎弟子论述师说》，徐一士：《一士类稿》，辽宁教育出版社，1997，第 65 页。
② 徐一士：《太炎弟子论述师说》，徐一士：《一士类稿》，辽宁教育出版社，1997，第 67 页。
③ 张光直：《中国史前考古学史研究·序》，陈星灿：《中国史前考古学史研究》，生活·读书·新知三联书店，1997，第 2 页。
④ 陈淳：《中国文明与国家探源的思考》，《复旦学报》（社会科学版）2002 年第 1 期。

思辨的成分，仍缺乏重视和强调规律运用的科学方法。对于考古学的国家探索来说，观察的对象还是遗址和器物这些不连贯的文化实体而非社会现象。虽然对这些静态现象的观察和分类是研究的基础，但是我们还必须从动态的角度来揭示它们所反映的社会活动的相伴关系：解释它们怎样发生和为何变迁的原因。①

考古学内部的这种反思难能可贵，然而，笔者又不能完全认同陈淳先生的观点。其最大原因在于，放入神话学和思想史视野，中华文化蔚为壮观的记史传统和上古的丰富文献，还不仅仅是简单的"材料"，也与单纯的世俗性文字有别。仅把史书及相应的"春秋大义""史家笔法"等文化价值性内容视为"材料"，这本身已经是清人提出"六经皆史"之后的学术观念。事实上，中华文明延绵几千年的基本价值理念和历史精神正是从这些经史之书中承载和表现出来的。不妨说，中国的历史叙事和众多典籍本身就构成一种独特的神话性结构，比如"六经"和"二十四史"，先秦文化并没有从根本上转入所谓的"理性化"，而是始终伴随着神圣与世俗杂糅、礼乐与巫文化共生的特征；那么，我们可能汲取哪些资源来解释先秦文化的渊源，描述礼乐文化的特殊性？从这个意义上讲，上述引文中陈先生所说的，要"努力重建一种和史籍记载完全不同的历史进程，并以自己的研究成果成为提供历史新知的源泉"还有可商榷之处。在考古学的发展和新的知识语境下，既要努力去除传统古籍及其价值观念的遮蔽，破除狭隘的自我认知与判断方式；同时也要不断地结合上古文献典籍去打造一个文明共同体的核心凝聚力，以及其独特的精神信仰方式，在"文"与"器"的结合与阐释中探究中华文明奥秘。

二　中华文明起源特性与神话学研究

从考古学角度讲，关于中华文明起源的探讨，几乎所有重大问题的提出和解决都是由重要的考古发现所促成的。② 从神话学角度讲，综观中国神话学

---

① 陈淳：《中国文明与国家探源的思考》，《复旦学报》（社会科学版）2002 年第 1 期。

② 例如：1921 年，瑞典地质学家安特生在河南省渑池县仰韶村发现了仰韶文化遗址，出土了造型独特的陶鬲和大量彩陶。因为彩陶纹饰与中亚土库曼斯坦的安诺遗址等较为相似，他认为中国的彩陶是从西方传入的，这似乎又印证了"中国文化西来说"。因此，安特生的观点一经提出，即引发中西方学者旷日持久的大论战。1931 年，梁思永在安阳后冈遗址第一次发现了由殷墟、龙山、仰韶三种文化遗存依次堆积的"三叠层"，揭示出从仰韶文化到殷墟文化发展的实际轨迹，从而弥补了中华文明形成进程中的断链。

的建立目的与实际效果，皆在于论述文明优劣问题，以及中华文明从何而来、有何特点，中华民族的精神特性等问题。在"神话—古史"的话语奠基下，两个学科其实在根本观念上有着相同的起点与旨趣。从 20 世纪后期开始，我国最大的文科项目——"夏商周断代工程"和"中华文明探源工程"的启动，为中国神话学的发展及反思提供了前所未有的契机。因为中国文明起源的诸项特色直接指向神话学的参与必要性，考古学所揭示的中华文明独有的"玉器时代"，更是为中国神话学提供了发展本土理论张力与方法论的新空间。

（一）"文明"的要素及中国文明特色

关于"文明"和文明起源的标准有多种划分。尤其在西方学界，关于人类起源、文明与早期国家起源的各种思潮和理论此起彼伏，例如摩尔根的文化进化论、马克思主义进化论、文化历史特殊论、美国新进化论、社会类型与酋邦概念、弗里德的政治社会演化论、塞维斯的社会进化模式、柴尔德的自发论等。西方界定文明起源的标准往往有以下几点：第一项标准是生产工具、生产手段的革命性变化。主要的标志是金属工具的出现，并在生产劳动过程中得以运用。第二项标准是血缘关系与地缘关系在国家政治生活中分离，氏族社会的血亲制度逐步弱化，被以地缘关系为核心的国家制度所取替。第三项标准是城市的出现。城市成为贸易交换和手工业的中心，贸易的往来、物资的流通促使城乡分化，这成为城市产生的核心要素。①

在中国考古学界，20 世纪 50 年代，李济先生在美国华盛顿大学所作的《中国文明的起源和早期发展》的演讲中指出：商文明"具备着熟练的铸铜技术，独立发展的文字体系和一种复杂而有效率的军事和政治组织。这种文化表现出物质生活的富庶，高度成熟的装饰艺术，明确的社会组织和对祖先极度崇拜的神权政治"②。这实际上是对中国早期文明特征及基本要素的概括，即熟练的铸铜技术、成熟的文字体系和复杂的社会组织。20 世纪 80 年代，夏鼐先生在日本作题为《中国文明起源》的演讲时指出："现今史学界一般把'文明'一词用来指一个社会已由氏族制度解体而进入了有国家组织的阶级社会的阶段。"夏先生认为探索文明起源应该由考古学来解决，"探索的主要对

---

① 王震中：《中国文明起源研究的现状与思考》，陕西省文物局等编《中国史前考古学研究》，三秦出版社，2003，第 448 页。

② 李济：《中国文明的起源和它早期的发展》，张光直主编《李济文集》（第 1 卷），上海人民出版社，2006，第 375 页。

象是新石器时代末期或铜石并用时代的各种文明要素的起源和发展，例如青铜冶铸技术、文字的发明和改进、城市和国家的起源等等"。① 苏秉琦先生也指出，研究文明起源"首先要澄清文化史和文明史两个不同的概念，原始文化即史前文化可以上溯到 100 多万年前；而文明史则是社会发展到较高阶段和具有较高水平文化的历史"。② 由于"文明的三要素"既具有易于观察的物化表征，又具有鲜明的中国特色，因此很快就得到了中国考古学界普遍的接受。在此之后，又有学者相继提出了四要素、五要素、六要素等诸说。各种看法虽然有不相同的地方，但大都有文字、青铜器、城市（都邑）和礼制遗存这几项。这些文明的要素并非仅仅将诸要素简单地加以罗列或集合，它们"密切的联系在相当程度上显示了文明时代物质的、社会组织和精神的等几个层面的主要特征。……这些要素虽然并非是放之四海而皆准的标志，但却是从中国早期文明——夏商周三代的考古遗存中归纳出来的，具有鲜明的中国本土特色"。③

综合上述观点，这么多的分类和标准纷纷指向一个关键点：天时、地利和人文环境的不同，以及具体历史发展过程的多样性，导致不同文化圈、不同地区的文明起源及特性必定不尽相同。中国文明起源过程有共性，也有其自身特点。根据已有研究，可从以下三方面来考察中国文明起源的特点。

第一，从新石器时代晚期到夏商时代，中国的生产工具并未出现类似于西方的革命性突破——石制工具被金属工具所代替，金属工具在生产劳动中得以广泛运用。恰恰相反，在中国文明的起源中，金属工具服务的重心是社会结构中居于上层的特权阶层。金属器（主要是青铜器）被社会上层权贵所拥有，成为统治阶层控制财富的重要手段，同时又具有象征权力与地位的作用。然而，金属器作为生产工具被广泛运用于生产劳动中要迟至春秋时代。在金属工具出现之前，象征权力地位和精神信仰之物是什么呢？

第二，在中国文明的发展过程中，血缘关系与地缘关系非但没有分离，反而通过国家政治活动越加紧密地联系在一起，成为绵延数千年的宗法家族制度得以稳定存在的基石。在三代文明形成的进程中，宗教神权起着明显的作用。在商代社会，君权和神权合一，历代商王垄断祭祀天帝的权力，宗教神权成为

---

① 夏鼐：《中国文明的起源》，文物出版社，1985，第 80、81 页。
② 苏秉琦：《中华文明的新曙光》，《东南文化》1988 年第 5 期。
③ 张宏彦：《中国史前考古学导论》，科学出版社，2011，第 386 页。

商代社会政治权力的支柱。西周社会突出体现对祖先神的祭祀和崇拜，这种内向封闭型的祖神崇拜，成为西周社会宗法等级制度的精神支柱。政治权力中心和宗教祭祀权力中心的合一，是三代文明社会的基本特征之一。占卜巫术、礼仪典章制度也在宗教神权、祖神祭祀中发展、完备。①

第三，张光直先生通过对比东方、西方城市起源的过程得出结论："从城市起源上来看，中国古代城市与欧洲古代的城市，两者其实也有本质的不同。"②事实上，中国最早的城市并不是经济腾飞的产物，也不是靠贸易交流的需求而兴建的，而是政治领域中的工具。那么，在文明起源阶段，用什么象征权力和维护统治？针对此，赵辉先生将中国文明的特质概括为：第一，多元一体的文化格局与民族关系；第二，从墓地和宗庙遗迹所见氏族—宗族观念的牢固和祖先崇拜的强调；第三，从埋葬方式所见等级制度与礼制的萌芽；第四，具有中华特色的物质文化——玉以及占卜习俗。③

基于上述归纳，笔者将这几个层面概括为以下方面。

①在中国文明起源过程中，以最早的显圣物玉器为代表，先进的生产工艺并未用于生产劳动中，而是成为特权阶层彰显权力、实行垄断的方式，被大量用于祭祀仪式和政治活动中。

②在文明起源阶段，玉器信仰仪式占据重要地位，这些仪式以祖先崇拜、天地祭祀为主要内容，并逐渐演化成礼制系统，至周代时，得以完全建立。

③中国文明起源阶段的城市体现出政治上强控制的特征。城市并非出于商贸经济的考虑而建立，而是成为权力角逐的舞台和特权阶层实施统治的场所。

可以说，构成中国文明起源的一切因素都是围绕着权力垄断、宗法和祭祀礼仪来发挥作用的。祭祀仪式中的礼器与神器——玉器、祭祀仪式本身也构成了古代宗法制度的一部分，是先民维系自身与天地、先祖神灵之间关系的重要手段。研究"玉"及其信仰观念，成为中国神话学与文明探源工程相互促进发展的新领域。

（二）玉器时代与神话学研究的新空间

"西方考古学讲石器时代、铜器时代、铁器时代，比起中国来中间缺一个玉

① 徐苹芳、张光直：《中国文明的形成》，新世界出版社，2004，第164页。
② 张光直：《青铜挥麈》，上海文艺出版社，2000，第32页。
③ 赵辉：《中华文明的曙光》，科技部社会发展科技司编《中华文明探源工程文集·社会与精神文化卷（1）》，科学出版社，2009，第35页。

器时代，这是因为玉器在西方没有在中国那样重要。"① 张光直先生曾总结说："经过巫术进行天地人神沟通是中国古代文明的主要特征；沟通手段的独占是中国古代阶级社会的一个主要现象，促成阶级社会中沟通手段独占的是政治因素。""只有控制着沟通手段的人，才握有统治的知识，即权力。"② 对神权的垄断和祭祀仪式过渡成礼制的过程，构成了文明起源过程中最重要的部分。有学者强调"礼制"是中国古代国家制度的根本法规，是进入文明时代的重要标志。③ 而要研究礼制的根源，又势必上溯到新石器时代，新石器时代的众多文明遗址不约而同地出现了最重要的礼器和神器——玉器，这些玉器背后蕴藏着大量文明起源信息。

由于财富的集中是借助政治的程序（基于人与人之间的关系），而不是借助技术或商业的程序（基于人与自然之间的关系）实现的，连续性文明能够在连续下来的宇宙观的框架中产生。从史前到文明的过渡中，中国文明的主要成分有多方面的、重要的连续性。而西方文明的发生是突破性的。因此社会科学中由西方经验而来的一般法则不能有普遍的应用性。④ 玉器的出现及玉文化的发展，则是中国文明发生发展最鲜明的表征之一。如何围绕这个特殊的文明现象做研究呢？对于"中华文明探源工程"的诸多攻关项目来说，是更偏人文阐释的"物质文化"领域。遗憾的是，针对信仰、祭祀及其物质文化研究，却不见得是中国考古学的重点或特点。

在相当长的一段时期内，"考古"一词更多的是在考证古史的意义上被理解和使用。即使掘地，学人最有兴趣的仍然是发现埋藏在地下的文献。王国维著名的二重证据法，其实还是针对文献。从目前的情形来看，我国的文明起源和早期国家探源主要是在历史学领域内进行，后来得到现代考古学的大力支持，而国际学界从一开始就受到人类学、社会学和政治学的更大关注，其研究方法对民族学和考古学产生了更大的依赖。造成这一差异主要在于中国有不间断的编年史和丰富的典籍，而世界上大部分文明古国和早期国家都缺乏连续的编年史，缺乏可与中国比肩的文献资料，所以必须依赖历史学以外的方法来进行探索。针对世界文明起源的共性，"各地诸多不同考古学文化的宗教存在差异。但

① 张光直：《中国青铜时代》，生活·读书·新知三联书店，1999，第304页。
② 张光直：《青铜挥麈》，上海文艺出版社，2000，第279页。
③ 牟永抗、吴汝祚：《水稻、蚕丝和玉器——中华文明起源的若干问题》，《考古》1993年第6期。
④ 徐苹芳、张光直：《中国文明的形成》，新世界出版社，2004，第341~344页。

共同的特点是，宗教发展的结果，巫师阶层形成了，而且还产生了执掌神权的领袖"①。研究这些文明起源时期的信仰、巫师以及部落社会的神权特征时，神话学的视角不是互补，而是必需。尤其针对中国古史至今仍然无法说清的情况，在考古学求范式改变的今日，神话学更是责无旁贷。

在关于文明探源的各种讨论中，对夏文化的争议最大。对何处是夏文化有争论、对其分期有争论、对夏的族群有争论，甚至对夏本身是否应该纳入"夏商周"谱系叙事，都充满争议。俞伟超先生曾充满感情地这样评价：

> 我虽然目睹了近40多年来探索夏文化的整个过程，但并未专门从事夏文化研究。不过，我的确认为这是近数十年内我国考古学研究中大家最关心的课题，……有那么多当面的争论，背后的议论；又有那么多人因新的发现而情绪激动，长久不能平静；也有那么多的事件，引起过相互之间的变化。总之，在我国，没有另外一项考古学研究，曾经在那么长的时间内牵动着那么多人的心，又一次一次地引发出新的理论概念的思考。②

面对文明探源的这些症状，有学者说，"'定论''正确''错误'一类倾向于绝对定性的词，似乎并不适用于早期历史与考古领域。出土文字材料的匮乏、传世文献的不确定性，导致我们对早期中国的纪年只能作粗略的把握。……说到底，不会说话的考古遗存、后代追述性文献、并不'绝对'的测年数据，以及整合各种手段的综合性研究，都无法彻底解决都邑的族属与王朝归属问题"③。如何解读这些"无法彻底解决"的问题呢？也许国外的考古学发展线索能提供一些启示。早在20世纪初，欧美的考古学界就从人文地理学和人类学中获得了新的指导方法，使直线进化论的阐释范式逐渐破产。"考古学家逐渐放弃原来的根据典型器物分期阶段，转而根据文化特征为文化分类。这种研究很像人文地理学家和人类学家研究现代原始民族的物质文化和精神信仰在区域上的差异，并用传播迁徙来解释这种差异。于是，史前考古学从地质学方法转向用历史学和人类学的态度进行研究。"④ 20世纪60年代，欧美考古学出现一个根本转折点，美国新考古学取代传统考

---

① 张忠培：《中国古代文明形成的考古学研究》，张忠培：《中国考古学：走向与推进文明的历程》，紫禁城出版社，2004，第313页。
② 俞伟超：《古史的考古学探索》，文物出版社，2002，第119页。
③ 许宏：《最早的中国》，科学出版社，2009，第32、50页。
④ 〔英〕格林·丹尼尔：《考古学一百五十年》，黄其煦译，文物出版社，2009，第356页。

古学并逐步成为国际潮流，即"过程考古学"。"过程考古学强调文化生态学、信奉新进化论、提倡系统论；强调实证论的科学方法。"① 20 世纪 70 年代下半叶开始，以剑桥大学为代表的一批考古学家开始从人类文化的象征性和人的意识形态、认知角度来研究考古材料，关注人的能动性对社会文化发展的影响和作用，形成一个松散的学术群体，被称为"后过程考古学"。后过程考古学的一个重要特点是关注社会和个人的意识形态对社会演变所起的作用，关注文化现象所蕴含的"思维"和"价值"。比如后过程考古学研究器物中那些与功能无关的纹饰、设计等在哪些方面反映了当时人们的宇宙观，贵族如何应用奢侈品的象征性来操作社会信仰和运用他们的权力。考古学的这些发展趋势不断强调对"物"的阐释、强调"物"背后的生态、所表征的观念等，这些都是神话学视野所可能提供的丰富资源，也是神话学不断更新自我界限与研究范式的契机之一。

遗憾的是，文明探源工程却始终将神话视为故事性材料来验证历史，既缺乏神话学研究的整体参与，又缺乏神话学、历史学与考古学的整合视野。王仁湘先生曾表示："我们知道，这个文明探源工程是由考古学家主导的，它更多的是重实证，但对于实证的解释，又非常谨慎，不敢越雷池一步。特别是回避了传说与神话的研究途径，这反而削弱了实证的作用。在这个时候，走出考古学的学科壁垒，向其他学科求援是一条必由之路。"② 然而，目前的学术现状表明，类似的"必由之路"还非常少。反观西方神话学的新近发展一直没有中断对欧亚文明渊源和联系的思考，并从图像和"物"的考察方面，充分利用考古学等各个学科的视野、方法来拓展神话学的研究可能与意义。同时，这些探究又使得神话不再是普通意义上的文学、民俗学研究对象，而成为穿针引线、管中窥豹的文化载体。参照此，我们需要反思如何将华夏文明与世界文明联系起来考察，借助神话学特有的学科优势来重溯中华文化的信仰源头及其特色、价值等，进而在可靠的方法论基础上，让中国神话学与考古学、历史学、哲学、思想史等学科有效互动和对话，共同作用于"中国"研究。这项工作任重道远，所幸学界已经开启并取得阶段性成果。

---

① 〔加〕布鲁斯·特里格：《十字路口的考古学：新在哪里》，《南方文物》2006 年第 3 期。
② 王仁湘：《图说中华文明发生史·序》，叶舒宪：《图说中华文明发生史》，南方日报出版社，2015，第 5 页。

第一章 文化渊源:"神话"的土壤和引进

在现代知识话语中,作为人文学科领域分支的"中国文学""神话学"等,无论在其学科建制还是内在学理特征上都存在不容忽略的困境,对这个困境的认识必将促成反思与新的研究策略的产生。从学科建构角度看,神话学作为高校学院化专业知识生产中的一门成熟学科,究其底是19世纪以来,西方现代学科制度建立的结果。沙姆韦和梅瑟·达维多在《学科规训制度导论》一文中指出:"'人文科学'是20世纪对那些遭排拒在自然和社会科学之外的学科的简便总称。现代哲学是由科学形成时清除出来的东西来界定的,其他人文学科则是首先以古典语文形式出现,其后衍生出历史、现代语言甚至艺术史。"① 用"神话"和神话学来解读不同地域的古人世界,究竟在多大程度上有接榫的有效性?

针对这些问题,从20世纪90年代开始,不少学者对"神话"在中国的最初引入、使用情况、研究特点等进行学术梳理。② 近年来,学界更旨在对中国神话研究本身进行批判性反思,例如对"神话"的概念澄清、学术范式的质疑、研究意义的前瞻等方面做深入探讨③。目前业已形成共识的是:"神话

---

① 〔美〕华勒斯坦等:《学科·知识·权力》,刘健芝等编译,生活·读书·新知三联书店,1999,第16页。

② 有代表性的文章是:叶舒宪:《神话学的兴起及其东渐》,《人文杂志》1996年第3期;高有鹏:《面向21世纪的中国神话研究》,《社会科学辑刊》1999年第3期;贺学君:《中国神话研究百年》,《社会科学研究》2000年第5期;黄震云、杨胜朋:《20世纪神话研究综述》,《徐州师范大学学报》2003年第1期;叶舒宪:《中国神话学百年回眸》,《学术交流》2005年第1期;黄泽:《20世纪中国神话学研究述评》,《思想战线》2007年第5期;高有鹏:《中国神话研究的世纪回眸》,《中国文化研究》2008年第4期;马昌仪:《中国神话学发展的一个轮廓》,《中国神话学文论选萃》,中国广播电视出版社,1994。

③ 有代表性的是于2005年发表在《民间文化论坛》的"多维视野中的中国现代神话研究"笔谈,参加学者及其论文有:刘宗迪《中国现代神话学:在思想与学术之间》、吕微《顾颉刚:作为现象学者的神话学家》、叶舒宪《神话的超前智慧》、钟宗宪《求索文化记忆中的神话拼图》、陈连山《中国神话学应该如何评价神话的历史地位》、杨利慧《从神话的文本溯源研究到综合研究》、吴晓东《神话研究中的历史附属性与文化压力》、刘惠萍《中国现代神话学研究的学术反思》。

学"在西方知识界的生成和运用，与不同历史阶段和社会意识形态、思想观念等紧密相连，"神话"与神话学绝非一个本然的、客观的研究对象等待着被揭示和被展示。相反，"神话"是一个充满张力空间和阐释力度的术词，不断规范这个术词的是潜行默运的文化背景和权力机制。具体到中国，中国本土学术传统中并没有西方意义上的"神话"概念，更没有神话学的谱系和既定范式，这使得它所牵涉和表征出的学术状况较其他现代学科显得更为复杂和纠葛不断：一方面，"神话"与神话学随着中国现代思想的转型、现代社会的文化建构、现代学术谱系的形成而发生；另一方面，"神话"与神话学又与批判现代社会、反思现代性一起，被作为后现代知识资源引入和论述。换言之，被我们称为"神话学"的那些内容无不是在现代学科的建构过程中得以进行属性划分和实现其意义的。我们以"神话"的名义对古人及其精神世界进行言说的过程，实际上是现代人不断认同、接受和皈依某类现代性知识的过程。在此过程中形成的"知识"并非理所应当的现象，实质上仅是使用被建构的现代性知识来进行各种叙述。这些叙述根植于深层信念结构中的价值判断（伊格尔顿语①），在不经反省的经验领域，"神话"在可操作的学术领域内被不断专业化和固定化，大量相关知识被成批复制生产。

基于此，本章首先将注意力投向晚明。晚清诚然面临"三千年未有之大变局"，遭遇了前所未有的外来冲击，然而，晚清却并非华夏文明第一次碰撞西学的时期。众所周知，早在晚明就有过中西学的碰撞及争论。那么，晚明对西学的论争、分类和认识对晚清有无影响和制约？这些影响对理解"神话"的本土归类与定位有无启发？

第一节　晚明与晚清的西学分类及启示

强调"神话"的外来属性固然很重要，然而，简单的"西潮冲击—中国反应"取向并不能解释文化内部的肌理问题。近代以来，西方、日本、中国，各自景象万千，每个外来词的引进、演变、成型都与他者的影响密不可分，同时也与不同文化的内在理路紧密相关。若仅注意西潮冲击之后的变化，而

---

① 伊格尔顿："如果不能把文学视为一种'客观的'、描述性的范畴，那么也不能把文学只说成是人们随意之处；它们根植于更深的信念结构中，这些结构就像帝国大厦一样巍然不可撼动。"〔英〕特雷·伊格尔顿：《二十世纪西方文学理论》，伍晓明译，陕西师范大学出版社，1987，第25页。

忽视传统中沉积的、能迎接"冲击"的因子，忽视中国文化传统自身演变的内在理路，就很可能是片面的学科勾勒。可作为参照的是，近年来中外学界已经有不少著作谈论现代学科的分类和建构问题①，其中最有影响的当属华勒斯坦（Immanuel Wallerstein）的观点，他将经济学、历史学等现代学科的建立归功于现代分科观念、现代政治体制的形成。②与华氏将学科的建立完全归功于现代体制不同，林德伯格的《西方科学的起源》从反思古代传统和现代学科的关系找答案③，启发我们思考所有现代学科的建构应该与该地文化传统有千丝万缕的关系。

按此思路，分析中国神话学的源头势必上溯到晚明。自古以来，晚明是华夏第一次对西学进行大量译介和形成争论的时期。晚明士人对西学分类的认识以及西人介绍中学时的策略，皆能体现中、西文化各自根深蒂固的部分。晚清士人对西学的吸收和分类在很大程度上受此影响，又掺入新的社会语境和时代需要。由此，再去梳理清末民初"神话"的引进和使用特点，也许能成为探讨神话于中国文化经验之有效性的起点。

一　"天"与"神"：晚明的西学认知关键

在异质文化的交流碰撞中，往往双方都会致力于发现对方的关键点来铺陈展开。晚明的中西交流，尤其传教士着重从中学之"天"来阐释西学的"神"——"天主"，引发了中西持久的论争。这说明中西对"天"的不同思维方式、对"神"的不同理解是中西文化关键点所在。

晚明最重要的传教士利玛窦在考察中国社会后发出感叹："从皇帝到平民，儒教最隆重的事，是在每年的某些季节给逝去的祖先献供。""儒教不是一个正

---

① 近期出版的论著包括：Benjamin A. Elman, *A Cultural History of Civil Examinations in Late Imperial China*, Berkeley: University of California Press, 2000; Michael Lackner, Lwo Amelung and Joachim Kurtz（eds.）, *New Terms for New Ideas: Western Knowledge and Lexical Change in Late Imperial China*, Leiden: Brill, 2001; Michael Lackner & Natascha Vittinghoff（eds.）, *Mapping Meanings: The Field of New Learning in Late Qing China*, Leiden: Brill, 2004. 以上英文文献转引自章清《"采西学"：学科次第之论辩及其意义——略论晚清对"西学门径"的探讨》，《历史研究》2007 年第 3 期。中国学界的相关著述可参见左玉河《从四部之学到七科之学——学术分科与近代中国知识系统之创建》，上海书店出版社，2004。

② 〔美〕华勒斯坦等：《学科·知识·权力》，刘健芝等编译，生活·读书·新知三联书店，1999，第 213~226 页。

③ 〔美〕戴维·林德伯格：《西方科学的起源》，王珺译，中国对外翻译出版公司，2001，第 367、368 页。

式的宗教，只是一种学派，是为了齐家治国而设的。因此，人们可以属于这种教派，又成为基督教徒。因为，在原则上，没有违反天主教之基本道理的地方，而天主教信仰对儒家书中所关切的社会安定与平和之实现，不但无害，反而大有帮助。"① 利玛窦很清楚，中国人的神圣性诉求不是一元人格神，而是由祖先、四季、经书、仪式等组成的综合体。他试图从四书五经中去找上帝存在的根据，得出"历观古书，而知上帝与天主，特异以名也"②。利玛窦的后继者艾儒略也（必须）立足于这些认识来阐述西学思想。艾儒略《职方外纪》《西学凡》二书论述了欧洲各国在学制上的安排，此二书也被视为西方分科知识传入中国的滥觞。《职方外纪》卷2《欧逻巴总说》介绍"欧逻巴建学设官之大略"，除了指明欧罗巴诸国大学、中学、小学之建制，还特别强调大学分为四科：医科（主疗病疾）、治科（主习政事）、教科（主守教法）、道科（主兴教化）。《西学凡》首次对中世纪以来欧洲大学所设学科和所授课程做了介绍，即文科、理科、医科、法科、教科、道科"六科"。艾儒略的分法已经很明显有器物→教育→教化（道学）等级递进关系。利玛窦和艾儒略都是晚明中西交流史上最重要的人物，当时已不乏他们的拥簇者。例如许胥臣介绍艾氏思想："其分有门，其修有渐，其诣有归，恍若悟吾儒格物原非汗漫，致知必不空疏，而格致果跻治平，治平必肇端于格致也……礼失则求之于野，读《西学凡》而学先格致，教黜空虚，吾亦取其有合于古圣之教而已矣。"③ 但是，也不乏有识之士驳难利玛窦，认为他没有向中国人展示真正的《圣经》启示。例如钟始生针对利玛窦的《天学初征》《天学再征》中的内容，诘问他"彼乌知吾儒继天立极之真学脉哉"，这说明，对"天"的认识是诘难的关键。对此，黎遂球和徐昌治的观点也颇具代表性（引文中的重点符号皆为笔者所加，以后不再标注）：

> 近日天主之说，不知者以为近于儒，而实大谬，此仍不可不辨。夫儒者之所谓天，从历象推之，从人伦、物理观之，而知其有一定之宰耳，此岂谓有一人焉，如所谓天主者以上主此天哉？古之生为圣贤，没有明神者固多，如五帝之神皆人，郊谛之配皆祖，然终不可谓天之主，乃西

---

① 〔意〕利玛窦：《利玛窦全集》（第2期），（台北）光启出版社、辅仁出版社联合发行，1986，第428页。
② 〔意〕利玛窦：《天主实义今注》（第2编），〔法〕梅谦立注，谭杰校勘，商务印书馆，2014，第98页。
③ 许胥臣：《〈西学凡〉小引》，《天学初函》（第1册），（台北）学生书局，1965，第21~25页。

国人之人为之。当未有此人，天何所主耶？故既明儒者之所谓天，亟宜辩西学之所为天主，不然，于此可诬，将敬天之遗皆为惑乱，而钦若敬授之旨顿殊，天如何能动，敬之如何能致福也？①

　　至以崇奉天主之故，指天地为不灵，日月星辰为顽物，山川社稷为邪魔，祖宗考妣为不必祭，是有理乎？《礼》曰：天子祭天地，诸侯祀封内山川，大夫祀宗庙，士庶人祀祖祢，以明天至尊不容僭也，祀有等不容越也。仅欲人人奉一天主，塑一天像，日日祷其侧而乞怜焉，不知邀天亵天僭天渎天者乎？②

引文说明，一部分晚明士人在回应西学信仰时，感受最强烈的就是中西对"天"与"神"的不同理解。中国之"天"不是单一至上的神性世界，更不是唯一的、形象的至上神，而是与历象、人伦、物理相对应，由天地、日月星辰、山川社稷、祖先考妣等元素构成的一个结构体。"天（神）—人"在此结构体中井然有序地组合呈现，昭示了华夏文明的文化思维和历史渊源。"天之主"既是五帝，也是祖先，既是神，也是人。华夏的信仰世界是被"天""圣""神""祖"等神性存在所赋予；社会权力的合法性通过神圣叙事、仪式演绎、经书阐释等话语方式来强化。这种将祖先、帝王、凡人追溯为"神"的神话路径，"圣—俗"之间的非二元对立性，无疑是中国本土最大的神话现象和信仰特点。晚明传教士在译介《西学凡》时，也意识到必须迎合中国本土文化来表述，中国士人也必然基于本土文化的逻辑来接纳西学。例如当时传教的"三大柱石"——徐光启、李之藻、杨廷筠，在接受"天学"时，"最初无一不以一种拟同的态度将'天学'纳入他们自己原有的认知结构之内，然后各自赋予'天学'以自己的理解"。③"三大柱石"之一的杨廷筠在《代疑篇》中尝试以"天学"为轴，对西学做具体的分类和次第排列：

　　其学有次第，其入有深浅，最初有文学，次有穷理之学。……其最

---

① 黎遂球：《与友人论穷理尽性书》，黎遂球：《莲须阁集》卷十三，《四库禁毁丛刊》（集部第183册），北京出版社，2000，第139～140页。

② 黄问道：《辟邪解》，徐昌治辑《圣朝破邪集》卷五，《四库未收书辑刊》（第10辑第4册），北京出版社，1990，第403页。

③ 孙尚扬、〔比利时〕钟鸣旦：《一八四〇年前的中国基督教》，学苑出版社，2004，第205页。

重者为天学，……其次则宪典，其次则历法、度数，其次则医理，其次则纪事。大多非说理即纪事，取其有益民生，可资日用。①

在杨氏"文学→理学→天学"的递进关系中，有关西学的内容显然只隶属于"文学"部分。"理学"在这里更似学问统称，而"天学"才关乎根本。直至清中期，受这种对西学分类观念的影响，四库群臣在论及艾儒略的《西学凡》时，不仅接受其"六科"之讲法，还评论说：

> 是书成于天启癸亥，《天学初函》之第一种也。所述皆其国建学育才之法，凡分六科：所谓勒铎理加者，文科也；斐录所费亚者，理科也；默第济纳者，医科也；勒义斯者，法科也；加诺捐斯者，教科也；陆禄日亚者，道科也。其教授各有次第，大抵从文入理，而理为之纲。文科如中国之小学，理科则如中国之大学，医科、法科、教科者，皆其事业，道科则在彼法中所谓尽性知命之极也。其致力亦以格物穷理为本，以明体达用为功，与儒学次序略似。特所格之物，皆器数之末，而所穷之理，又支离神怪而不可诘，是所以为异学耳。②

从引文来看，晚清以前的士人在看待西学学科次第时区分出两种类型：一是为学之"进阶"或"阶梯"，立足于教育展开。二是"学"本身，即所谓"体用"。士大夫们试图去发现"格物穷理之大原本"，并援据"格致诚正修齐治平"的架构来接引西学。相应的，西学分类的次第观念业已成熟，从低到高依次为：文学（教育之用）→医学、法学等→理学→天学。有学者精辟地指出，从"体用"之辨的学科史意义来看，"中体西用"论不仅主导着对西方知识的接引，还制约着对学科建制的规划，值得当作中国现代学科形成的一项特殊结果加以考察。③ 换言之，在传统的文化理念中，只有理学、天学才是正统，它从根本上制约了外来知识的归属和地位。后来在晚清传入的"神话"——这种外来知识仅关乎古希腊等异邦之神的传说故事，既无法对应中国的"天"之内容（历象、人伦、物理、祭祀、五帝、祖先等），也无法抵达"格物穷理之

① 杨廷筠：《代疑篇》，徐光启等撰，吴相湘编《天主教东传文献》，（台北）学生书局，1965，第541~546页。
② 永瑢撰《四库全书总目》（上册），卷一百二十五，子部《杂家类·存目二》，中华书局，1965，第1088页。
③ 章清：《"采西学"：学科次第之论辩及其意义——略论晚清对"西学门径"的探讨》，《历史研究》2007年第3期。

大原本"，所以，它只能有启迪民心的教育之用，归属于西学分类的最末等级——"文学"。关于这点，笔者将在下文继续分析。

二 晚清的延续与观念危机

晚明对"天"的理解一直延续到晚清，当时西学门类的次第划分仍是对晚明分科的延续，这也是清末民初接纳西学的关键。林乐知在《中西关系略论》中说："古今来之大学问有三：一曰天道之学，即天地万物本原之谓也；一曰人生当然之理，即诚正修齐治平之谓也；一曰物理之学，即致知格物之谓也。……三者并行不悖，缺一不足为士也"。① 不过，相比晚明的中西交往情况，此时的西方越发突出其强势地位，西学分类在延续中显示出新特点。在晚清士人的西学分类观念中，"学"与"理"（清人谓之"教"）之间加入了"政"，即政治之书，遂形成对西学"器物之学→制度之学→文化之学"三分类及其呈递进关系的观念。

具体而言，一方面，晚清士人对西学的认知与晚明相似，仍将西学纳入"格致诚正修齐治平"的架构来理解。例如王韬评说艾约瑟译《格致新学提纲》时说："格致之学，中国肇端乎《大学》，特有其目，亡其篇，后世虽有究其理者，绝少专门名家。近日西人精益求精，几于日新月异而岁不同。盖格致一门，所包者广，如算学、化学、重学、电学、气学、声学、地学、矿学、医学、机器、动植，无乎不具；皆由古人所特创，后乃渐造其微。观此书可以略窥一斑矣。"② 另一方面，晚清士人接触到的西学更为复杂烦琐，随着内外环境的不同，对西学的分类和排序也有变化。康有为接触西学之初始时评说："中国西书太少，傅兰雅所译西书，皆兵医不切之学，其政书甚要，西学甚多新理，皆中国所无，宜开局译之，为最要事。"③ 梁启超也有类似阐述："吾中国之治西学者固微矣，其译出各书，偏重于兵学艺学，而政治资生等本原之学，几无一书焉。"④ 康、梁的论点着重说明了晚清士人在分科观念影响下试图辨析西学门径，以便更好地学习西方。黄庆澄于1898年

---

① 〔美〕林乐知：《中西关系略论》（第1卷），上海格致书室，1892，第15页。
② 王韬：《弢园著述总目》，李天纲编校《弢园文新编》，生活·读书·新知三联书店，1998，第380页。
③ 《康南海自编年谱》，中国史学会主编《中国近代史资料丛刊·戊戌变法》（第4册），（上海）神州国光社，1953，第119页。
④ 梁启超：《论学日本文之益》，《饮冰室合集·文集之四》（第1册），中华书局，1989，第80页。

编《中西普通书目表》，首列"中西普通门径书"，然后分别列有中学门径书、西学门径书、中学紧要书、中学汇刻紧要书、西学紧要书、西学汇刻紧要书、中西参证书等。可以说，这种门径之分就是对晚明西学分类认识的具体化。除此，梁启超的《中西学门径书七种》也堪称代表，梁氏在此文的"叙"中引述了康有为的见解："未窥门径，辄欲以一支半解了之，盖亦如公输学射、蒲且掣斧之类云尔，是自愚也。"① 再例如《西学书目表》"序例"，梁启超明确提出西学"门类之先后"问题：

> 西学之属，先虚而后实。盖有形有质之学，皆从无形无质而生也。故算学重学为首，电化声光气等次之，天地人物等次之，医学图学全属人事，故居末焉。西政之属，以通知思国为第一义，故史志居首，官制学校政所自出，故次之，法律所以治天下，故次之，能富而后能强，故农矿工商次之，而兵居末焉。农者地面之产，矿者地中之产，工以作之，作此二者也，商以行之，行此三者也，此四端之先后也。船政与海军相关，故附其后。②

如何定位西学门类高低是梁启超一直关心的问题。1898 年梁启超流亡日本后的目录学著作《东籍月旦》实则回答了这个问题。在梁氏看来，治学须先治"普通学"，包括伦理、国语及汉文、外国语、历史、地理、博物、物理及化学、法制、经济等，"以上诸学，皆凡学者所必由之路，尽人皆当从事者也"。而"除国语汉文一科，我国学者可勿从事外，其余各门皆不可缺者也。大抵欲治政治学、经济学、法律学等者，则以历史、地理为尤要；欲治工艺、医学等者，则以博物理化为尤要。然非谓治甲者便可废乙，治乙者便可废甲也。不过比较之间，稍有轻重而已"③。也恰恰是在 1899 年，梁氏在《东籍月旦》中第一次译介"神话"，在译介的层面介绍希腊文明。结合他的西学分类，不难看出包括"神话"在内的宗教及艺术属于"普通学"。在《五十年中国进化概论》中，梁氏根据中国本土文化来接纳西学，认为最重要的一环是将西方知识区分为"学""政""教"。梁氏的《西学书目表》即按照学、政、

---

① 梁启超：《〈中西学门径书七种〉叙》，夏晓虹辑《〈饮冰室合集〉集外文》（上册），北京大学出版社，2005，第 16、17 页。

② 梁启超：《西学书目表序例》，《饮冰室合集·文集之一》（第 1 册），中华书局，1989，第 122 页。

③ 梁启超：《东籍月旦》，《饮冰室合集·文集之四》（第 1 册），中华书局，1989，第 84、85 页。

教对西书进行分类。关于学、政、教三者之间的关系，谭嗣同在《仁学》中有这样的阐述：

> 学不一，精格致乃为实际；政不一，兴民权乃为实际；至于教则最难言，中外各有所囿，莫能折衷，殆非佛无能统一之矣。……以格致为下学之始基，次及政务，次始可窥见教务之精微。以言其衰也，则教不行而政敝，政敝而学亡。故言政言学，苟不言教，则等于无用，其政术学术，亦或反为杀人之具。①

引文中，谭嗣同将学、政、教理解为递进关系，"学（艺）→政→教"三者之间的高低顺序已经确定。在此框架下，任何新"学"的根本目的都在于政和教。为何在晚明的学科分类基础上，晚清士人要加入"政"？这乃是晚清所遭遇的时政危机和观念改变使然。晚清社会的内忧外患及政治、文化格局之改变情况已经成为学界很兴盛的研究领域，在此不进行详述。简言之，对于晚清政府和士人而言，清末格局的最根本问题就是体制或结构是否改变，怎样改变，以及用什么样的速度改变。晚清新政和科举制的废除便是回答这些问题的很好例证。同时，君主立宪等替换性改革日益被列上日程，君权的正当性和正统性日益受到挑战，超越君权和朝廷认同、诉诸现代国家建构成为当时读书人的问题意识。与前文论述的晚明西学分类有所不同，晚清引进西学内容不再仅为格物致知、完善中学之体，而是还欲通过"学"来完善"政"，用新"政"来改革现实，达到士人心中的"教"/"道"境界，从而建构一个富强国体。

事实上，"神话"的引进便有此意义。在这个时期，学界形成讨论上古传说、阐述祖先来源的文化热潮。例如章太炎的《訄书·序种性上》借用西方的图腾主义来剖析中国上古传说（今日被称为"感孕神话"），从而来追本溯源，排斥清朝。再比如爱国诗人黄节在《种族书·通种》《种族书·攘夷》中也一再引用各民族的祖先起源神话来证明"然则亚洲大陆，自吾民族而外，惟东夷犹为人种，余则为犬、为蛇，为豕、为羊人也"。马昌仪先生曾指出："现代学者相继把'神话'的概念作为启迪民智的新工具，引入文学、历史领

① 谭嗣同：《仁学》，见蔡尚思、方行编《谭嗣同全集》（下册），中华书局，1981，第354页。

域，用以探讨民族之起源，文学之开端，历史之原貌。"① 马先生这番总结可谓精辟。不过，通过前文分析已可看出，现代学者的这种探索途径实则有深厚的文化渊源，即受到晚明和晚清的西学分类影响，外来的"神话""历史"等术词都在"文学（教育之用）→医学、法学等→理学→天学"等级秩序中找到位置。由于它们无法触及真正的"天学"，只能有启迪民心的教育之用，故从属于"文学"。比如晚清另一部颇有影响的西学汇编资料——《西学三通》，它以"政""史""艺"来涵盖西学，颇耐人寻味。这意味着对西学的认知更为关注"西政"与"西史"。这也正如该书编者所强调的，"昔之学在贯天人，今之学在赅中西"。②

综上，从晚明开始，面对西学冲击，尤其是西学中的信仰成分，士人已经感受到并指出其与中国文化传统最不可调和之处，即中国文化中对"天"的理解并非简单的西学之"神"。在晚明和清中期士人看来，接受西学的根本目的在于用新的"学"来格物穷理、明体达用，在"学→理"的渐进过程中达到天地境界从而完善自我。清中期以后形成了对西学之"器物之学→制度之学→文化之学"三分类及其呈递进关系的观念。以此为圭臬，梁启超等人将具有教育之用的西学知识——"神话"归于"文学"或"文化之学"便不难理解。当然，晚明和晚清的"文学"概念与今日文学学科的内涵有所不同，前者更大于后者，尤其在日本明治维新时期的"文学"观念，深刻刺激和促进了中国现代思想的兴起与转型。

探讨神话在中国为何归属于文学研究的意义并不在于否定神话的文学性及文学研究意义，或是主张中国的神话学应与西方完全等同。恰恰相反，笔者欲借此讨论说明，无论是对"神话"、神话学还是对任何其他外来术词/学科的研究，都不能成为某种西方时尚理论的后设观察，而缺乏对其理论的内部肌理、相关政治背景、意识形态和时代意义的分析。进而，更不能将现代学术词汇作为衡量古人精神世界、传统知识的"天然"替代品。其实，清末民初已经有学人反思晚清的学科分类和教育特点，范畇海回顾说："清之季世，新教育之风潮大起，科举卒废，于是有学堂、分类之科目、递进之年级，秩然有其条理，由表面论之，固遥胜于前古之私塾，与夫成材肄业之书院矣。

---

① 马昌仪：《中国神话学发展的一个轮廓》，《中国神话学文论选萃》，中国广播电视出版社，1994，"序"，第9页。

② 谢若潮：《西学三通·叙》，见袁清舫、晏海澜编《西学三通》，上海文盛堂，1902，第2页。

然而考其内容,则学堂学生之所研习者,仅为不完全之坊刻小册教育书,与其教习东抄西撮之讲义,较其品格,比于科举时代之高头文章,庸恶陋劣相去无几。"① 作为近现代学术分类之科目的"神话",究竟在何种程度上有助于我们理解传统中国的精神世界?在这层意义上,我们最终要回答和解决的是如何用"神话"——这一外来术词及其研究范式来解决中国文化中的神话现象,而不是囫囵吞枣或削足适履。

第二节 "神话"的偶现和最初引进

目前,已成共识的是:中国传统文化没有"神话"一词,这完全是外来词。对于神话学学科,这个判断是基本成立的。中国典籍最常见的是把"神"与"话"分开使用。"神"字,甲骨文未见,但有"申"字。许慎《说文解字·申部》说"申,神也",郭沫若释"申"字,认为像以一线联结二物之形,而古有重义。② 杨向奎进一步指出所谓"一线联结二物"就是指天和人而言,"申"指的是一种媒介物。③《说文解字·示部》说:"神,天神,引出万物者也。从示申声。"又:"祇,地祇,提出万物者也。从示氏声。"④ 神、祇二字,在《说文解字》中是并列对举的。分开看,天神谓之神,而地神谓之祇。合而言之,则神、祇二字皆可谓之神。《礼记·祭法》云:"山林、川谷、丘陵,能出云,为风雨,见怪物,皆曰神。"这显然是将神、祇二字放在一起诠释。尽管"神话"没有并列在经典古籍中出现,然而,"神话"一词就完全没有在传世古籍中出现过吗?

一 "神话"的偶然出现

有学者认为,"与其说现代神话学不是传统学术按其自身逻辑发展而瓜熟蒂落的结果,不如说是本土学术传统非正常断裂和西方外来学术强行楔入的产物。强扭的瓜不甜,橘渡淮而为枳,中国现代神话研究所结出的也往往不

---

① 范丽梅:《读书日程书后》,《进步杂志》(第4卷第4号),1913。
② 郭沫若:《甲骨文字研究》,《郭沫若全集》(考古篇)(第1卷),科学出版社,1982,第32页。
③ 杨向奎:《中国古代社会与古代思想研究》,上海人民出版社,1962,第126页。
④ (汉)许慎撰,(清)段玉裁注《说文解字注》,上海古籍出版社,1981,第27页。

是甘美的硕果而是半生不熟的苦果。"① 其实，现代神话学的发展，既有"强行楔入"的一面，同时也是自身逻辑发展使然，并且与当时的整体时代背景和理论资源有密切关系。在搜集的资料中，笔者看到高有鹏教授在《中国近代神话传说研究与民族文化问题》一文中提及，早在明代就有"神话"一词出现。高教授如此描述：

> 中国古代社会是有"神话"这个概念的，而且其体现的内容就是民族古老的历史这一特定含义，与今天的意义相同。神话的名称在明代社会之前曾经以"神异""神怪"等词汇被表现。"神话"的概念最早明确出现在明代汤显祖《虞初志》卷八《任氏传》中。②

接下来，高文分析了"虞初体"的出现、特点，并由此论及"神话"与民间文学的关系等问题。较为遗憾的是，纵览高文，却没有出现《任氏传》中的"神话"原文及版本信息。

按图索骥，笔者查阅了国家图书馆目前能翻阅到的所有《任氏传》版本，出人意料的是，竟然都没有汤显祖所辑的本子，更没有"神话"出现。目前所能看到的《任氏传》原文是"浮颍涉淮，方舟沿流，昼宴夜话，各征其异说。众君子闻任氏之事，共深叹骇，因请既济传之，以志异云"。看来，高文不出现引文是有原因的，很有可能是汤本实在难以找到。据此可以判断两点：（1）即使"神话"出现在《任氏传》里，当属非常用、非固定词。从唐人开始，传奇类文体便经常被抄誊，其间也常被修改，"神话"的出现只是极个别情况。（2）《任氏传》由唐人沈既济所撰，他究竟有没有用"神话"一词不便判断。但是，笔者在《说海》里查阅到《任氏传》文末用的就是"神话"："昼谈神话，各征其异说。"③ 这里的"神话"与"异说"基本同义，都指代各种传奇、怪异、神异之事。显然，"昼宴夜话"和"昼谈神话"不一致，可该如何理解"神话"的这次偶然出现呢？就这个问题，高文的分析值得借鉴，笔者试图再增加传统叙事中的"话体"文学来论述。

《虞初志》内容上的最大特点就是多为历史传说，即今日意义上的神话故

---

① 刘宗迪：《中国现代神话学：在思想与学术之间》，《民间文化论坛》2005 年第 2 期。
② 高有鹏：《中国近代神话传说研究与民族文化问题》，《中国人民大学学报》2012 年第 1 期。
③ 汤显祖等原辑，（明）袁宏道等评注，柯愈春编纂《说海》（第 1 册），人民日报出版社，1997，第 175 页。

事。《四库全书总目》题为《陆氏虞初志》，为传奇小说选集。《虞初志》各本卷数不同，通行本为八卷，明陆采编，成书年代不详。陆采，生平不详，擅长戏曲，作品有《明珠记》《南西厢》《怀香记》等。虞初，汉武帝时为方士侍郎，河南洛阳人，到处采访奇闻异事，班固谓"黄车使者"。他将《逸周书》改写成故事性较强的书，即《虞初周说》。班固《汉书·艺文志》录小说十五家中有《虞初周说》九百四十三篇。这九百多篇《虞初周说》早已亡佚，清代学者朱右曾考证，《山海经》《文选》《太平御览》等文献曾经引述《周书》内容，实际上是《虞初周说》一书的逸文，诸如"天狗所止地尽倾，余光烛天为流星，长十数丈，其疾如风，其声如雷，其光如电"，其实就是"稗官"们讲述的故事，即《汉书·艺文志》云："小说家者流，盖出于稗官。街谈巷语，道听途说者之所造也。"《虞初志》皆抄合诸家小说而成，记神异之事为多，例如选录了南朝吴均的《续齐谐记》十七则，有隋朝王度《古镜记》，其余均为唐人小说，如《李娃传》、《虬髯客传》、《霍小玉传》、《柳毅传》、《长恨传》、《红线传》、《南柯记》、《枕中记》、《无双传》和《任氏传》等。正如汤显祖点校《虞初志》序称：《虞初志》一书"以奇僻荒诞，若灭若没，可喜可愕之事，读之使人心开神释，骨飞眉舞"。①《任氏传》中的"昼谈神话，各征其异说"中的"神话"显然是从"神奇、奇异的故事"的角度来使用，它的出现确实偶然。但是，"神话"偶然出现在唐人传奇和明人的辑校点评中却又有其必然性。厘清这点，对后面理解"神话"的翻译和对应问题很重要。

二　"话"体影响及"神话"特征

笔者将中国传统叙事体裁中"仙话""词话""话本"等"小说"类文体称为"话"体文学。这类"话"体文学具有相似的民间性、通俗性、口语性，以及具有被"闲谈"的特征，"话"本来就有"故事"的意味在其中。这类文体对国人使用"神话"，以及后来学者将"神话"定位于文学源头和民间文学都具有潜移默化的影响。下面简要论析这几种"话"体文学的特征。

首先看"诗话"，顾名思义，就是关于"诗"的话。据原创这一词的欧阳修自己说②，他写《六一诗话》——这一最早以"诗话"命名的著作，就是

---

① 黄霖、韩同文：《中国历代小说论著选》，江西人民出版社，2000，第187页。
② 郭绍虞先生曾多次强调过这一点。例如"诗话之得称，始于欧阳修《六一诗话》"。（《照隅楼杂著·诗话丛话》）；"诗话之称，当始于欧阳修；诗话之体，也创自欧阳修。"（《宋诗话辑佚·序》）

用于"资闲谈"："居士退居汝阴，而集以资闲谈也"（《六一诗话·小序》）。这里所说的"闲谈"，是当时士大夫中间颇为流行的一种风气，即士人在比较空闲的时候，把以往自己亲历或耳闻的有关诗或诗人的逸闻轶事，也包括自己关于写诗、论诗的一些看法，用笔记的形式一条一条地记录下来，"集"在一起，以供"闲谈"时所用。

接着看"说话"和"话本"。"说话"是当时流行于民间的一种说话艺术，"话"是有故事的意思。① "话本"里从民歌发展到文人诗，从民间曲子发展到文人词，从民间地方戏曲发展到文人创作的杂剧、传奇，从民间话本发展到文人创作的古典通俗小说。② 话本小说的起源，最为确切的记载是唐代小说的"市人小说"进而到僧院俗讲，它们具有后来说话伎艺通俗的大众性、表演性和谋利的商业性。而宋元时代的勾栏瓦肆，是话本小说进行口头表演最为繁盛的场所。最早的"话本"指一切说唱、演唱和戏曲的底本。③

再看"词话"。关于历代词话的起源问题，有以下几点值得参考：第一，民间歌曲的形式；第二，文人可仿民间曲调体制作词，其词亦可歌。换言之，在词的起源阶段，因为民歌在文字上并无所谓平仄格律，故可以不严格按律填词，这就是最初的"词话"，具有民间性和通俗性的特征。④

最后看"仙话"。仙话是描写以仙人活动为主要内容的民间文学作品，是中国俗文化的一个重要组成部分。"据现可考的材料表明，中国仙话的正式诞生是在战国前期"，例如"最早问世的西王母仙话、黄帝仙话、蓬莱大人仙话"等。这是"在当时日益盛行的神仙思想的催发与推动下不断碰撞、融合的结果"。⑤ 其实，引文内容中的"仙话"无疑也是后来所研究的"神话"，譬如西王母神话、黄帝神话、蓬莱神话等。当然，后来的"仙话"也多指代道家中的神仙故事。

总之，"话"体文学都有故事性意味，同时具有民间性、通俗性、口语性，以及具有被闲谈的特征。"神话"偶尔出现在传奇文体和记载朝野遗闻的汇编体中并非偶然。这时的"神话"就是神奇的故事。而这样的思维定式对清末"神话"的翻译肯定有影响。笔者目前未能查明"神话"一词在日文文

① 刘德重、张寅彭：《诗话概说》，安徽教育出版社，2009，第4、5页。
② 刘德重、张寅彭：《诗话概说》，安徽教育出版社，2009，第5页。
③ 王昕：《话本小说的历史与叙事》，中华书局，2002，第1~3页。
④ 朱崇才：《词话史》，中华书局，2006，第10页。
⑤ 梅新林：《仙话：神人之间的魔幻世界》，生活·读书·新知三联书店，1995，第2、3页。

献中的最早出处。不过，《日本历史大辞典》和《大日本百科事典》皆收有"しんわ"词目，其界定一则从其神圣原始意义而言，一则将 μῦθos（muthos）与 λόγos（logos）对举而释，皆未简单地以"神们的行事"对其加以概括。再深究，しんわ一词与日本宗教传统关系紧密，它深深根植于日本的神道传统之中。这个传统以成书于 8 世纪的《日本书纪》和《古事记》为圣典，亦即所谓"记纪神话"传统，它们与日本民族起源和国家意识尤其是皇统等重大民族问题有着密切联系。例如安万侣《古事记》"序"中有"天皇诏之"："……斯乃邦家之经纬，王化之鸿基焉。故惟撰录帝纪，讨核旧辞，削伪定实，欲流后叶。"[1] 可见，在日本，神统与皇统联系很紧密。"神话"与日本现代国家建构的内在关系问题，笔者将在第二章展开。在此仅欲说明，受"话"体文学影响，章太炎、梁启超和蒋观云等留日士人，很自然地将"神话"等同于古代的通俗志怪小说、传奇、话本等叙事文体，下文列举的一些文本能更充分地说明这个道理。

清末民初，有一批类似的文体不约而同地大量出现"神话"一词，例如《清稗类钞》《一士类稿》《客座偶谈》《春冰室野乘》等。比如《清稗类钞》：

> 光绪末，民党中人以政府腐败至极，不足有为，爰创《民呼报》于沪，鼓吹革命，未久被封禁。因去乎字之二画而为《民吁》，乃未久而又被封禁。民党坚持初志，冀达目的，于是有《民立报》之出版。金奇中曰："报章之大声疾呼，长吁短叹，非一日矣，而政府诸人酣睡不醒如故也。今欲令人民求所以自立之道，宜曰尸口。"洪少山闻其言而大愕，曰："吾未闻陈死人之能言也。"奇中曰："吾人之以行尸走肉为外人所诟病也，久矣。今以'尸口'二字为揭橥者，意欲起先觉于九原，诏告国人，以觉后觉。盖蚩蚩者氓，笃于迷信，闻生人之言，习焉不察，若托为幽冥之谈，类似神话者，或尚能振其聩而发其聋。且于民吁之后而改尸口，亦以表示尸居者之尚有余气也。尸字加点，为户，户口，即人民耳。"[2]

《清稗类钞》是关于清代掌故遗闻的汇编，由清末民初徐珂（1869～1928年）编撰，辑野史和当时新闻报刊中关于有清一代的朝野遗闻，从清人及近

---

① 〔日〕安万侣：《古事记》，周作人译，中国对外翻译出版公司，2000，"序"，第 XV 页。
② 徐珂编撰《清稗类钞》（第 4 册），中华书局，1984，第 1670 页。

人的文集、笔记、札记、报章、说部中，广搜博采，仿清人潘永因《宋稗类钞》体例编辑而成。书中涉及内容极其广泛，举凡军国大事、典章制度、社会经济、学术文化、名臣硕儒、疾病灾害、盗贼流氓、民情风俗、古迹名胜，无所不有。这类朝野遗闻与《任氏传》的小说传奇题材无疑有相通性。事实上，很难有线索表明徐珂是受到了蒋观云、梁启超等人的影响而使用"神话"的。蒋、梁等人使用"神话"一词有很强烈的民族主义色彩，他们以后的使用者则多重于表达其为文艺的源头（从梁启超20世纪20年代的论述开始，已经是如此）。与蒋、梁等人最初的使用不同，《清稗类钞》中反复使用"神话"指代各种神奇故事，例如"释教徒之神话"篇用"神话"来指称佛教故事：

> 藏人尝谓佛教入藏之初，其地全系高山穷谷，大港巨湖，居民皆猴而非人。时释迦牟尼游其地，见之，问众猴曰："何未成人而从吾教乎？"众猴曰："此间地势如此，难以成人。成人后，恐难生活，又焉能诵习贵教耶？"释迦曰："尔等倘能成人而从吾教，则吾赐尔肥沃之地，以资食息。"众猴唯唯。释迦即凿地穴于喜马拉雅山下，并设运河以通印度北恒河，而湖港各流，自是均入运河，成为介安子大平原。众猴见之，大惊，顷刻即化人身，从佛教，流传以逮今日。或曰，今之达赖、班禅两喇嘛为最大两猴之化身，拟之于兽，尊之而实衰之也。① （《释教徒之神话》）

引文中的"神话"指的是藏传佛教的传说故事。再例如《清稗类钞》"回教"篇中也用"神话"指所讲述的神奇之事。

> 蔚西，名相文，桃源人。既观碑，且得其拓本，盖从赵叟购之也。赵为开封人，犹太种也。蔚西访其居，其犹子亦出见，因与蔚西谈，所言有类似神话者。其言曰："我辈之去祖国，年代渺远，不可知矣。始之来此土也，凡七姓，曰赵、金、张、艾、高及二李，都八家，继而张姓不知所往。今存六姓，人口可二百，多作小负贩，婚嫁必取诸同教，然贫富相悬，不能悉拘也。惟谨守挑筋遗规，虽血缕肉线，必净尽焉。清真之旨，远过于回教，教中经卷，我祖我宗皆以金筒贮之，藏诸圣寺。然闻数百年前，忽有道士来谒，固请，出而曝之，倏焉暴风起，经飘失无

---

① 徐珂编撰《清稗类钞·宗教类》，《清稗类钞》（第4册），中华书局，1984，第1940页。

存,盖为天神摄取而去矣。七十年前,有武生高某者,性凶横,为同教冠。①

再例如《清稗类钞·会党类》中的"神话"也指神奇之事:

【天地会】传言天地会之起因者,颇近神话。谓在福建福州府莆田县九连山中之少林寺,地至幽邃,人迹罕至,伽蓝堂有塔耸峙林间,规模极庄严,相传为达摩尊神所创建。寺僧诵经之暇,恒究心于军略武艺焉。②

《清稗类钞·迷信类》:

【蛮三旺】西藏神话,以蛮三旺为最古。谓中古时,妖怪横行,民受其害。刘备、关羽、张飞出而治之,战数十年,各不相下,遂鼎峙焉。蛮三旺之名,盖以此也。妖之尤者名杜,三头六臂,能变化,虽数百家之村落,皆能吞之。杜眠时,鼻孔出长蛇一条,为人所害,蛇即入杜鼻孔,杜遂惊觉,故杜之横行,人莫能制。刘、关、张中,惟关之神行亦能变化,每与杜战,则刘、张守营。刘、张不能坚守,往往为杜所袭,甚且掳关之妻子。后为关所夺回,怒妻无耻,欲杀之,将妻发系马尾以拖死。马不前进,鞭之亦然,痛鞭之,马遂作人语曰:"夫人罪不当死。虽杀我,亦不走也。"关不得已,遂将妻子同载而归。后杜益骄横,关变为牛屎,被杜家人拾作柴料,关始入杜家。关又变为炉中扛炭,遂近杜身,杜不知也。杜眠时,蛇出,关先杀蛇,后斩杜,妖患遂平。蛮民感其德,至今犹供奉之。③

上列《清稗类钞》中的"神话"都是神奇怪异之事。这从侧面说明了作为一个词语,"神话"的偶然出现无关信仰叙事和神圣背景。与之作为参照的是,到了辛亥革命前后,当康、梁思想对国人产生影响,"神话"一词成为固定使用词时,它已经与荒诞不经的小说相关联,例如《一士类稿》中的使用:

① 徐珂编撰《清稗类钞·宗教类》,《清稗类钞》(第4册),中华书局,1984,第1960页。
② 徐珂编撰《清稗类钞·会党类》,《清稗类钞》(第8册),中华书局,1984,第3627页。
③ 徐珂编撰《清稗类钞·迷信类》,《清稗类钞》(第10册),中华书局,1984,第4790页。

廖翁晚年说经多近神话，故文中有怪迂之说，神人之目，此其抑扬诎折之间，旨趣略见。①

凡是之类，为关于此"活财神"之传说。所述事迹，堪备节取，未宜尽信，盖或溢其量，或相抵牾，或涉不经，或杂神话，纷纭恍惚。②

《一士类稿》乃清人徐一士著，以记清末掌故为主，共计27篇，有19篇分别载于《国闻周报》《逸经》等杂志，所写人物多为文坛学界名宿。徐一士原名徐仁钰，字相甫，号蹇斋。他所撰掌故小品保存了不少珍贵的历史资料，曾被誉为"晚近掌故史料之巨擘"。在《一士类稿》的"自序"里面，徐一士尤其强调自己幼时广泛阅读"闲书"，即"小说之类（所谓'闲书'），不拘一格，随时选讲"。他在文稿中使用"神话"应是1911年前后，此时康、梁思想在国内影响甚大。相比《清稗类钞》中的内容，《一士类稿》中的"神话"更有相对于经史正学的"旁门"意味，与"妄、怪、恍惚"相关。引文中的话，无论是出于章氏之口，还是徐著所记录，"神话"一词都意在强调"怪迂"之义。与其相类似的还有《客座偶谈·序》中出现的："余生平不看小说，十一岁时，疹后避风，不出房门，取《三国演义》读之，看其说神话处，却比正史有趣，旋即弃置，不复记忆矣。"③再例如，被称为"民国笔记小说大观"的李岳瑞《春冰室野乘》，这本笔记小说有段话是："周礼有占梦之官，其术不传。虽神话时代之旧术，然必有精理奥义，为哲学家所当探索者。吾国人向以梦之休祥，为后事之征验。"④此处的"神话时代"与"哲学家"一起出现，很显然作者已经接受了西学哲学话语，并且同样将"神话"视为非理性的超乎占梦等巫术事件。

综合上述引文来看，"神话"常在清末民初的文人笔记野史中被使用，具有很强的故事性、民间性、通俗性，与官方正史相对应。"神话"在当时的使用，既没有类似于古希腊神话和日本神话的神圣性质，也没有切入中国本土的神圣叙事现象，而只是与本土居于"末端"的怪异现象、故事及民间传说等相关联。从晚明士人回应西学信仰开始，中西方对"天"的不同思维方式、对"神"的不同理解是中西文化差异的关键点所在。中国文化中对"天"的

① 徐一士：《太炎弟子论述师说》，徐一士：《一士类稿》，辽宁教育出版社，1997，第69页。
② 徐一士：《论胡雪岩》，徐一士：《一士类稿》，辽宁教育出版社，1997，第160页。
③ 何刚德：《春明梦录·客座偶谈》，上海古籍出版社，1983，第12页。
④ 李孟符：《春冰室野乘》，上海世界书局，1922，第45页。

理解并非简单的西学之"神"。晚清的西学分类认知及学术转型并未发展出能与西学（以及日本）"神话"相对接的本土知识类型。从这个角度讲，神话学被国人归为"文学"或"文化之学"便顺理成章。

三 1897年："神话"最早被引进

袁珂先生与马昌仪先生皆认为，1903年，留日学生蒋观云在《新民丛报》上发表了《神话、历史养成之人物》一文，这是"神话"一词的最早引进出处。① 这一说法得到了神话学界的普遍认同。但是，笔者重新查阅文献，认为1897年的《实学报》是更早使用"神话"的汉语文献。1897年12月4日的《实学报》有这样一段：

> 盖非尼西亚国之拔以捕辣司地方，此处文法家种种之著述，为夫以洛所著非尼西亚国史中。所记神学及神话等，今皆散佚。重有油息气矮司者，著有教会史，其中所存之说，固即夫以洛之书。②

此文是由孙福保翻译《非尼西亚国史（日本经济杂志本）》而成。孙福保，字玉如，江苏吴县人，光绪二十三年（1897年）三月初七，作为第一批学员入南洋公学。南洋公学建立于1896年（光绪二十二年），于1897年首先招收师范生。二月，该校举行第一次招生考试，张榜公布"不取修缮""咨送出洋""择优奖赏""优予出身"等招生条件，有识之士舍弃科举仕途，各省应试者达数千人。第一批共录取学生40名，大多是举人廪贡监生，学生年龄多为20～30岁。③ 孙福保三月入学，此文载于1897年12月4日（约农历十一月），很有可能是在日本完成的翻译，这与《实学报》的宗旨及风格相吻合。丁酉（1897年）八月，王仁俊等在浙创办《实学报》，章太炎任总撰述。在《实学报叙》中，章太炎标举"空不足持世，惟实乃可以持世"的宗旨。该报创刊宣言云："本报之设，以讲求学问，考核名实为主义，博求通议，广译各报，内以上承三圣之谕，外以周知四海之为，故名《实学报》。"该报所载的"实学"即新知识，都译自英、法、日等国外文报刊，也刊登一些国内学者的自然科学研究心得。其中，译介日本的论著是焦点。在那个时期，有志青年

---

① 袁珂：《中国神话史》，上海文艺出版社，1988，第25页；马昌仪：《中国神话学文论选萃》（上册），中国广播电视出版社，1994，第9页。

② 孙福保译《非尼西亚国史（日本经济杂志本）》，《实学报》（第11册）1897年12月4日。

③ 章玲苓：《盛宣怀与南洋公学师范院》，《档案与史学》2002年第6期。

赴日留学成为风尚。自 1896 ~ 1911 年，留日学生总数约两万人。这些人大多
"头脑新洁，志气不凡"。由于日本文化深受中国传统思想浸染，以及国人接
受日文比西文更容易，所以在日本的有识之士皆致力于翻译日本书籍，希望
由此捷径吸取西方先进学说。日语中，"神话（しんわ）"由两个语汇构成，
"神"和"話"；神しん又读作かみ，相当于西方的 deity 或 god，話わ相当于
tale 和 story；"神話（しんわ）"就是关于神的行事。而这点，与希腊神话是
基本一致的（虽然二者的历史背景不同）。

回到上述引文，参照孙福保随后翻译的"神话"，其大意类似，即都是介
绍其他国家的神话。例如：

> 1）猎行于山中。为野猪冲突所杀。因悲其死而祭之。是又拔以捕辣
> 司之宗教。重复一说也。盖上世于埃及之哑痕辣司神话。种种自载籍
> 得来。①
>
> 2）其妻即为月神。又以太阳为天神。其妻则谓地神。此非尼西亚人
> 之神。就其详细者传说也。拔以捕辣司地方之神话。②
>
> 3）非尼西亚人立此宗教心中。其所称之神话。皆成话柄。③
>
> 4）将人类之牺牲供奉，风行已久。已洛哑治岛及苦利托岛所存宗教
> 说话，全与希腊之神话，性质迥异。④

综上，虽然早于梁启超与章太炎，孙福保在 1897 年就翻译了"神话"，
但完全是在介绍外来文化的层面使用，并未将此术词运用于中国历史及文化。
再换个角度设问：翻译出的"神话"是否促进了时人对希腊文化的理解呢？

清末已出现专门介绍古希腊的书。例如清光绪书系《西学启蒙十六种》
之一的《希腊志略》（*History of Greece*）。⑤ 该书中译本分七卷，叙述了从希腊
民族的起源至公元前 30 年希腊被罗马征服的历史。其中，卷一第十二节"希

---

① 孙福保译：《非尼西亚国史（日本经济杂志本）》，《实学报》（第 12 册）1897 年 12 月 14 日。
② 孙福保译：《非尼西亚国史（日本经济杂志本）》，《实学报》（第 12 册）1897 年 12 月 14 日。
③ 孙福保译：《非尼西亚国史（日本经济杂志本）》，《实学报》（第 12 册）1897 年 12 月 14 日。
④ 孙福保译：《非尼西亚国史（日本经济杂志本）》，《实学报》（第 13 册）1897 年 12 月 24
  日。
⑤ 《西学启蒙十六种》是由总税务司署大臣赫德（Robert Hart, 1835 ~ 1911）组织，传教士迪
  谨·艾约瑟（1823 ~ 1905）（Edkins Joseph，又译埃德金斯·约瑟夫）执笔翻译的一套内容
  广泛的启蒙读物，包括地学、生理、化学、天文、动物、植物等学科。该套书于光绪十一
  年（1885 年）译出，最终刻板印行是在光绪二十二年，即 1896 年。

人英俊并所奉诸神"中专门介绍了希腊诸神：

> 希人信奉之神凡多，各地举有较他处尤加敬者，其人每谓某何神喜全力照应此地，决不分心于他处。如亚底奈（今译雅典娜）女神，雅典人视为独护其雅典一城者，故敬之尤尽礼。其他各地，亦各有特加敬意之神也。所敬神中，有悬象于天地间之物，如亚波罗神原为日之类即是。希人视日月星为有行如人之神，所行诸事，视世俗传之谚语即知也。希人供奉之神，于其永存不忘、神通极大外，凭情而论，亦彷如人，是以用石造出男女神像，惟男神像大于男子，女神像美于女子。希人不似埃及人，以牲畜并虫等为神而敬拜，兼不似印度人，造神像时，制出离奇怪状，不堪入目。诸神中独推丢斯（今译宙斯）为王，英俊不列大神中，只为力大于人之一等神，以其往昔居于世，多为今人万不能行之事。①

在该段译介中，处处都是我们今日所熟知的神话内容，时人却并不使用"神话"来翻译。可见，即使没有"神话"，也并不妨碍时人对希腊文化的理解。除了译著，笔者查阅到1872年8月25日的《申报》上有《希腊古考》一文：

> 前一百十三号报中附录香港迈报有希腊古事一则，昨考欧罗巴洲志所载各异。不识香港报中所录据于何书。窃思此说是有见地，但以欧罗巴志证之则不免有所怀疑。今将希腊风土各于在求，博闻君之以示之。
>
> 希腊国在欧罗巴洲之南北界，土耳其东西南都界，地中海，疆域之小与英兰等。其学本于罗马同源，因后与罗马不合，遂自立一帜，有保罗者其学与日耳曼人路德相同。至希腊设学与哥林多城，希人风俗为之一变，希人最颖悟，好博览，长于词，以故他国之人入其境者悉愿学焉。国内又多书院，凡游学之士皆可入院讲习，泰西之邹鲁也。文人书法尚左手，实为创闻，武士好于广众之地比较拳势高下，妇女仪容俊秀，入室尝脱履户外，室内皆有毛毡铺设，人乐于赤足，故也。耶稣一千四百五十三年时，土耳其以兵力攻取希腊，该国臣服于土国者有三四百年，土政烦苛，几孔杼轴，希之学校自遭兵燹，土官又不为修理，以致希人

---

① 〔英〕法伊夫、〔英〕克赖顿：《〈希腊志略〉〈罗马志略〉校注》，商务印书馆，2014，第56页。

无所诵读知识，日浅迫至。大清皇帝道光初年闻希人因于英国、佛兰西、俄罗斯三国协力同心，与兵判土坏其拿法里。拿城士兵退希人，遂自立，为国云。①

从《希腊古考》的内容可以看出，虽然其间没有"神话"一词，但并不妨碍国人介绍希腊神话故事和希腊文化。从学科史的意义来看，尽管孙福保早在1897年就翻译了日文中的"神话"一词，但它既未作用于对应中国文化的研究，也未促进（或改观）晚清对希腊的认识。"神话"对中国文化发生真正作用还是得归功于章太炎、梁启超二人。章、梁二人将所理解的"神话"具体运用到了中国学术的改造中，并以此为基础，建构了中国现代学术的新体系。他们既是传统中国学术的终结者，又是现代中国学术的开启者。关于这些内容，笔者将在下一章具体分析。

【附】

若仍把时间聚焦在1902年，这一年的中国大事件为我们探究"神话"一词及中国神话学之特点提供了多景观视角。下文仅列举两例来对此做说明。

仍是在1902年前后，这是义和团运动的激烈时期。一首有名的乩语正在北方广为传播和流行：

> 神助拳，义和团，只因鬼子闹中原。劝奉教，自信天，不信神，忘祖先。男无伦、女行奸，鬼孩俱是子母产；如不信，仔细观，鬼子眼珠俱发蓝。天无雨，地焦旱，全是教堂止住天。神发怒，仙发怒，一同下山把道传。非是邪，非白莲，念咒语，法真言，升黄表，敬香烟，请下各洞诸神仙。仙出洞，神下山，附着人体把拳传。兵法艺，都学全，要平鬼子不费难。拆铁道，拔线杆，紧急破坏火轮船。大法国，心胆寒，英、美、俄、德，尽消然。洋鬼子，尽除完，大清一统靖江山。②

1902年5月，英国驻北京公使窦纳乐向外交大臣写信报告来自义和团的强大威胁，他在信的末尾说道：

> 我相信，只要下几天大雨，消灭了激情乡村不安的长久的旱象，将

---

① 《希腊古考》，《申报》1872年8月25日。
② 《义和团乩语·其一》，中国社会科学院近代史研究所《近代史资料》编辑组编《义和团史料》（上），中国社会科学出版社，1982，第19页。

比中国政府或外国政府的任何措施都更迅速的回复平靖。①

"天无雨，地焦旱，全是教堂止住天"，中国乡民的这种天人感应论深深地震撼了这位英国人，以至于他笃信只有天象才能真正挽回人心和局面。在梁启超、章太炎等知识阶层人士看来，乡民的这类思想正是需要被"新民"的原因。1902 年以后，梁启超撰述《新民说》一书详述理想"国民"应具备的特质，以铸造"中国之新民"为手段，重新建构一个现代强国。英国公使和这些主张"新民"的知识精英并没有意识到，乡民们的"天人感应"迷信与董仲舒根据"天人思想"阐发的"君权神授"，究竟有多大区别。咒语式的乩语与神圣的皇权毫不相干吗？其实，这类话题一直没能成为晚清直至现代学人多加思考的对象。中国传统文化中最具特色的天人思想与现代神话学成为毫无关系的两个集合。

与此同时，晚清士人正忙于新的神话叙事实践。仍是 1902 年，章太炎在《哀焚书》中说："今夫血气心知之类，惟人能合群；群之大者，在建国家，辨种族。"与章氏呼吁"种族"辨认相对立，康、梁则力挺清朝的正统。在"国族"与"种族""民族"的区分与讨论中，"黄帝"这一传说中的人物成为新的神话符号被时人建构和阐释。同时，晚清今文经学的代表人物——廖平、康有为欲在经典阐释中恢复信仰，将孔子演绎成全知全能的人格神，强化人们对孔子的神圣感。伴随晚清知识界重塑"黄帝"或"孔子"的神话，华夏大地在推翻皇帝以后，其实从未停止过造神运动。中国神话学的理论武器及其实践，是否能够解读这些不在"神话—古史"话语系统里的历史现象呢？我们拭目以待。

---

① 《英国档案馆所藏有关义和团运动的资料》，中国社会科学院近代史研究所《近代史资料》编辑组编《义和团史料》（下），中国社会科学出版社，1982，第 543 页。

第二章　建构方式：神话—古史的对立交织

第一节　"神话—古史"范式的奠基者：章太炎

　　尽管 1897 年的《实学报》已经出现"神话"一词，但是，《实学报》上的"神话"还仅是译介术词，译介人孙福保尚未将"神话"作用于中国文化。比梁启超更早使用"神话"来分析中国上古历史的是章太炎。学术界对章太炎神话思想的关注甚少，偶尔有论文提及也是聚焦他对图腾说的运用，忽略了其著作中大量与"神话"相关的语段，这不得不说是一个遗憾。王汎森先生曾说："中国近代思想是一中、一西两辆对驶而过的火车，章太炎与许许多多的人正处在这两列火车对驶的交会区中。在这个交会区，产生了纷杂万状的思想变化，章太炎正是其中最有深度的思想家之一。"[1] 就神话学思想而言，基于对上古文化、对"文明"的理解，章太炎以"神话"为载体奠定了"六经皆史"的学理基础——将神话从信史中剥离。同时，他又借神话和语言问题建构"历史民族""中华民国"等范畴。但是，章氏在现代民族国家的认同方面迥别于他所倚重的神话学家——马克斯·缪勒。这些正是中国神话学建立之初的特质及意义所在。

一　章太炎的神话观念

　　章太炎著作中使用"神话"之处见于《清儒》、《哀清史》、《订文》、《文学说例》、《周末学术馀议》[2]、《官制索隐》、《答铁铮》、《定复仇之是非》、

---

[1]　王汎森：《传统的非传统性——章太炎思想中的几个面相》，王汎森：《执拗的低音：一些历史思考方式的反思》，生活·读书·新知三联书店，2014，第 213 页。

[2]　《周末学术馀议》附载于《新民丛报》第四号（1902 年），署名为"金七十论学者来稿"，学界已考证出是针对梁启超《论中国学术思想变迁之大势》有关先秦学术部分所提出的批评，其作者为章太炎。详见陆胤《〈周末学术馀议〉作者考》，《云梦学刊》2008 年第 5 期。

《五无论》、《印度中兴之望》、《大乘佛教缘起说》和《答张季鸾问政书》等篇。其中，《清儒》、《哀清史》、《订文》、《文学说例》和《周末学术馀议》收入《訄书》，出现较早。[①] 根据《章太炎学术年谱》，光绪二十三年九月十一日（1897年10月6日），即《实学报》第五册刊行以后，便不再有章氏作品。光绪二十五年（1899年）十二月，章太炎开始辑订《訄书》[②]，收在《訄书》原刊中的大部分文章都是在这一时期写成的。朱维铮先生曾考订：《訄书》初刻本初次刊行时间在1900年2月中下旬到4月上旬之间，而其中的大部分篇目写于1899年11月上中旬到1900年初，随后不久章太炎就开始怀疑其中的意见，从1901年2月到1903年春，他对《訄书》进行了改写，也就是《訄书》重订本。[③] 结合这两种考证来看，《訄书》中成文较早的《清儒》《哀清史》的写作时间在1897年底至1900年初，早于梁启超、蒋观云对"神话"的使用。

为了凸显章氏的"神话"观早于梁启超于1902年在《新民丛报》的使用，可将章氏的神话观分为两个部分来整理。

第一，时间较梁、蒋更早，即集中在1897年底至1900年初，出现在《清儒》《哀清史》中的"神话"。

（1）六艺，史也。上古以史为天官，其记录有近于神话。（《宗教学概论》曰："古者祭司皆僧侣。其祭祀率有定时，故因岁时之计算，而兴天文之观测；至于法律组织，亦因测定岁时，以施命令。是在僧侣，则为历算之根本教权；因掌历数，于是掌纪年、历史记录之属。如犹太《列王纪略》《民数纪略》并列入圣书中。日本忌部氏亦掌古记录。印度之《富兰那》，即纪年书也。且僧侣兼司教育，故学术多出其口，或称神造，则以研究天然为天然科学所自始；或因神祇以立传记，或说宇宙始终以定教旨。斯其流浸繁矣。"案：此则古史多出神官，中外一也。人言

① 从1897年章太炎进入时务报馆算起，至1916年前从《訄书》改编成《检论》，这个过程前后将近二十年。二十年中有1900年时的木刻初刊本，稍后又有手校本，1904年在日本出版铅字排版的重印本，至《检论》全面写定，中间所收篇目，各个篇目的具体内容甚至文字，都有大幅调整或改动。这个过程被研究者视为"从《訄书》到《检论》一个复杂的结集过程"（朱维铮先生语），其间隐含着非常复杂的思想演变轨迹。本节仅强调1900年前后的章氏思想，而不做整体解读。
② 姚奠中、董国炎：《章太炎学术年谱》，山西古籍出版社，1996，第57页。
③ 详见章太炎《章太炎全集》（第三卷），上海人民出版社，1984，"前言"，第1~19页。

六经皆史，未知古史皆经也）学说则驳。①（《清儒》）

（2）《诗》若《薄伽梵歌》，《书》若《富兰那》神话，下取民义，而上与九天出王。惟《乐》，犹《僧马》（吠陀歌诗）《黑邪柔》（吠陀赞诵祝词及诸密语，有黑白二邪柔）矣，鸟兽将将，天翟率舞，观其征召，而怪迁侏大可知也。②（《清儒》）

（3）杜、贾、马、郑之伦作，即知"拚国不在敦古"，博其别记，稽其法度，核其名实，论其社会以观世，而"六艺"复返于史。神话之病，不溃于今，其源流清浊之所处，风化芳臭气泽之所及，则昭然察矣。乱于魏晋，及宋明益荡。继汉有作，而次清儒。③（《清儒》）

（4）史职范围，今昔各异，以是史体变迁，亦各殊状。上世瞽史巫祝，事守相近；保章、灵台，亦官联也，故作史必详神话。降及迁、固，斯道无改。魏、晋以来，神话绝少，律历、五行，特沿袭旧名，不欲变革，其义则既与迁、固绝异。④（《哀清史》）

（5）所谓史学进化者，非谓其霸清尘翳而已，已既能破，亦将能立。后世经说，古义既失其真，凡百典常，莫知所始，徒欲屏绝神话，而无新理以敕彻之。宜矣！⑤（《哀清史》）

综合来看，章氏的上述神话观强调了：①上古史官所记录的文字与"神话"很相近，作史之人多记录神话；②《尚书》类似于《富兰那》，是上古神话色彩很重的史书；③在文化进化的链条中，神话尚处于初级阶段，是一种病态，要排除神话。这三点涉及章氏认为什么是神话，什么样的人记录神话，以及在中国文化发展中，应该用什么样的态度看待神话。

第二，集中在1902～1908年，《订文》、《建立宗教论》、《官制索隐》、《答铁铮》、《定复仇之是非》和《五无论》等篇中的"神话"使用。

（1）凡有生者，其所以生之机能，即病态所从起。故人世之有精神

---

① 章太炎：《清儒》，章炳麟著、徐复注《訄书详注》，上海古籍出版社，2000，第133、134页。

② 章太炎：《清儒》，章炳麟著、徐复注《訄书详注》，上海古籍出版社，2000，第135页。

③ 章太炎：《清儒》，章炳麟著、徐复注《訄书详注》，上海古籍出版社，2000，第137页。

④ 章太炎：《哀清史》（《附：中国通史略例》），章炳麟著、徐复注《訄书详注》，上海古籍出版社，2000，第865页。

⑤ 章太炎：《哀清史》（《附：中国通史略例》），章炳麟著、徐复注《訄书详注》，上海古籍出版社，2000，第865页。

见象、社会见象也，必与病质偕存。马科斯牟拉以神话为言语之瘿疣，是则然矣。抑言语者本不能与外物混合，则表象固不得已。若言雨降，风吹，皆略以人事表象。①（《订文》）

（2）其推假借引伸之原，精矣。然最为多病者，莫若神话。以"瑞麦来牟"为"天所来"，而训"行来"，以"镳至得子"为"嘉美之"，而造"孔"字。斯则真不失为瘿疣哉！②（《订文》）

（笔者注：在《訄书》中，以上两段出于《订文》的"附篇"——《正名杂义》。据《章太炎学术年谱》考证，1902年开始，章氏对文辞法度相当留意。到日本后，《文学说例》分三次刊于《新民丛报》，后修订《訄书》，将此文修改入《正名杂义》，作为《订文》的附录③）

（3）久则延及平民，而僧侣祭司亦自废绝，则道德普及之世，即宗教消熔之世也。于此有学者出，存其德者，去其神话，而以高尚之理想，经纬之以成学说。若中国之孔、老，希腊之琐格拉底、柏拉图辈，皆以哲学而为宗教之代起者。④（《建立宗教论》）

（4）是故司徒司空之职，亦不得不由士师分裂而成也。夫法字从廌，谓讼有不直者，则神羊触之，斯固古之神话。然以斯知法字本义，独限于刑律而已。乃其后一切制度，皆得称法。此非官制起于士师之明证乎？⑤（《官制索隐》）

（5）论无神之说，至释迦而昌大之，其转变亦有相似。自孔子、公孟而后，郊丘宗庙，不过虚文，或文人曼衍其辞，以为神话，其实已无有尊信者。特愚民不学，犹眩惑于是耳，然所以维持道德者，纯在依自，不在依他，则已奢然可见。⑥（《答铁铮》）

（6）彼苗人之排汉者，亦独非正义欤？答曰：满洲自宁古塔来，历史之明文然也。汉族自帕米尔高原来，特以家书神话之微文，展转考索

① 章太炎：《订文》（《附：正名杂义》），章炳麟著、徐复注《訄书详注》，上海古籍出版社，2000，第394页。
② 章太炎：《订文》（《附：正名杂义》），章炳麟著、徐复注《訄书详注》，上海古籍出版社，2000，第395页。
③ 姚奠中、董国炎：《章太炎学术年谱》，山西古籍出版社，1996，第69页。
④ 章太炎：《建立宗教论》，《章太炎全集》（第4册），上海人民出版社，1985，第410页。
⑤ 章太炎：《官制索隐》，《章太炎全集》（第4册），上海人民出版社，1985，第94页。
⑥ 章太炎：《答铁铮》，《章太炎全集》（第4册），上海人民出版社，1985，第374页。

比度而得之，历史未尝有其明据。① (《定复仇之是非》)

（7）至于神话，希腊印度皆立男女二神，而急风骤雨，则群指为天神战斗之事，以及刑天干位，修罗争帝，天魔诱人，波旬娆佛，凡诸杀事，神话中往往有之。② (《五无论》)

（8）上考释迦牟尼以前，旧多神话，率浩眇不可知。佛陀生。其时事始可考。③ (《印度中兴之望》)

（9）其言四天王者，虽近神话，而世尊说法，不用一方之语，于斯可见。④ (《大乘佛教缘起考》)

（10）而得与龙树相接者，则印度传说，龙树之寿逾二百岁，或非尽属神话，人生固有二百岁者。⑤ (《大乘佛教缘起考》)

在这部分，章氏的"神话"使用集中强调：①从人情、人性角度强调神话的叙事性、文学性；②从虚构和传说角度，尤其从印度佛教来强调神话的想象性，"无明据"，与可信的历史相对立；③从语言学、语音的角度来排斥神话之病，建构章氏理想的"历史民族"。从第一章第二节的分析可看出，章氏受日文译介和"话"体叙事体裁的影响，前两个层面对"神话"的使用与当时的文人一样，用之理解印度佛教故事、各种传说等，本节不再赘述。下面将详细论述章氏神话思想最具典范的两个方面：第一，将上古理解为具有神话性的古史；第二，用"神话"建构现代民族主义和国家认同。

二　神话与古史的剥离

（一）巫史与神话

既然"史官记录近于神话"、"《书》若《富兰那》神话"，那么，《富兰

---

① 章太炎：《定复仇之是非》，《章太炎全集》（第4册），上海人民出版社，1985，第275页。
② 章太炎：《五无论》，《章太炎全集》（第4册），上海人民出版社，1985，第440页。
③ 章太炎：《印度中兴之望》，《章太炎全集》（第4册），上海人民出版社，1985，第362页。
④ 章太炎：《大乘佛教缘起考》，《章太炎全集》（第4册），上海人民出版社，1985，第470页。
⑤ 章太炎：《大乘佛教缘起考》，《章太炎全集》（第4册），上海人民出版社，1985，第466页。

那》是什么呢？为何章氏要用《宗教学概论》来解释其意呢？又为何要将史官与"神话"相联系？

章太炎在《訄书》中反复提到的《宗教学概论》，其作者系日本宗教学家姊崎正治（1873～1949 年），是日本宗教学的先驱，享有日本宗教学第一人的殊荣。[①] 姊崎正治于 1893 年考入帝国大学文科大学哲学科，听取井上哲次郎的东方哲学和外山正一的社会学课程，接受了宗教这一非理性要素对于社会进化有一定作用的思想，这成为姊崎宗教学研究的主要目的。1898 年 7 月，姊崎出版《比较宗教学》（该书出版第二年即 1899 年又以《宗教学概论》的书名出版）。他在《宗教学概论》中指出："所谓宗教学就是研究宗教的现象事实的学问，仅从二三十年前开始渐渐形成有组织的研究，是一门新科学。即其想研究的宗教，不在于一宗一派，而是把所有的宗教同等视为人文史上的事实，作为人之精神的产物，一切都包括此产物过程来把握的概念。……研究它的宗教学要观察此心的功能与社会的显现及其历史发展的所有方面，综括性地研究、探寻宗教的现象表现，对产生于其中的一切事实给予说明，统一地发挥其普遍的特性理法。此乃宗教学的目的。"[②] 姊崎的宗教学是立足于"把所有的宗教同等视为人文史上的事实，作为人之精神的产物"这一立场，并从个人、社会、历史的角度观察宗教现象。

章太炎是这一时期最关注姊崎的中国思想家。日本学者小林武的研究表明，《訄书》重订本中《原学》《清儒》《通谶》《订文》所附《正名杂义》等，皆有部分段落译自姊崎正治的《宗教学概论》及《上世印度宗教史》，《原教》（上）则几乎全部译自姊崎《宗教学概论》之附录——《宗教概念的说明契机》。[③] 例如《周末学术馀议》描写印度《富兰那》神话讲述的宇宙空间说："彼云'宇宙以须弥山为中心，而最近此山者，为阎浮洲。其中凡分九界，有盐海环之。其外他洲，又有饧海环之。如此七洲七海，大圆同心，至于落伽

---

① 姊崎正治的相关情况、明治思想史的背景，可参见姊崎正治先生生誕百年記念会编：《新版わが生涯・姊崎正治先生の業績》，東京：大空社，1993 年；磯前順一、深澤英隆编《近代日本における知識人と宗教：姊崎正治の軌跡》，東京：東京堂，2002 年。转引自彭春凌《章太炎对姊崎正治宗教学思想的扬弃》，《历史研究》2012 年第 4 期。

② 姊崎正治：《宗教学概论》，东京专门学校出版部，1900，第 1 页。转引自卞崇道《井上圆了宗教学思想述评》，《日本研究》2009 年第 1 期。

③ 小林武著有《章炳麟と姊崎正治——〈訄書〉より〈齊物論釋〉にいたる思想の關係》（《東方學》第 107 輯，東京：東方學會，2004 年，第 91～92 頁）。转引自彭春凌《章太炎对姊崎正治宗教学思想的扬弃》，《历史研究》2012 年第 4 期。

山脉而为极际焉'。"① 此段全部译自姊崎《上世印度宗教史》。② 除了小林武的研究，北京大学彭春凌博士的学位论文《儒教转型与文化新命——以康有为、章太炎为中心（1898—1927）》（2011 年）③，详细地辨析了章氏思想对姊崎宗教学的汲取、变通等问题。在此基础上，笔者对姊崎与章氏的思想异同不详加考证，只说明其中与"神话"相关的部分。

章氏对古史与神话的理解，基本源于姊崎对古史的宗教性阐释。章氏在《原学》中说："希腊言：海中有都城曰韦盖，海大神泡斯顿常驰白马水上而为波涛（《宗教学概论》）。中国亦云。此非滨海者弗能虑造是也。伯禹得龟文，谓之九畴。惟印度亦曰：洪水作，韦斯挈化鱼。视摩挈以历史，实曰《色富兰那》。"④ 再参看《尚书·洪范》："天乃锡禹洪范九畴，彝伦攸叙。"孔子传："天与禹洛出书，神龟负文而出，列于背，有数至于九，禹遂因而第之，以成九类常道，所以次叙。"⑤ 章氏比照《富兰那》和《尚书》后，将二者都视为神话，乃因为二者都是想象性地描述宇宙和现实空间，为现实社会制定秩序，而且，这种想象与秩序的制定都是由上古史官完成的。基于此，章氏认为"六艺"是上古流传下来的具有浓厚神教色彩的官书，他反对用六经为后世"制法"，要求把六经当作古代历史看待，把一贯至高无上的儒家经典还原为一批据以研究古代社会发展和变革的珍贵资料，并以此来认识古代社会的发展，了解人类文明的进步。

章氏虽然没有用"巫史"这个概念来形容上古文化，但是，他所描述的"上古以史为天官"，其实就是在强调上古史观的巫史性。例如："史职范围，今昔各异，以是史体变迁，亦各殊状。上世瞽史巫祝，事守相近；保章、灵台，亦官联也，故作史必详神话。降及迁、固，斯道无改。魏、晋以来，神话绝少，律历、五行，特沿袭旧名，不欲变革，其义则既与迁、固绝异。"⑥ 这段话精辟地勾勒了巫史，即"上世瞽史巫祝"的职责与特色，也成为后人研究上古巫史传统时经常引用的语段。

---

① 章太炎：《周末学术馀议》，原载《新民丛报》第四号（1902 年 4 月 22 日）。

② 彭春凌：《章太炎对姊崎正治宗教学思想的扬弃》，《历史研究》2012 年第 4 期。

③ 此文经修改出版，彭春凌：《儒学转型与文化新命：以康有为、章太炎为中心（1898—1927）》，北京大学出版社，2014。相关内容详见该书第二节，第 175～214 页。

④ 章太炎：《原学》，章炳麟著、徐复注《訄书详注》，上海古籍出版社，2000，第 37 页。

⑤ 《尚书·洪范》，李学勤主编《尚书正义》，北京大学出版社，1999，第 298 页。

⑥ 章太炎：《哀清史》（《附：中国通史略例》），章炳麟著、徐复注《訄书详注》，上海古籍出版社，2000，第 865 页。

　　人类文明起源的"记史"现象源于对时空的认知和表述诉求，包括《尚书》在内的先秦史册记载都是巫史职能的发挥结果。从世界文明来看，人类最初的一切活动都有着与"世俗"相对的神圣性。神圣建构了世界，设定了世俗的疆界，并确定了世界万物的秩序。这体现了宗教人类学的"宇宙论"（Cosmology）思想："关于世界本质及其作用机制，以及人与其他生物在那个秩序中的地位有一套理论或概念，一切事物的意义都必须在既定的宇宙论中寻找合法性。"① 章氏对上古巫史职能及其神话记述的强调，实则从宗教学、人类学角度澄清了争论不休的"六经"作者问题。值得深究的是，一百多年过去了，后世对上古的理解、对巫史文化的阐释在很大程度上延续了章氏的相关思想，是在其基础上的反思与开拓。例如李泽厚先生认为："巫"能通神人的特质日益理性化，成为上古君王及天子某种体制化、道德化的行为和品格，这就是上古思想史的最大秘密。巫的特质在中国的大传统中，以理性化的形式保存、延续下来，成为了解中国思想和文化的钥匙所在。② 日本汉学家白川静采用"巫祝王"之说③，叶舒宪先生则称"祭司王"用以描述上古的巫史文化。④ 他们都认为上古巫史传统与先秦礼乐没有截然的二元区分，礼乐制度本身即包含了巫史内涵。

　　从文明探源视角看，中国文明起源和发展过程中巫文化和礼乐文化很难完全分别开来。苏秉琦先生提出："在五千年前的红山文化、大汶口文化、良渚文化那个阶段上，玉器成为最初的王权象征物……神权由王权垄断。"⑤ 据张光直先生判断，最晚在史前的母系氏族社会，半坡仰韶文化就有巫术和巫师。⑥ 诸此种种无不说明章氏关于巫史见解的深刻与前瞻性。尤其章氏在 1907 年就曾论述："僧侣祭司亦自废绝，则道德普及之世，即宗教消熔之世也。于此有学者出，存其德者，去其神话，而以高尚之理想，经纬之以成学说。若中国之孔、老，希腊之琐格拉底、柏拉图辈，皆以哲学而为宗教之代起者。"⑦ 这不是早于雅斯贝斯的"轴心时代"说之意吗？

---

① 〔英〕菲奥纳·鲍伊：《宗教人类学导论》，金泽、何其敏译，中国人民大学出版社，2006，第 137 页。

② 李泽厚：《己卯五说》，中国电影出版社，1999，第 40 页。

③ 〔日〕白川静：《中国古代文化》，加地伸行等译，（台北）文津出版社，1983，第 116 页。

④ 叶舒宪：《老子与神话》，陕西人民出版社，2005，第 160 页。

⑤ 苏秉琦：《华人·龙的传人·中国人——考古寻根记》，辽宁大学出版社，1994，第 249 页。

⑥ 张光直：《中国远古时代仪式生活的若干资料》，台湾中研院《民族学研究集刊》1961 年第 9 期。

⑦ 章太炎：《建立宗教论》，《章太炎全集》（第 4 册），上海人民出版社，1985，第 410 页。

雅斯贝斯用"轴心时代"来解释人类文化的"统一性"，在《历史的起源与目标》中，雅斯贝斯认为在公元前800～前200年是"轴心时代"时期，许多哲学家首次在中国、印度和西方三个地区出现。这一时期的人对历史有了认识，开始以自己的内心世界抗拒外部世界，借此超越自己和世界，是人类历史的真正起点，形成了"哲学的突破"。"希腊、印度和中国哲学家的主要洞见并不是神话，而是以理性反对神话。在轴心时代意识发展过程中宗教伦理化了，神性的威严因此而增强。人性全盘改变，第一次出现了理智和个性。"① 与雅斯贝斯的观点几乎无二，章氏同样强调的是印度、中国上古文化从神话→"德"（哲学）的演变规律。虽然他的资源储备来源于日本宗教学，不过，今日在反思中国神话学的开端时普遍忽略了章氏，这不得不说是一个遗漏。

除了延续了章氏思路，今人也试图在新的知识条件下对上古巫史文化进行反思。以惯有的直线进步史观为主导，将巫术→宗教→哲学、非理性→理性、神圣→理性化、宗教化→世俗化等历时性演变作为所有文明发展的模式。这种叙事框架已然成为阐释一切社会文明发展阶段的既定话语。而今日的神话学与中国文明探源相结合，理应对这类既定话语做出审视。例如，十年前，笔者曾论述，用"信仰→理性""宗教→理性化""神圣→世俗"的演进过程置换中华文化的渊源与形成之做法值得商榷。用"巫风→理性化"的"理论装置"来描述中国王制中的"神—人"关系和礼乐文化渊源的做法同样有弊端。这类二元对立的理论模式，其实解释不了中国文化与上古巫史传统的复杂关系。礼崩乐坏的东周无疑是"王制"被"断裂"的历史时期，春秋时期所做的"文化工程"恰恰不是突破"非理性"、形成所谓"理性化"的哲学，而是当时巫史及王权阶层运用一切资源来重新沟通天人，重建王制的神圣和礼乐规范过程。这个过程与所谓的"轴心突破"或"理性化"等理论模式正好相反。② 再进一步深究：既然先秦文化并没有从根本上转入所谓的"理性化"，而是始终伴随神圣与世俗糅杂、礼乐与巫文化共生的特征；那么，我们可能汲取哪些资源来解释中国礼乐文化的起源与特殊性？继百年前章氏的神话学思想之后，这是今日中国神话学结合"文明探源工程"所能做出的

---

① 〔德〕卡尔·雅斯贝斯：《历史的起源与目标》，魏楚雄、俞新天译，华夏出版社，1989，第9页。
② 谭佳：《断裂中的神圣重构——〈春秋〉的神话隐喻》，南方日报出版社，2010，第6、7页。

文化贡献。

（二）"六经皆史"与排斥神话

众所周知，"六经皆史"源于章学诚。于学术界，章学诚的"六经皆史"究竟是强调"经世"还是"史意"，从胡适、钱穆、周予同等大师，到仓修良、汪荣祖等当代史学泰斗，直至当下许多治史学人，都对此问题有讨论和争鸣。无论章学诚提出"六经皆史"的旨意何在，相比章太炎，无可辩驳的是，章太炎对六经的理解注入了当时的人类学（或称为宗教学、神话学资源），这使得章学诚、章太炎同是将"六艺"视为"史"，但意义各异：前者皈依于孔教，后者则正好相反。

生活在乾嘉时代的章学诚，其心目中的"道"永远指向周孔所传的王道。其"六经皆史"终归是一种"'经世'要旨：要求学者放弃空言道理的'宋学'，又摆脱徒事考据的'汉学'，以共赞'时王'之治"。① 章学诚站在"原道"立场，"不可能用'史学'代替'经学'或'理学'"。② 与此相区别，章太炎则力反王道和理学，这从章氏在《时务报》工作不过四个月左右，便因反对孔教而被康之门徒"攘臂大哄"，愤然离开便可见一斑。所以，同样提出"六经皆史"，从学理上讲，章学诚与章太炎二人处理"六经"截然有别：章太炎认为先秦经典是史书，并且有浓厚的神话性和宗教性，进而从学理上剥离了"六经"与圣人神圣性的问题，取而代之以神话性、宗教性来解释上古文化。梁启超在《清代学术概论》中称："'清代思潮'果何物耶？简单言之：则对于宋明理学之一大反动。"③ 梁氏所谓的"反动"，指的是明末开始反对宋儒和明儒之弊，自晚清，士人们希望能用一种新的科学宇宙观和社会学说对传统社会进行全面的批判，并最终在意识形态上和知识体制上取而代之。柯文先生认为晚清士人与传统儒家的差异在于：

> 中国传统的儒家学者倾向于用循环论的观点看待历史，这在受季节变化支配的农业社会中大概是很自然的。盛—衰理论深嵌于中国人的世界观之中，并包容人类的一切。根据这种观点，变化并不存在于生成之中，而是在"周而复始的大道运行"之中。而进步观念则是陌生的，文

---

① 江湄：《创造"传统"》，社会科学文献出版社，2013，第162、163页。
② 刘巍：《章学诚"六经皆史"说的本源与意蕴》，《历史研究》2007年第4期。
③ 梁启超：《清代学术概论》，上海古籍出版社，2000，第3页。

明社会的主要目的只是组织进步。①

章氏积极地以进化论看历史，以进化论讲人种，例如主张"变至于人，遂止不变乎？人之相竞也，以器"等②，又说"若彼上世者，与未开之国相类"③。进化观念促使章氏认为，人类是从原始的古代进化到近代，以"朴陋"作为解释中国古代文明的底色——这是清儒没有，或不如章氏明显的观念。朱维铮先生曾指出，章氏于1900年夏当众割辫易服，加入革命党一伙，这是《訄书》由初刻本向重订本转变的最重要的原因。1900年以前的章氏以"尊荀"始，以"尊荀"终，是对戊戌变法期间夏曾佑、谭嗣同、梁启超等提倡"排荀"的一种回应。在此之后则以"原学"始，以"解辫发"终，追求社会进化，反清革命而开创新纪元。④ 但是，就神话问题而言，章氏态度始终如一，将之视为"社会进化"的开始阶段。他将"神话"作为宗教虚构下的想象性叙事，虽不真实，但有宗教信仰的合理性，为理解后世文化提供线索。例如他在《官制索隐》中说：

> 是故司徒司空之职，亦不得不由士师分裂而成也。夫法字从廌，谓讼有不直者，则神羊触之，斯固古之神话。然以斯知法字本义，独限于刑律而已。乃其后一切制度，皆得称法。此非官制起于士师之明证乎？⑤

在近现代士人新装备的"进化"观念中，章氏的清醒在于强调"所谓史学进化者，非谓其霁清尘翳而已，已既能破，亦将能立"⑥。为了凸显"进化"的能破能立，以及后人的不得其要，章氏紧接着用了"古义既失其真，凡百典常，莫知所始，徒欲屏绝神话，而无新理以敕彻之"形容。章氏已将六艺经典的权威定位于上古宗教的残留，并以"经世""实学"自任，反对思、孟学派所传之五行教，希望去除义理层面的迷妄。例如《周末学术馀议》一文，

---

① 〔美〕柯文：《在传统与现代性之间——王韬与晚清改革》，雷颐、罗检秋译，江苏人民出版社，1994，第110页。

② 章太炎：《原变》，章炳麟著、徐复注《訄书详注》，上海古籍出版社，2000，第301页。

③ 章太炎：《订文》（《附：正名杂义》），章炳麟著、徐复注《訄书详注》，上海古籍出版社，2000，第394页。

④ 朱维铮：《〈訄书〉发微》，朱维铮：《求索真文明》，上海古籍出版社，1997，第259～283页。

⑤ 章太炎：《官制索隐》，《章太炎全集》（第4册），上海人民出版社，1985，第94页。

⑥ 章太炎：《哀清史》（《附：中国通史略例》），章炳麟著、徐复注《訄书详注》，上海古籍出版社，2000，第865页。

章氏针对梁启超对荀子斥子思、孟轲的非议①，援引其早年学术笔记中的考证，指出子思、孟轲上承洪范、九畴的五行教，下启《春秋繁露》《白虎通义》诸说，将五行之说"傅诸材性道德"，扰乱了学者的神经；而"自荀卿一出，知禨祥神怪，一切出于诬妄，大声疾呼，以熄此焰，观其全书，率皆此旨"。章氏坚守尊荀立场，视"六艺"于古史，就是要使"神话之病，不溃于今"，体现出章氏对今文学派经学大义的反对。"神话之病"的"病"在于因西汉今文经学与谶纬迷信相结合而产生各种荒诞说法。魏晋和宋明时期出现了玄学和理学，使东汉以来的古文经学治学方法遭到破坏。与这类思想大致相似，章氏还认为：

> 魑鬼、象纬、五行，占卦之术，以宗教蔽六艺，怪妄！孰与断之人道，夷六艺于古史，徒料简事类，不曰吐言为律，则上世社会污隆之迹，犹大略可知。以此综贯，则可以明进化；以此裂分，则可以审因革。故惟惠栋、张惠言诸家，其治《周易》，不能无掊摭阴阳，其他几于屏阁。虽或琐碎识小，庶将远于巫祝者矣。②

章氏认为这些与"古义"不相符合的东西是"宗教"，可谓"怪妄"，遮蔽了"六艺"本来应该具有的价值。所以，他对上古经书中的神话色彩（延续至西汉的谶纬、方术、五行系类）持反对态度。当然，章氏的后期思想又有所变化。他发现姊崎在《宗教学概论》之《宗教心理学》部分，对谶（"宗教观念之预言"）作用于人心的原理做了最好的理论诠释，能为他从学理上阐述中国传统之"谶"发挥作用的机制提供理论资源。故而，他将相关论述全部译出并写入《通谶》，以此构建对"谶"的认知。《通谶》开始明确讨论"神"的价值：

> 泰上之谶，运而往矣。其次生于亡国逸民，将冒白刃，湛九族，以赴难而不可集，内恕孔悲，以期来者。惟爱恶之相攻取，而亦词谍于千年。故史者为藏往，谶者为知来。③

---

① 梁启超在《论中国学术思想变迁之大势》中认为："乃子思、孟轲，本与荀同源，而强辞排斥，与他子等，盖荀卿实儒家中最狭隘者也。非徒崇本师以拒外道，亦且尊小宗而忘大宗，虽谓李斯坑儒之祸，发于荀卿，亦非过言也。"见《新民丛报》第 4 号（1902 年 2 月 15 日）。

② 章太炎：《清儒》，章炳麟著、徐复注《訄书详注》，上海古籍出版社，2000，第 161 页。

③ 章太炎：《通谶》，章炳麟著、徐复注《訄书详注》，上海古籍出版社，2000，第 189 页。

"史者为藏往，谶者为知来"，化用自《易·系辞上》"神以知来，知以藏往"，借此讨论人"心"之力量。他认为中国历史上成功的革命，几乎皆借用过"谶"的力量，"内由理想，外依神力，期于实见圆满"。《通谶》虽开始讨论"神"的价值，但并不能等同于西方神话学意义上的"神"。从这个角度而言，章氏与"神话"直接相关的思想仅停留在一种字面理解意义上，他并未在"神话"上停留，也没有投入更多精力。关键是，他要通过"神话"讲清表象、语音问题，进而为更大的民族主义诉求服务。

三 神话与语言问题

语言问题是姊崎谈论宗教的附属问题，于章氏思想而言，语言问题是从知性上理解宗教的前提条件。章氏从普通文字上的表象主义，谈及表象主义之病在神话中的泛滥，即"最为多病者，莫若神话"。他以"来"字为例说明，由于古人内心的欲求与感恩、妄想及信仰，那些本来表示具体事物的"来""乙"等字，被引申或改造来指称另外的全新之义。以文字为桥梁和中介，章氏认为表象主义无所不在地存在，宗教心理乃至形式具备普遍性。由此，他从语言文字学出发理解人类的观念与思想。他在《订文》篇中专门借"神话"来理解文字的发展问题：

> 凡有生者，其所以生之机能，即病态所从起。故人世之有精神见象、社会见象也，必与病质偕存。马科斯牟拉以神话为言语之瘿疣，是则然矣。抑言语者本不能与外物泯合，则表象固不得已。若言雨降，风吹，皆略以人事表象。
>
> ……
>
> 其推假借引伸之原，精矣。然最为多病者，莫若神话。①

马科斯牟拉即任教于牛津大学的德裔语言学家马克斯·缪勒（1823～1900）。缪勒从希腊诸神的名字中追寻出它们的印度源头，并发现这些神名最初都是对自然现象的隐喻。缪勒认为所有的印欧语系民族分享同一个语言源头，当这些民族分散到世界各地时，古代雅利安语言逐渐演变成许多民族语言，神名的最初含义也被遗忘，后人不得不创造出许多故事来附

① 章太炎：《订文》（《附：正名杂义》），章炳麟著、徐复注《訄书详注》，上海古籍出版社，2000，第394、395页。

会解释，于是产生了神话。因为主张共通的雅利安语的每一个词都在一定意义上是一则神话，所以，缪勒及其以后的研究又被称为"语言疾病说"。

　　缪勒的研究以比较语言学为根基，以至于《比较神话学》一书用三分之一的篇幅来集中讨论语言学问题。他将语言发展的历史分为四个时期：词的形成期、方言期、神话期、民族语言期，并对各民族语言中亲属称谓的词根，对驯化动物的名称，对耕作与谷物、研磨、编制、缝纫、熟食和生食的语言区别等进行研究，从而欲还原古雅利安人家庭生活的早期结构。与此同时，缪勒借助印度、希腊、罗马、北欧的神话，认为这些神话都有共同源头——古代印欧语的表达方式。缪勒认为只有深刻地研究语言发展的历史，才能把人类思维现象中难以理解的部分（包括神话）说清楚。神话的产生正是基于语言在发展演进的过程中被割裂或消失，让后世的理解产生障碍。缪勒曾充满激情地评价《吠陀》给神话研究带来的意义："（比较神话学）这门科学，若离开《吠陀》，就只能是猜测性的工作，既没有固定的原则，也没有可靠的基础。"① "整个原始的、自然的、可理解的神话世界，保存在《吠陀》之中。"② 显然，汉语不是印欧语系，中国与印度、欧洲也不是一个语言源头，中国的象形文字与西方的表音文字有迥然之别。缪勒基于语音文字而论述的"神话之病"问题是否也同样适合于中国文化发展呢？

　　对此问题，章氏弟子胡以鲁已经有所思考。他在《国语学草创》第九编《论国语与国文之关系》中评论章氏关于缪勒的见解为："麦克斯牟拉氏以语言之带神话意味者，谓为语言病。然则吾国象形文字，亦殆文字之病者欤？然是原于蛮人之恐怖心、宗仰心及拟人之心理，虽欲谓之病，亦自然病而已矣。"③ 胡以鲁借（当时）文化人类学对原始文化的研究来说明"语言之病"的普适性、各文化的无差异性。这多少有为自己的老师辩解之嫌。从今日视角来看，章氏和胡以鲁的结论都可以被轻易推翻。问题在于，章氏为何要如此论述呢？章氏曾借人类语言表达的共性来讨论这个问题：

---

①　〔英〕麦克斯·缪勒：《比较神话学》，金泽译，上海文艺出版社，1989，第97页。
②　〔英〕麦克斯·缪勒：《比较神话学》，金泽译，上海文艺出版社，1989，第80页。
③　章炳麟著、徐复注《訄书详注》，上海古籍出版社，2000，第395页，注释〔5〕。

惟夫庶事繁兴，文字亦日孳乳，则渐离表象之义，而为正文。……
而施于文辞者，犹习用古文，而怠更新体。由是表象主义，日益浸淫。
然赋颂之文，声对之体，或反以代表为工，质言为拙，是则以病质为美
疢也。……斯治小学与为文辞者所由忿争互诟，而文学之事日益纷
纭矣。①

章氏在这段话中强调体象不能尽意，人类就用表象来传达，正是通过文
字的利用，"文"集群而成为文辞和文化，在这一过程中往往出现"表象"。
所谓"表象主义"意在批评人们对隐喻和转喻的过度信任，把语言文字当作
纯粹的工具加以使用，表情达意的目的本身被遗忘，作为工具的文辞成了目
的本身，成为一种赤裸裸的工具和"物"。所以，他将"表象"譬为人类的
病："言语不能无病，然则文辞愈工者，病亦愈剧。""人未有生而无病者，而
病必期其少"（《文学说例》）。同时，章氏指出当代世界最为发达的语言是英
语，"今英语最数，无虑六万言，言各成义，不相陵越。东、西之书契，莫繁
是者，故足以表西海"。相比之下，中国语言文字的发展大为落后。所以章氏
强调小学的基础性作用，追求对语言文字的改革以及对文字的正确使用。

就此问题，可以将章氏与缪勒的神话学思想进行比较。缪勒预设了人类
语言的共同模式，要解决的核心问题是"人类思维是如何引导到这类想象上
来的？——这些名称和传说是怎样产生的？"② 他通过比较意大利语、西班牙
语、葡萄牙语、法语等六种语言的助动词，来说明这些形式"恰恰都是一个公
摊面积模式的不同变体"。"这六种词形变化的每一个都不过是拉丁语本身的变
化而已。"③ 缪勒把这个早于任何民族分化的时期称为"创作神话"的时代，
因为这种共通的雅利安语的每一个词在确定意义上都是神话。他认为把握神
话学的"关键环节"必须借鉴比较语言学，真的神话时代语言无从得知，"真
正神话的根本特征是只可意会不可言传的"④。神话学研究者的首要任务就是
"把每个神话还原到其原初的无体系的形态。然后根据其质量的特征，确定每
个神话的产地，如若可能，便确定其产生的年代"⑤。尤其值得关注的是，这

① 章太炎：《订文》（《附：正名杂义》），章炳麟著、徐复注《訄书详注》，上海古籍出版社，
 2000，第396页。
② 〔英〕麦克斯·缪勒：《比较神话学》，金泽译，上海文艺出版社，1989，第16页。
③ 〔英〕麦克斯·缪勒：《比较神话学》，金泽译，上海文艺出版社，1989，第18页。
④ 〔英〕麦克斯·缪勒：《比较神话学》，金泽译，上海文艺出版社，1989，第74页。
⑤ 〔英〕麦克斯·缪勒：《比较神话学》，金泽译，上海文艺出版社，1989，第87页。

一点也是很少有人提及的，缪勒在全书最末尾为"神话"做了定义，他是这样说的：

> 我希望，同样的结局也会在神话学中出现。不再是以前那样，只是追溯它"由于人天性怯懦和语言的贫乏"而是获得较确定的解答，"由于人天性聪颖和语言丰富"。神话，只是一种方言，是语言的古代形式。神话尽管主要地是和自然相联系，其次和那些显示规律、法则、力量以及智慧特征的证明（神迹）联系在一起，但神话对所有一切都是适用的。没有一件事物能排除在神话的表达之外：道德、哲学以及历史、宗教，无一能够逃脱古代女巫的咒语。但是神话既非哲学、历史，也不是宗教、伦理。假如我们非用一个学术的表达来说明它，那它则是一种形式（quale）而不是实体（quid）的东西，它还有点像诗歌、雕刻和绘画，几乎适于古代世界所赞美或崇拜的一切。[①]

缪勒并没有把神话理解为具体故事或是情节，而是附着在任何具体表达方式中的一种"形式"。缪勒虽然倚重语言和神的姓名、故事等，但他把"神话"视为可以涵盖和象征一切的"形式"。若没有这个前提，而是仅把"神话"视为一种民间叙事体裁，缪勒的"比较"就失去了可比性以及研究对象。

对比缪勒的神话学思想，章氏对"神话"的理解丝毫没有基于希腊哲学传统的"形式"特征，而是只注重对体裁、具体内容的强调。他通过片面的缪勒的神话学思想来重新理解以音韵、文字和训诂为内容的"小学"特征，诉诸民族国家的建构。章氏特别提倡谱牒之学，以《世本》《尧典》厘清胡、汉之别。那什么是汉人的历史呢？他认为，"为甚提倡国粹？不是要人尊信孔教，只是要人珍惜我们汉种的历史。这个历史，是就广义说的，其中可分为三项：一是语言文字，二是典章制度，三是人物事迹"[②]。因此，章氏提倡"小学"研究，认为这是寻求民族认同的必经之路。"毫无疑问，章太炎对近代中国最大的贡献是提倡民族主义，为排满革命建立理论基础。"[③] 章氏对以文字为中心的中国文化传统存有警觉之心。如前所述，他着重讨论在造字日渐不能满足要求的情况下，人类转而"假借"文字，引申文字意义，扩展文

---

① 〔英〕麦克斯·缪勒：《比较神话学》，金泽译，上海文艺出版社，1989，第139、140页。
② 汤志钧：《章太炎政论选集》，中华书局，1977，第267页。
③ 王汎森：《章太炎的思想——兼论其对儒学思想的冲击》，上海人民出版社，2012，第222页。

字功能，力图表达日渐繁复而理、事、情兼具的人类生活。

> 凡有生活以上，其所以生活之机能，即病态之所从起。故凡表象主义
> 之病质，不独宗教为然。即人间之精神现象社会现象，其生命必与病俱存。
> 马科斯牟拉以神话为言语之疾病肿物。虽然，言语本不能与外物吻合，则
> 必不得不有所表象。……要之，人间思想，必不能腾跃于表象主义之外。①

章氏从小学"假借"概念出发理解姉崎正治分析的，以表象主义为基础
的宗教之普遍性：从小学六书的"假借"概念出发，通过"神话"来强调表
象主义作为一种"病态"的普遍性。所以在《文学说例》中，章氏翻译了姉
崎《宗教病理学》中的相关部分。《宗教学概论》全书包括"宗教心理学"、
"宗教伦理学"、"宗教社会学"和"宗教病理学"四大部分。除《文学说例》
外，章氏在《周末学术馀议》中同样援引了"宗教病理学"的内容。这说明
该书最先引起章氏兴趣的内容是姉崎对宗教病态的分析。这和他历来对巫妄
蛊惑的反感相一致，也与他历来抨击康、梁等今文经学者"以宗教蔽六艺"
的立场相吻合。在章氏思想中，传统小学已不再是"经学之附属品"，而转进
为"语言文字之学"。章氏的《论语言文字之学》（1906 年）主张建立"语言
文字之学"，并且要使"语言文字之学"真正成为"一切学问之单位之学"，
即所有学问都要以"语言文字之学"为基础。这方面思想最集中地体现在
《国故论衡》中。在该书里，章氏撰《语言缘起说》追溯语言发生时的原始状
况；撰《转注假借说》阐明文字依赖语言而发展的基本规律；撰《原名》综
合东西"名学"而超越形式逻辑学，讨论从感觉之"受"→表象之"想"→
判断之"思"的思维逻辑等。以语言文字为线索，《訄书》中的许多篇，例如
《序种姓》《族制》《方言》《订文》等详尽考察了各个种族之间的差异及其各
自的历史脉络，明确提出了"历史民族"的范畴。

所谓"历史民族"从根本上说是以文化，而不是以血统来定位中华民族。
章氏主张以历史为根据来确认民族，有同一历史谱系的为同一民族，即"历
史民族"，并将中华民族最初成立的组成分子，规定在无法更改的古老历史文
献的记载中，即："故今世种同者，古或异，种异者，古或同。要以有史为限

---

① 章太炎：《订文》（《附：正名杂义》），章炳麟著、徐复注《訄书详注》，上海古籍出版社，
2000，第 295 页。

断，则谓之历史民族，非其本始然也。"① 章氏在《哀清史》开篇写道：

> 自黄帝以逮明氏，为史二十有二对矣。自是以后，史其将斩乎！何者？唐氏以上，史官得职，若吴兢、徐坚之属，奋笔而无桡辞。宋、明虽衰，朝野私载，犹不胜编牒，故后史得因之以见得失。作者虽有优绌，其实录十犹四五也。②

章氏以《世本》《尧典》独尊，认为二者所叙为信史无疑，是建构"中国"历史的起点。故而，将最纯粹的标准建立在《世本》及《尧典》上：

> 然则自有书契，以《世本》、《尧典》为断，庶方驳姓，悉为一宗，所谓历史民族然矣。③

"中华民国"之名出自他的《中华民国解》。在这篇文章中，他强调"中华"的"华"字是因其祖先来自西方，"就华山以定限名其国土"，而不是"文化"的意思，故不能"专以礼教为标准"来界定是否为中国人。章氏援引世界各民族神话来证明汉族古代存在过母系制度；将伏羲、神农、黄帝的神话传说，与加尔特亚人的传说、历史相比较，论证"中国种姓之出加尔特亚者"，运用《穆天子传》《山海经》中对于西王母的记载，论述所谓西王母即"西膜"；从中外神话文献记载出发，阐述西王母的外形。章氏曾相信拉克伯里氏（Laconperie）的华夏民族西源说，从神话传说所留下的语言痕迹来考证加尔特亚神话与我国神话的共同之处。此说在清末曾风靡一时，有反清倾向的学者尤主此观点，如夏曾佑、蒋观云等。下节将要讨论的梁启超、蒋观云便是用"神话"方式考证、建构民族国家的范式代表人物。

第二节　神话与文明溯源：梁启超和蒋观云的范式开拓

第一节已经论述章太炎早在1900年前后两年就使用了"神话"，并直接用于阐释上古。与此同期，另一位文化巨擘梁启超也使用"神话"，学术界

---

① 章炳麟：《序种姓上》，章炳麟著、徐复注《訄书详注》，上海古籍出版社，2000，第216页。

② 章炳麟：《哀清史》，章炳麟著、徐复注《訄书详注》，上海古籍出版社，2000，第837页。

③ 章太炎：《哀清史》（《附：中国通史略例》），章炳麟著、徐复注《訄书详注》，上海古籍出版社，2000，第865页。

对此已有过分析。① 有别于已见的从人类学或民俗学脉络梳理梁氏的神话学思想，笔者欲呈现梁氏使用"神话"背后的古史观念、文化诉求及其意义等问题。

首先需要讨论的是，有学者认为梁氏不是 1902 年在《历史与人种之关系》，而是于 1899 年《东籍月旦》首次使用"神话"。据笔者查阅，在《历史与人种之关系》第二章"历史"的"东洋史"（"中国史附"）部分，梁氏在介绍白河次郎、国府种德《支那文明史》时首次使用了"神话"。

> 内分十一章。第一章，世界文明之源泉及支那民族。第二章，原始时代之神话及古代史之开展。第三章，支那民族自西亚细亚来之说。第四章，学术宗教之变迁概说。②

据学界考证，梁氏的《东籍月旦》其实也是在 1902 年成稿的。③ 况且，从引文内容看，《东籍月旦》中的"神话"与孙福保在《实学报》中使用的一样，都出于介绍外国文化，而非作用于本土文化。所以，梁氏既不是最早使用"神话"的学人，他的首次使用也没有本土学术意义。因此，本节将重点分析梁氏在《新史学》《雅典小史》等文章中的"神话"使用，以及他的追随者——蒋观云的神话观。梁、蒋二人奠定了神话研究的民族认同与文明溯源范式。

一　梁启超的神话观及诉求

（一）梁氏的民族主义诉求

在近代思想史上，梁启超的学术观念以善变闻名，就民族主义思想来看，梁氏力倡的民族国家经历了从排满到各民族共同建国的观念变化。1901 年，

---

① 贺学君：《中国神话研究百年》，《社会科学研究》2000 年第 5 期；黄震云、杨胜朋：《20 世纪神话研究综述》，《徐州师范大学学报》2003 年第 1 期；叶舒宪：《中国神话学百年回眸》，《学术交流》2005 年第 1 期；黄泽：《20 世纪中国神话学研究述评》，《思想战线》2007 年第 5 期；高有鹏《中国神话研究的世纪回眸》，《中国文化研究》2008 年第 4 期。

② 梁启超：《东籍月旦》，《饮冰室合集·文集之四》（第 1 册），中华书局，1989，第 100 页。

③ 笔者采用侯德彤的论述："梁启超的《东籍月旦》一文并非写于 1899 年，而应写于 1902 年。《东籍月旦》一文最早分两次分别于 1902 年 6 月 6 日、7 月 5 日刊于《新民丛报》第 9 号、第 11 期上。该文中有两处文字明白无误地告诉我们，该文不仅发表于 1902 年，而且也是写于 1902 年。"（侯德彤：《汉文中"民族"一词的出现并非始自〈东籍月旦〉——质疑近年来民族研究中的一个学术观点》，《东方论坛》2002 年第 6 期）

梁启超发表了《国家思想变迁异同论》，他认为讲求民族主义是当时中国最迫切的事情："民族主义者，世界最光明正大之主义也。不使他族侵我之自由，我亦勿侵他族之自由。"① 同是 1901 年，梁氏发表《中国史叙论》一文首次提出了"中国民族"的概念。在该文第八节"时代之区分"中，梁氏将中国民族的演变历史划分为三个时代：

> "第一，上世史，自黄帝以迄秦之一统，是为中国之中国，即中国民族自发达、自竞争、自团结之时代也"；"第二，中世史，自秦统一后至清代乾隆之末年，是为亚洲之中国，即中国民族与亚洲各民族交涉、繁赜、竞争最激烈之时代也"；"第三，近世史，自乾隆末年以至于今日，是为世界之中国，即中国民族合同全亚洲民族与西人交涉、竞争之时代也。"②

随后，他又从民族进化和竞争的理念出发，提出了民族主义是近代史学的灵魂。他在《论中国学术思想变迁之大势》一文中论述战国时期齐国的学术思想地位时，正式使用了"中华民族"一词。其云："齐，海国也。上古时代，我中华民族之有海权思想者，厥惟齐。故于其间产出两种观念焉，一曰国家观；二曰世界观。"不过，1902 年，梁启超与革命派联系密切，受革命排满思想影响，一度表现出强烈的民族主义色彩。比如写于此年的《新民说》云：

> 神明华胄，开化最先，然二千年来，出与他族相遇，无不挫折败北，受其窘辱，此实中国历史之一大污点，而我国民百世弥天之大辱也……泱泱之神州，穰穰之贵种，俯首受轭于游牧异族威权之下，垂及百年。明兴而后，势更衰矣，一遇也先而帝见虏，再遇满洲而国遂亡。③

1903 年，在《政治学大家伯伦知理之学说》一文中，梁氏改变了对卢梭学说的热烈态度，转而推崇伯伦知理的政治学说。他在文中用主要篇幅详细介绍了伯伦知理的国家学说，其中一个重要部分就是对"民族"

---

① 梁启超：《国家思想变迁异同论》，《饮冰室合集·文集之六》（第 1 册），中华书局，1989，第 19 页。
② 梁启超：《中国史叙论》，《饮冰室合集·文集之六》（第 1 册），中华书局，1989，第 11 页。
③ 梁启超：《新民说》，《饮冰室合集·专集之四》（第 6 册），中华书局，1989，第 6 页。

和"国家"的定义，对民族与国家关系的理解。梁氏在其"按语"中评论：

> 由是观之，伯氏固极崇拜民族主义之人也。而其立论根于历史，案于实际，不以民族主义为建国独一无二之法门。诚以国家所最渴需者，为国民资格。而所以得此国民资格者，各应于时势而甚多途也。①

《政治学大家伯伦知理之学说》一文的发表表明梁启超已不再在排满与否这一问题上动摇不定，而是下定决心反对革命排满，在政治立场上转向了国家主义。他借此发现了可用于支持清帝国境内各民族共同建国的理论依据。

1905 年初，梁启超在《历史上中国民族之观察》一文中明确指出，"今之中华民族，即普通俗称所谓汉族者"，它是"我中国主族，即所谓炎黄遗胄"；同时，他还分析、叙述了先秦时中国除了华夏族之外的其他八个民族，以及它们最后大多都融进华夏族的史实，以论证"中华民族"的混合特性。该文从历史演变的角度重点分析了中国民族的多元性和混合性，并下结论说："中华民族自始本非一族，实由多民族混合而成。"梁氏通过考察"中华民族"的发展过程，揭示了这一民族的多元混合的特点，并表明了"中华民族"是一个历史的、动态的概念。他从地理、语言、文化精神等多方面分析阐述了"中华民族"同化力之强的原因，最后得出关于"中华民族"的三个结论，即：（1）中华民族为一极复杂而极巩固之民族。（2）此复杂巩固之民族，乃出极大之代价所构成。（3）此民族在将来绝不至衰落，而且有更扩大之可能性。② 1928 年，钱穆在《国学概论》中高度赞扬了此文具有"尤能著眼于民族的整个性，根据历史事实，为客观的认识"的特点与价值。③ 梁氏想证明，中国现存各民族早已存在血缘和文化等各方面的历史联系，华夏族融合周边民族不断壮大的一体化趋势久已形成，大中华民族的构成和扩大乃是一种历史发展的必然。由此，梁启超真正完成了"中华民族"一词从形式到内容的范式性创造，即"中华民族"指中国境内的所有民族，汉、满、蒙、回、藏等为一家，乃多元混合而成。

---

① 梁启超：《政治学大家伯伦知理之学说》，《饮冰室合集·文集之六》（第 1 册），中华书局，1989，第 67 页。
② 梁启超：《历史上中国民族之观察》，《饮冰室合集·专集之四十一》（第 5 册），中华书局，1989，第 2 页。
③ 钱穆：《国学概论》，商务印书馆，1997，第 363 页。

结合上述梁氏的"中华民族"认同方式，便不难理解他最初的"神话"使用策略：在1902年借"神话"谈希腊文明的多元，并由此分析中国历史的研究方法。随后，在1922年借"神话"去探究各民族渊源，建构一个统一的中华民族。

（二）神话：文明勘定与古史溯源

1902年，梁启超发表《历史与人种之关系》一文使用"神话"，他说：

> 哈密忒于世界文明，仅有间接之关系，至沁密忒而始有直接之关系。当希腊人文未发达之始，其政治学术宗教卓然有牢笼一世之概者，厥惟亚西里亚（或译作亚述）、巴比伦、腓尼西亚诸国。沁密忒人实世界宗教之源泉也。犹太教起于是，基督教起于是，回回教起于是，希腊古代之神话其神名及其祭礼无一不自亚西里亚、腓尼西亚而来。新旧巴比伦之文学美术，影响于后代；其尤著者也，腓尼西亚之政体，纯然共和政治，为希腊所取法；其商业及航海术亦然；且以贸易之力，传播其文明，直普及于意大利，作罗马民族之先驱。故腓尼西亚国虽小，而关系于世界史者最大。若希伯来人之有摩西、耶稣两教主，其势力浸润全欧人民之脑中者，更不待论矣。故世界史正统之第二段在沁密忒人，而亚西里亚、巴比伦、希伯来为其主脑，腓尼西亚为其枢机。①

梁氏用"神话"来介绍古希腊文明开端的多元，实则是为了论述"文明"的源头和优劣问题，从而号召国人要有自己的新政、新教。梁氏无论讲古希腊的文明还是古希腊的神话，其根本目的是用其证明自己心中向往的"道统"，希望能回到"三代"的黄金时代。换言之，此时的梁氏思想，其最大的信仰仍是中国之"天"道。就这点而言，晚清士人与晚明士人的"西学"观实乃一脉相承。"神话"与"新史学"一样，只是理解和创造"文明史"的方法或对象而已。再例如，仍是在1902年的《雅典小史》，梁氏也是如此使用"神话"：

> 太古之事，不可深考，据其神话，希腊人最尊鬼神历史，名荷马以

---

① 梁启超：《新史学·历史与人种之关系》，《饮冰室合集·文集之九》（第1册），中华书局，1989，第16页。

前为神话时代，则西历纪元前一千七百九十五年。①

这里出现的"太古之事"与"神话时代"体现出梁氏对"神话—古史"的基本理解。梁氏在后来的《太古及三代载记》（1922 年）、《中国历史研究法》（补编，1926 年）等著述中专门记载了对"太古时代""神话"的理解。他在《中国历史研究法》第四章"说史料"中认为："文化是人类思想的结晶，思想的发表，最初靠语言，次靠神话，又次才靠文字。"②《中国历史研究法》从语言、文字、神话、宗教四个角度切入对历史叙事的梳理。对历史和神话的关系，他亦详加辨析："中国人对于神话有二种态度，一种把神话与历史合在一起，以致历史很不正确；一种因为神话扰乱历史真相，便加以排斥。前者足责，后者若从历史著眼是对的，但不能完全排斥，应另换一个方面，专门研究。"③ 对"神话"正确的态度即"不排斥"，"另换一个方面"是哪一方面呢？梁氏认为神话在社会心理研究方面有着不可替代的作用，如其所言：

> 我们研究古人的宇宙观，人生观和古代社会心理，与其靠《易经》，还不如靠纬书和古代说部如《山海经》之类，或者可以得到真相。④
>
> 又如《左传》里有许多灾怪离奇的话，当然不能相信。但春秋时代的社会心理大概如此。⑤

梁氏将（在当时）无法考证的上古历史问题划为神话，并从社会心理角度提出了神话于历史的意义。除此之外，1906 年，他在《历史上中国民族之观察》和《国文语原解》两篇文章中都提到"神话"的作用：

> 未有君长，共立巴氏子务相，是为廪君，四姓皆臣之巴梁间。诸巴皆是也。（余按：范史所载神话尚多，今不录，但此为巴族最古之神话

---

① 梁启超：《雅典小史》，《饮冰室合集·专集之十六》（第 6 册），中华书局，1989，第 36 页。

② 梁启超：《中国历史研究法》，《饮冰室合集·专集之七三》（第 10 册），中华书局，1989，第 36 页。

③ 梁启超：《中国历史研究法》，《饮冰室合集·专集之七三》（第 10 册），中华书局，1989，第 36 页。

④ 梁启超：《中国历史研究法》，《饮冰室合集·专集之七三》（第 10 册），中华书局，1989，第 38 页。

⑤ 梁启超：《中国历史研究法》，《饮冰室合集·专集之七三》（第 10 册），中华书局，1989，第 38 页。

也。）（《历史上中国民族之观察》，1906 年）①

　　蜀族：中国历史，皆有同一神话，惟蜀独异。其古昔名王，有若蚕丛，若柏灌，若鱼凫，若杜宇，李白所谓开国茫然，四万八千岁，不与秦塞通人。②（《历史上中国民族之观察》，1906 年）

　　古《说文》云：故也，从十口，会意。十口识前言者也，十口相传为古，十口并协为叶。今案：未有文字以前，神话皆托诸口碑，故十口相传为古也。③（《国文语原解》，1906 年）

　　在引文中，梁氏将"神话"作为勘定历史与民族的重要视角。梁氏的《中国历史研究法》更鲜明地体现出这点，尤其是附录《洪水考》建构出上古神话的比较与溯源途径，有着突出的范式开创意义。

　　梁氏写作《中国历史研究法》的初衷在于寻找"中华民族"在世界历史中的确切位置，而这一位置的确定需要通过勘定文明起源，辨别民族身份，以及分析本民族和世界文化的沟通状况等才能做到。梁氏在史学研究中对新研究方法的诉求，典型地代表了晚清思想家对民族身份认同的焦虑。"神话"及其比较——成为解决这种焦虑的重要途径。

　　梁氏在 1922 年的《太古及三代载记》一文中分析了《列子》《楚辞》《尚书》《国语》等文献记载的洪水神话后，在《附：洪水考》中写道："古代洪水，非我国中偏灾，而世界之公患也。其最著者为犹太人之洪水神话，见基督教所传《旧约全书》之《创世纪》中。"④ 紧接着，他列举了印度、希腊，以及中亚、南太平洋群岛的洪水神话，这已然有比较的眼光。在比较了各地的洪水神话后，他认为："初民蒙昧，不能明斯理，则以其原因归诸神秘，固所当然。惟就其神话剖析比较之，亦可见彼我民族思想之渊源，从古即有差别。"⑤ 梁氏认为，中国和西方先民都"畏天"，但中国古人"不言干天怒而水发，乃言得天佑而水平"，故"盖不屈服于自然，而常欲以人力抗制

---

①　梁启超：《历史上中国民族之观察》，《饮冰室合集·专集之四十一》（第 5 册），中华书局，1989，第 5 页。

②　梁启超：《历史上中国民族之观察》，《饮冰室合集·专集之四十一》（第 5 册），中华书局，1989，第 6 页。

③　梁启超：《国文语原解》，《饮冰室合集·文集之二十》（第 3 册），中华书局，1989，第 30 页。

④　梁启超：《太古及三代载记·附：洪水考》，《饮冰室合集·专集之四十三》（第 8 册），中华书局，1989，第 19 页。

⑤　梁启超：《太古及三代载记·附：洪水考》，《饮冰室合集·专集之四十三》（第 8 册），中华书局，1989，第 20 页。

自然"。尤其值得注意的是，在这里，梁氏专门提到：

> 比较神话学可以察各民族思想之渊源，此类是也。凡读先秦古书，
> 今所见为荒唐悠谬之言者，皆不可忽视，举其例于此。①

较早引进"神话"一词的梁氏，也最早为"比较神话学"做了定性和定位，以及进行方法论上的实践，即比较神话学的研究内容是那些先秦古书中的"荒唐悠谬之言"，研究的目的是"察各民族思想之渊源"，其意义则"不可忽视"。换言之，梁氏把那些类似于西方创世、开天辟地类神话的古史传说视为比较神话学的主核。本着这种观念，梁氏详细比照了诸多文献的记录，从而欲推论洪水与此前文明的关系，尤其分析了神话背后的地理环境变迁，即洪水与沙漠、河源的关系问题。梁氏在将"神话—古史"对立的前提下，对如何就神话来研究古史，尤其是用神话来研究各民族的文明溯源问题，已经有了很明确的意识与研究方法，虽仅偶有论及，但其开创性却不言而喻。

（三）"神话—古史"的对立与缠绕

当晚清面对强大的西方文明冲击时，华夏自古从未有过的自我反省和怀疑开始蔓延。当把"反省和怀疑"指向文化源头之时，中学之"天"以及由此形成的"道统"谱系在士人心中开始摇摆。在此思潮影响下，当外来的"神话"概念被引进时，既被时人视为介绍和阐释西方文明的途径，同时又并没有切入士人固有的本土信仰。所以，在"文明"意义上使用"神话"的梁启超，在一心打造"新史学"的同时，自己却在"信仰"和"历史"之间产生了悖论。梁氏史学思想的核心是批判传统史学、建构新史学。出于对西洋史学范式的绝对推崇，梁氏在《中国史叙论》（1901年）、《新史学》（1902年）等论著中猛烈抨击中国传统史学，认为其"陈陈相因，一丘之貉"，存在"四弊""二病"。与此同时，梁氏又认为正统、书法、纪年等皆源于《春秋》，它们的存在天经地义。如此一来，梁氏的观点无疑陷入了悖论逻辑：对《春秋》的信奉与对"正统"等因子的猛烈抨击之间无法前后统一是非对错，成为似是而非的悖论。

究其原因，梁氏在强大的民族主义思想诉求下，企图通过泰西史学的新范

---

① 梁启超：《太古及三代载记·附：洪水考》，《饮冰室合集·专集之四十三》（第5册），中华书局，1989，第26页。

式来改造中国史学，可是他无法舍弃自己在传统信仰上的选择。进一步来看，对中国"道统"的信奉必须建立在一种类似于宗教性色彩的圣人信仰基础上。但是，在以现代意识形态和"西学"学术生产为基础的社会，不需要如此神话信仰来维护学术的产生。如果中国最大的圣人信仰传统不复存在，具有宗教性神圣色彩的儒家经典，必然会如同后来的中国社会进程中所发生的学术实践那样，被还原为史料，甚至被打倒和摒弃。面对这种信仰上的尴尬，梁氏的选择是完全皈依于"进化"叙事，去除上古神圣信仰。梁氏在《中国史叙论》中推论"有史以前之时代"，乃是引进19世纪中叶西方史学界基于北欧地质考察得出的史前分期结论，并将此"公理公例"，作为"按世界进化之大理原则，证之于过去确实之事，以引导国民之精神"。① 正因为如此，他对上古做了"神话—信史"的二元区分。先看梁氏如何看待"信史"。

> 中国自古称诸夏，称华夏。夏者以夏禹之朝代而得名者也。中国民族之整然成一社会，成一国家，实自大禹以后。若其以前则诚有如《列子》所谓三皇之事，若存若亡。五帝之事，若觉若梦者。其确实与否，万难信也。故中国史若起笔於夏禹，最为征信。虽然，中国为全世界文明五种源之一，其所积固自深远。而黄帝为我四万万同胞之初祖，唐虞夏商周秦之君统，皆其裔派，颇有信据。计自黄帝至夏禹，其间亦不过数百年，然则黄帝时去洪水之年，亦已不远。司马迁作史记，托始黄帝，可谓特识。故今窃取之，定黄帝以后为有史时代。②

梁氏强调"五帝之事，若觉若梦者。其确实与否，万难信也"，这是典型的"神话—古史"对立观念。他虽然将"信史"放在"夏禹"阶段，但与章太炎一样，他们不约而同地都以"黄帝"为有史的起点。梁氏认为黄帝之前的洪水时代是神话时代。章氏认为即使"有史"，但先秦经书仍然是巫史撰写的具有神话性的史籍，这是人类历史的共性。在章、梁的思想里，"神话"与"古史"呈现出两种模式：对立和相互缠绕。但无论是哪种，梁氏与章太炎一起完成了"神话"（虚构）与"古史"（真实）的剥离。神话中的古史，或是古史中的神话，都不可能作为不加质疑而信仰的对象。从这个角度出发，不

---

① 梁启超：《尧舜为中国中央君权滥觞考》，《饮冰室合集·文集之四》（第1册），中华书局，1989，第22页。

② 梁启超：《中国史叙论·有史以前之时代》，《饮冰室合集·文集之六》（第1册），中华书局，1989，第9页。

妨说，章太炎与梁启超革新史学有一个共同点——把注意力集中在客观史料与主观情感的取舍方面。

一方面，章、梁在对旧史学的批判中仍有自信，仿佛只要将旧史材料加上新史学理论即可，而史学之主观的具体内容，则是文明史观和社会学理论。梁氏此时以"文明史"为史体中最高尚的一种，并在《东籍月旦》中罗列了白河次郎、国府种德的文明史著作。白河、国府二氏的文字，在章氏于同一年写作的《訄书》中也多有引用。《尊史》一篇更指出"中夏之典，贵其记事，而文明史不详，故其实难理"，把文明史当作能够组织旧史料的线索。可以说，章、梁主张新史学的学术关怀与知识来源，在大体上接近。

另一方面，尽管一起形塑了"神话"与"古史"的关系，但是，章、梁又在如何面对国家、文明方面有差异。梁启超对西方文明及其民族国家建构更多的是钦羡仰慕。前文有论述，经过梁启超的阐释与发扬，"国家思想"深入人心。他既要革除只知有"朝廷"而不知有"国家"的旧思想，以培养现代"国民"为目标；又很艳羡西方的"民族帝国主义"，认为中国若是要成为"历史的"民族，则必须有能力参与国家之间的残酷竞争。与梁氏艳羡日本和西方有差异，在章太炎的言论中，我们往往看到的是他的对抗姿态。章氏主张回到"自性""个体"，对任何组织、团体，从"国家"到西方的帝国主义，都采取激烈的批判态度。他说："国家之自性，是假有者，非实有者"，"国家之事业，是最鄙见者，非最神圣者。"[1] 另外，关于"进化"和"文明"，章氏认为"进化者，非谓其霾清尘翳而已，己既能破，亦将能立"，这又与梁启超有所不同。比如前文所分析的，梁氏致力于用新史学的"主观"（民族主义、民史观、进化论）冲决旧史学的"主观"（循环论、正统论、书法），以致在具体面对"五经之首"的《春秋》时出现"悖论"现象。相比较而言，章氏在处理经书问题上，不曾遇到如此纠结与矛盾的心态。章、梁二人思想更关键的区别还在于，梁氏认为"文明"是以英、法等国的现代文明作为衡量一切的尺度。中国能与它们相同者为"文明"，不同者为"不文明"，有时甚至提高到道德要求的层次。不啻讲，这已然是晚清以来一股最庞大的驱动力。相对于此，章氏对这股巨大的历史力量持警醒和异议态度，例如他激烈地批评"伪文明"，认为"自然规律""公理"都

---

① 章太炎：《国家论》，《章太炎全集》（第 4 册），上海人民出版社，1985，第 217 页。

属于"四惑"（详见《四惑论》中的内容）。王汎森先生曾属文专门讲过章
太炎与梁启超史学思想的相互对立性，尤其在"文明"派与反"文明"派
的对峙立场方面，"梁启超与章太炎隐然代表这两种思想态度"。① 然而，就
他们"神话—古史"的观念及其学术实践来看，情况又正好与王汎森先生
所勾勒的有相反之处。所谓"相反"体现在二人在"神话—古史"相剥离、
相对立态度上的一致。同时，在梁启超那里，对上古曾出现过信仰上的彷徨
与选择，对《春秋》的笃信与推崇。然而，在以"六经"为史的章太炎这
里，上古完全是史料，巫史及其书写的史书只能是文明发源的前奏期，进化
的初期阶段。所以，历史及其思想家丰富的面相也正在于此。无论如何，
章、梁二人共同完成了"神话—古史"的话语建构，而与梁启超一个学术
阵营的蒋观云（蒋智由）则在梁氏思想的基础上，进一步完善了通过神话
进行文明溯源的学术探索。

二 蒋观云的神话溯源路径

作为梁启超身边的得力帮手，蒋观云是汉语知识界首次撰文专论"神话"
的中国学者。他对"神话"的使用与研究也是将其置于"文明"的视野，尤
其注重"民族"和"人种"问题。1902 年，蒋观云接连发表一系列论文，包
括《中国上古旧民族之史影》《四岳荐舜之失辞》，并最终完成了《中国人种
考》的写作。蒋观云通过比较各国历史和各国神话之异同，强调神话对文明
进步的促进作用和对民族精神的养成作用，尤其通过神话进行古史溯源，为
文明起源和国民精神追本溯源。

（一）《中国人种考》：最早的神话学著作

蒋氏在 1903 年第 36 号《新民丛报·谈丛》中提出："一国之神话与一国
之历史，皆于人心上有莫大之影响。"他说："欲改进其一国之人心者，必自
先改进其能教导一国人心之书始。"② 蒋氏还揭示神话于文学的源头关系："近
世欧洲文学之思潮，多受影响于北欧神话与歌谣之复活。"这是中国学术史上
对神话的第一次专文论述。蒋氏同样在自己当编辑的《新民丛报》上发表了

---

① 王汎森：《执拗的低音：一些历史思考方式的反思》，生活·读书·新知三联书店，2014，
  第 220 页。
② 苑利编《二十世纪中国民俗学经典·神话卷》，社会科学文献出版社，2002，第 1 页。

《中国人种考》。虽然1903年9月，商务印书馆出版了蔡元培据夏田次郎日译本转译的科培尔著《西学略述》，该书第一次采用了"神话学"词语。但是，《中国人种考》可被视为国人最早的神话学、比较神话学专著。

用今天的学术史眼光考察（因为蒋氏自己不会认为他所做的是神话学研究），《中国人种考》对人种的考察涉及了当时广泛的神话素材。蒋氏通过引用《山海经》《穆天子传》中的神话故事，以及婆罗门的神话来论证"昆仑山就是喜马拉雅山"，"西王母是黄种的氏族"，这就是清末一直流行的"汉族西来说"，对后来史学家考证华夏族的起源有着较大影响（比如顾颉刚对中国古代神话的两个重要系统——昆仑系和蓬莱系的划分）。在民族主义诉求的驱使下，蒋氏意识到对中华民族共同的文化传统、风俗教习追本溯源的重要性。所以，他从追问民族祖源入手，努力从民族的古史神话、传说里找出某些人物（主要是黄帝）加以宣扬，以唤起国民的民族意识和自豪感。对照1904年梁启超在论及新发现的甲骨文字时所说："如最近发见龟甲文字，可为我民族与巴比伦同祖之一证，孰谓其玩物丧志也耶？"可见当时在日本的这些留学人士都喜欢借"民族"问题，尤其借西方之"族"来重构"国族"的谱系与合法性。沈松侨先生曾撰文讨论：

> 晚清知识分子一方面透过国族主义的历史书写形式，重新整编中国的过去，动员几多"复活的古人"，构筑出一套汉族力抗异种、矢志不屈的"英雄谱系"，用当时的话来说，此即所谓"发潜德之幽光，振大汉之天声"；另一方面，他们更汲取西人新说，针对中国国族的源头，创造了一套崭新的历史记忆，从而也为自古相传的黄帝神话系统，增添了前所未有的新内涵。这个新神话，便是当时风靡一世的"中国人种西来说"。①

虽然"中国人种西来说"彻头彻尾是个"西来货"，但是，对于从何处"西来"，已有的理解恐怕还需要完善。常见的观点强调德国是源头，例如潜明兹教授在勾勒晚清神话比较的轮廓时，曾说中国学界进行洪水比较的源头是：

> 可能直接或间接受到国外传播说（或流传说）的影响。这一学派继

---

① 沈松侨：《我以我血荐轩辕——黄帝神话与晚清的国族建构》，《台湾社会研究季刊》1997年第28期。

欧洲神话学派之后，出现在 19 世纪中叶的德国，创始人是泰·本法伊（Theodor Beney，1809－1881）。……他运用比较研究的方法，发现世界上许多民族的故事中都能找到印度故事的影响，从而认为世界各民族的民间故事都渊源于印度。①

其实，最早涉及大洪水问题研究的梁启超和蒋观云，都深受日本神话学和拉克伯里"西来说"的影响。蒋观云在《中国人种考》中《中国人种西来之说》一节，用了相当大的篇幅介绍法国人拉克伯里的学说。他首先说："研求中国民族从亚洲西方而来之证据，其言之崭新而惊辟者，莫若千八百九十四年出版之拉克伯里 Terrien De Laeouperie 所著之《支那太古文明西元论》（*Western Origin of the Early Chinese Eivilization*）一书。其所引皆据亚洲西方古史与中国有同一之点，于此得窥见中国民族之西来，于西方尚留其痕迹，而为霾没之太古时代，放一线之光。"② 接着，他以精练的文字对拉氏书中的核心内容和基本观点予以概括，从行文和所附图例来看，其表述主要直接取自日文本《支那文明史》一书。③ 那么，拉克伯里提出了什么观点呢？

（二）蒋观云对"西来说"的挪用

中国人种起源问题是中西交通后，西方人于 17 世纪首先提出的。清中叶以后，随着中西交往的加深，西方意识到世界上还存在着中国这个庞然大国，"中国人种起源"作为一个特殊的问题开始出现。正如何炳松先生所说，西方人对中国了解加深，惊异于中国悠久的历史和辉煌的文明，热心中国古史的人，开始探讨中国人种的起源，提出了中国人种起源的问题④，拉克伯里便是其中一位。他的主要著述有《早期中国文明史》（*Early History of China's Civilization*）、《早期中国文明的西方起源（公元前 2300 年～公元 200 年）》（*Western Origin of the Early Chinese Civilization from* 2300*B. C. to* 200*A. D.*）、《早期中国文献中的巴比伦传统》（*Traditions of Babylonia in Early Chinese Documents*）。这些著作，尤其是《早期中国文明的西方起源（公元前 2300 年～公

① 潜明兹：《中国神话学》，上海人民出版社，2008，第 13 页。
② 蒋智由（蒋观云）：《中国人种考》，华通书局，1929。
③ 李帆：《西方近代民族观念和"华夷之辨"的交汇——再论刘师培对拉克伯里"中国人种、文明西来说"的接受与阐发》，《北京师范大学学报》（社会科学版）2008 年第 2 期。
④ 何炳松：《中国民族起源之新神话》，《东方杂志》1929 年第 26 卷第 2 号。

元 200 年）》和《早期中国文献中的巴比伦传统》两书的一个核心观点，主张中国的人种和文明自西而来，巴比伦是发源地。为此，拉克伯里还专门办了一份杂志《巴比伦与东方纪事》（Babylonia and Oriental Record）集中宣扬这一学说。概括而言，他认为公元前 23 世纪左右，原居西亚巴比伦及爱雷姆（E-lam）一带已有高度文明的加尔特亚—巴克民族（Baktribes），在其酋长奈亨台（Kudur Nakhunte）率领下大举东迁，自土耳其斯坦、循喀什噶尔、沿塔里木河以达昆仑山脉，辗转入今甘肃、陕西一带，又经长期征战，征服附近原有之野蛮土著部落，势力深入黄河流域，遂于此建国。酋长奈亨台即中国古史传说中的黄帝（Huang Di），Huang Di 是 Nakhunte 的讹音。巴克族中的 Sargon 即神农，Dunkit 即仓颉，巴克本为首府及都邑之名，西亚东迁民族用之以为自身之称号，即中国古籍所言之"百姓"。昆仑即"花国"，因其地丰饶，西亚东迁民族到达后便以"花国"命名之，所以中国称"中华"。① 为了证明自己的论点，拉克伯里还举出大量中国早期文明相似于巴比伦文明的实例，涉及科学、艺术、文字、文学、政治、制度、宗教、历史传统和传说等领域，认为所有这些都成了中国文明系巴比伦文明派生物的标志。② 拉克伯里的论著大多在 19 世纪 80 年代发表，其巴比伦说的集大成之作《早期中国文明的西方起源（公元前 2300 年~公元 200 年）》出版于 1894 年。该书很快传至日本，特别是通过白河次郎、国府种德于 1900 年出版的《支那文明史》一书，使得它在社会上流传开来。该书第三章《支那民族自西亚细亚来之说》集中介绍了拉克伯里学说，从文本对照来看，大量内容翻译或编译自拉氏此书。通过《支那文明史》这样的著作，拉克伯里学说很快为在日本的中国知识分子所知。梁启超、章太炎、刘师培等知名学者皆推崇此说。

从前文分析可看出，蒋观云在《中国人种考》中对上古神话的研究方法及研究结论，完全沿袭或者说挪移了这些特征，从而希望探索出中国人种渊源。潜明兹教授曾这样概括："民族主义者为了追溯汉族的族源，对种族问题非常注意，各民族的祖先起源神话成为他们颂扬汉族在人种、文化上的优越的理论根据。"③ 然而，这不仅仅是民族主义者的问题，而是整个晚清在现代转型中必须面对的问题，即如

---

① Lacouperie, T De, *Western Origin of the Early Chinese Civilization from 2300 B. C. to 200 A. D.* Osnabrück: Otto Zeller, 1966. pp. 4 – 9.

② Lacouperie, T De, *Western Origin of the Early Chinese Civilization from 2300 B. C. to 200 A. D. Osnabrück:*, Otto Zeller, 1966. p. 25.

③ 潜明兹：《中国神话学》，上海人民出版社，2008，第 2 页。

何把"天下"的"朝廷"观转为以现代民族主义为基本单位的国家实体？中国神话学从初现端倪开始就在为这个大的思想背景服务。晚清至之后的学者都希望通过"神话"及其比较研究，去建构和溯源"中华民族"的历史性和渊源。比如在留日中国学生所办的报刊当中，无论是《浙江潮》《江苏》《二十世纪之支那》，还是《民报》《国民报》《童子世界》，都对民族主义以及中华民族的含义展开了讨论。当时的晚清面临文化危机和认同危机，有识之士大都会聚焦于"民族""种族"这些新来的词语当中，想以此对内重构一个中华认同体（尽管在具体对待清朝的正统性上，态度有所分野），对外成为具有竞争力的"民族"或"种族"，从而与外来文明分庭抗礼。①

汉学家沟口雄三先生认为，传统时空观念中的"中华"世界只是一个相对性的存在，绵延至久的天朝世界观在晚清被打破和颠覆，这是"三千年未有之大变局"最内在的含义。② 在这种打破和颠覆中，传统历史内部的族群认同特征，诸如华夏认同、华夷之辨之所以然、利弊得失等问题，并没有得到知识界的清理与反思。他们把"中国"作为整体进行现代文化观念和概念的国族改造，让神话成为建构民族认同的重要方面。这就使得中国神话学不再仅仅是纯学术问题，而且牵涉民族意识和民族情感，充满了学术与思想的缠结。清末民初，随着中国近现代文化转型的艰难发生，传统中国的"天下"观的解体，国人自觉或不自觉地走上一条现代意义的民族构建之路。那么，到底"中国"或"中华"是不是一个"民族"？又如何从历史发展的角度，把中国境内各部族的起源、演变和相互关系的发展过程梳理出一个头绪，为中国努力建立一个新政治实体提供理论框架和合法性基础？③ 在这类诉求下，与西方及日本一样，中国学人其实将神话问题与民族精神联系起来，"神话"成为民族存在、民族独立的标志和旗号，从而建构"中华民族"及其渊源来

---

① 这方面研究可参见冯客《近代中国之种族观念》，江苏人民出版社，1999；沈松侨：《我以我血荐轩辕——黄帝神话与晚清的国族建构》，《台湾社会研究季刊》1997 年第 28 期；孙隆基：《清季民族主义与黄帝崇拜之发明》，《历史研究》2000 年第 3 期。

② 〔日〕沟口雄三：《日本人视野中的中国学》，李苏平、龚颖等译，中国人民大学出版社，1996，第 8 页。

③ 正因如此，1928 年文化学社出版了王同龄《中国民族史》，1934 年又出版了修订版。1934年世界书局出版了吕思勉《中国民族史》，1939 年商务印书馆出版了林惠祥《中国民族史》。短短几年内连续出版关于中国民族史研究的系统专著，充分说明当时国人对于"中国"政治实体应当如何建构，以及对其历史合法性的关注。也正是在这股潮流下，才能理解为何从 20 世纪 20 年代开始，学界对中国境内少数民族的神话研究成为热门。

树立新的认同和价值，让"中国神话"成为"中华民族"的合法依据与精神源泉。

但是，章太炎、梁启超、蒋观云等人的民族主义诉求与格林兄弟、缪勒等人的西方神话学有别，后者的研究是反启蒙现代性的，让"民"和"神话"成为新的传统资源。印欧大陆的历史渊源、西方文化的"圣—俗"二分，能为这种"建构"提供可能。但是，当实践到中国文化中时，支撑和承载中华文化发生发展的礼乐文化神圣特质，以及圣人传统、经史传统并未进入神话学家的视野。中国文化内部的"多元一统"格局，以及伴随其右的"夷夏之辨"也并未充分展开和得到反思。杜维明先生早就论述过，中国古代宇宙观的一个基调便是"存有的连续"，它和"上帝创造万物"的信仰，把"存有界"割裂为神、凡二分的形而上学决然不同。① 美国学者牟复礼（F. W. Mote）指出，在先秦诸子的显学中，并没有出现"创世神话"，这是中国哲学最突出的特征。这个提法虽然在西方汉学界引起一些争论，但它在真切地反映中国文化的基本方向上，有一定的价值。著名汉学家芬格莱特（Herbert Fingarette）有本著名的《孔子：即凡而圣》（Confucius：The Secular as Sacred）。作者想用"即凡而圣"来画龙点睛地凸显孔子思想和《论语》特征：用世俗言行彰显神圣信仰，在不脱离凡俗世界的礼仪实践中投射出神圣光辉。无论是杜维明先生还是芬格莱特，他们都通过对比中国与西方的文化结构，质疑从西方知识背景（心理主义和主体主义）角度来理解中国文化，并希望把儒家之"圣"或是中国的文化信仰，置于更为深厚的神圣性渊源中去考察，强调"礼"作为"神圣性的礼仪"/"神圣化的仪式"具有道德和宗教的特征，从文化人类学和宗教现象学层面对"礼"做出一种基于"宇宙信仰和爱"的"存在性"阐释。② 很遗憾，尽管这些哲学家和汉学家意识到这点，但从梁启超、蒋观云到后来的神话学研究者，在很大程度上忽略了这个基本差异（当然，就全人类视角而言，笔者并不否认有普适的理论与方法，而且，越是地方性的知识传统应该越具有共性的理论阐释价值，否则，人类学家基于个案和地方调查的民族志及其理论模式，如何能成为理解人类文化的不同切入点呢？古来圣贤的哲学之思又何以如繁星璀璨，永远具有普

---

① 杜维明：《试谈中国哲学中的三个基调》，《中国哲学史研究》1981 年第 1 期。
② 〔美〕赫伯特·芬格莱特：《孔子：即凡而圣》，彭国翔、张华译，江苏人民出版社，2002，第 7、8 页。

适的经典魅力呢？）

综上所述，"神话""民族""中华民族"这几个词的同时出场绝非偶然。梁、蒋二人都努力将中国自古的华夷之分转化为现代国家意义上的"民族"认同，并套用"西来说"来论证这种建构的历史渊源与合法性。正因为如此，在"神话"开始进入中国学者的研究视域时，在西方和日本能触及神圣信仰和世俗意识形态建构的"神话"，在中国反而成为解构皇权正统和神圣信仰的武器，而且被定位于文化的旁支末梢。虽然后来五四俗文学运动，仍然企图让包括神话在内的民间的、非正统和官方的文化资源成为建构现代国家的传统养分，但这种"资源"的出场并没有触及传统文化之"根"。从思想史角度而言，中国"神话"成功地成为建构"中华民族"的溯源凭据，但它在建构之初悬置（或忽略）了两个根本问题：第一，中国文化最大的特点和神圣特质在于几千年来延绵不断的礼乐文化、经史典籍和圣人传统。第二，中国文化内部历来不是现代政治和国家观念下的"民族"问题，而是伴随着礼乐正统文化延绵，以及随之形成的"夷夏之辨"和"多元一统"的交融过程。忽视（或跨越）了这两大特质的中国神话学研究，在很大程度上一直延续到当下。

第三节　"神话—古史"的强化及影响：从夏曾佑到古史辨

在19世纪末20世纪初，中外异质文化碰撞之际，面对晚清的困境与社会转型，晚清士人从日本和西方借用了诸多思想资源来进行自我形塑。其中，"神话"既是一个被译介引进的术词，又有其独特的本土文化价值与意义，即诉诸新的观念来处理曾经作为信仰的上古。上古曾经不容置疑，虽无法全面实证、无法厘清，却主导性地影响了中国延绵几千年的文明。在现代学术的转型与建构诉求下如何处理它呢？以章、梁二人的神话思想为肇始，中国现代神话学既回应了这些问题，同时又表现出复杂甚至是相互矛盾的内在肌理。继他们之后，中国神话学在"神话—古史"的话语模式下开展，夏曾佑、谢六逸、古史辨诸大家，都是这条研究路径中颇为重要的关键人物。

一　夏曾佑："传疑之期"无信史

夏曾佑（1863～1924）于1897年在天津与严复等创办《国闻报》，宣传新学和变法，后致力于中国古代历史研究。《最新中学中国历史教科书》（亦简称《中国历史教科书》）是夏氏唯一的著作，也是他的代表作，1904 年出版第一册，1906 年出版第二、三册。1933 年，商务印书馆重新出版并更名为《中国古代史》，共三册，由中学教科书升格为"大学丛书"之一种。[①] 这是近代中国尝试用进化论研究中国历史的第一部著作。据晚清《革命逸史》记载："岁丙申，夏曾佑、汪康年发刊《时务报》于上海，聘章及梁启超分任撰述，章梁订交盖自此始。"[②] 章太炎、梁启超、夏曾佑有学术交集当无疑，但是，与章、梁二人对"传统—现代"的价值彷徨有所不同，在"中国史"的编撰上，夏氏把"神话—古史"的对立做得最为彻底。章太炎曾计划编著一部百余卷的《中国通史》，并为此撰写了《中国通史略例》，然而他最终没有完成《中国通史》，所撰"别录"部分收于重订本《訄书》。该《别录》将整个清代断然排除出中国史序列，清代的两百多年也成为中国史的中断期。与章氏大异其趣，梁启超所曰之"中国人种"，蒙古、匈奴、通古斯皆赫然在列，清朝史包含于中国史，殆无可疑。可见，"中国史"一诞生，其所涵盖的范围就因为各方政治诉求的不同而迥异。

《中国历史教科书》的出版与晚清教科书热紧密相关。据《第一次中国教育年鉴》统计，中国的教科书最早出现于 1876 年，由传教士倡导，但关于这些教科书的详情，二三十年代即已散佚难考。废除科举后，正式教科书遂应时出现。其中类别包括自编应用者、私人编辑者、书商、由日本教科书直译而成者等。传教士与废科举是教科书出现并流行的两个直接原因。仅 1901 ~ 1903 年，中国人翻译出版的日本人著史地类书籍就达 120 余种。[③]《中国历史教科书》正是适应这种形势而出现。该著对"神话—古史"对立的强化，鲜明地体现在提出"由开辟至周初为'传疑时代'"，并在社会历史进化中管窥"传疑"与"言古代则详于神话"的意义：

> 综观伏羲、女娲、神农，三世之纪载，则有一理可明。大凡人类初生，由野番以成部落，养生之事，次第而备，而其造文字，必在生事略备之后。其初，族之古事，但凭口舌之传，其后乃绘以为画，再后则画

① 1955 年，该书由三联书店据商务印书馆 1935 年第三版重新刊印，而后至 20 世纪 80 年代便再没有重印过。
② 冯自由：《记章太炎与余订交始末》，《革命逸史》（上册），新星出版社，2009，第 50 页。
③ 转引自胡逢祥《20 世纪初日本近代史学在中国的传播和影响》，《学术月刊》1984 年第 9 期。

变为字。字者，画之精者也。故一群之中，既有文字，其第一种书，必为纪载其族之古事，必言天地如何开辟，古人如何创制，往往年代杳邈，神人杂糅，不可以理求也。然既为其族至古之书，则其族之性情、风俗、法律、政治，莫不出乎其间。而此等书，当为其俗之所尊信。胥文明野蛮之种族，莫不然也。中国自黄帝以上，包牺、女娲、神农诸帝，其人之形貌、事业、年寿，皆在半人半神之间，皆神话也。故言中国信史者，必自炎黄之际始。①

在引文中，夏氏强调中国自黄帝以前的人物皆在半人半神之间，皆神话也。中国信史必自炎黄之际始。他辟出"传疑时代"专章，把炎黄之前的"太古三代"定位为神话而非史实，是一个"传疑时代"，并认为这些神话都是秦汉间人根据自己所信仰的编造出来的。"夏传疑之事"说"既不得明证，存疑可也"。对那些不能明确判定的历史对象，夏氏一律采取既不信其有，亦不信其无的存疑态度，所以称"开辟至周初"的历史为"传疑之期"："此期之事，并无信史，均从群经与诸子中见之。往往寓言实事，两不可分。"《上古神话》则采取将各家记载罗列予以评说的做法，指出读者只须姑妄听之。但由于荒诞记载中包含真实成分，故须运用有效方法予以鉴别，将信史与神话区分开来。他在《神话之原因》中以炎黄为例，特别说明"群经"中无"信史"，一再强调"神话—古史"的对立，以及神话如何作为史学的材料能被"信史"有效利用。

夏氏"神话—古史"的方法论意义体现在：第一，以神话为线索，以地理说史，根据地理形势对神话的可信度做判断。例如，《炎黄之际中国形势》依据山川形势分析人群的迁移定居。《黄帝与蚩尤之战》依据江南洲渚林薮与河北平原大陆的差异，分析南北文化的不同。第二，将中西神话故事做比较，虽然是简单比附，但在很大程度上代表了当时的神话比较观念。例如：《女娲氏》谈到巴比伦也有黄土抟人故事。《尧舜之政教》比附禅让制是古代贵族政体，"近世欧洲诸国曾多有行之者"。《黄帝与蚩尤之战》认为蚩尤立号炎帝与日耳曼人称凯撒相仿。《黄帝之政教》中认为，黄帝对炎帝采用的刑法如同近代欧人之驭殖民地土人。《禹之政教》认为巴比伦古书、希伯来创世纪、云南倮倮古书等都有洪水故事。《周之关系》把周比于希腊，《周秦之际之学派》

---

① 夏曾佑：《中国古代史》，河北教育出版社，2000，第17、18页。

又把诸子百家比于欧洲希腊学派。第三，夏曾佑与蒋观云相仿，夏氏也用"西来说"解释上古文明的渊源。例如《包羲氏》运用进化论及拉克伯里的观点分析"包羲"一词的意义。

夏曾佑无疑是20世纪初的"疑古"论最坚定的先驱者。顾颉刚在晚年为程憬《中国古代神话研究》写的"序言"中评价夏氏思想时说："从现在看来固然很平常，但在当时的思想界上则无异于霹雳一声的革命爆发，使人们陡然认识了我国的古代史是具有宗教性的，其中有不少神话的成分。"① 顾颉刚高度评价了夏曾佑是我国第一个从古史中探寻神话的先驱者。不过，笔者在第一节的论析中已经指出，其实，章太炎在日本学界的影响下就已经提出"古史具有宗教性"。由于章氏并没有将"神话—古史"截然对立，也没有完全排斥神话，所以中国史学界和神话学界都没有充分重视其思想。相比较而言，夏氏的相关思想却一直被讨论。周予同先生曾指出，夏著"在形式或体裁方面，实受日本东洋史编著者的影响"。受日本文化的刺激和影响，夏氏的古史思想并非个例，这是当时的整体学术风气所在。

二 中国与他者：文化错位与嫁接

（一）对日本"文明史""文学"的嫁接

戊戌变法失败后，康、梁等改良派人物纷纷亡命集结于日本，有志青年赴日留学，一时成为风尚。"光是1906年就有大约八千六百人前往"，构成了"到那一刻为止世界史上最大规模的留学生运动"，而清末中国思想文化中的日本因素"便与这一波留学运动分不开"。② 由于日本文化深受中国传统思想的浸染，以及国人接受日文比西文更容易，所以在日本的有识之士皆致力于翻译日本书籍，希望以此为捷径吸取西方先进学说的精华。正如梁启超所说："我中国英文英语之见重既数十年，学而通之者不下数千辈，而除严又陵外，曾无一人能以其学术思想输入于中国。"他认为，中西语言文字差异太大，因而主张转而求诸日本，中日两国文字相近，"苟于中国文学既已深通，则以一年之功，可以尽读其书而无隔阂……故其效甚速也"③。翻译日本现成历史教

① 顾颉刚：《程憬〈中国古代神话研究〉序》，《博览群书》1993年第11期。
② 王汎森：《"思想资源"与"概念工具"——戊戌前后的几种日本因素》，王汎森：《中国近代思想与学术的系谱》，河北教育出版社，2001，第154、155页。
③ 梁启超：《东籍月旦》，《饮冰室合集·文集之四》（第1册），中华书局，1989，第84页。

科书以供国内教学之需，成为当时共识：

> 泰西可译之书多矣，而史为要，史不胜译矣，而以日东名士所译之史为尤要。盖泰西上古、中古、近古数千年盛衰兴亡之理，史皆具焉。日本与吾国近，自明治维新汲汲之以译书为事，所译以历史为多，且其书皆足以为吾国鉴戒，故译史尤以日本所译之史为尤要。①

在 1902 年，"历史学""文明史"已然成为清政府、精英知识界最为关注的话题。尤其在大清钦定的学堂教育推动下，国人从日本译介了为数不少的"文明史""开化史"著作。受这些外来史学著作的影响，国人对"文明"和"历史"的理解拓展到美术、哲学、法律、宗教、风俗等领域，给人以耳目一新之感。据香港学者谭汝谦先生主编的《中国译日本书综合目录》粗略统计，1911年之前中国翻译出版的日本书籍仅史地类就有近 240 种，其中 1900 年之前仅十余种，而 1901 年至 1903 年出版的却达 120 余种，占了一半。这些史学著作包括世界史、中国史、日本史、传记、专史及史学理论等各方面。② 经过国粹保存运动及甲午战争后思潮的冲击，欧美已经不一定是"文明"的唯一所指，随着比较宗教学、比较文学、人种学的兴起和传入，一种"比较"意义上的"文明"用法（印度文明、巴比伦文明、希伯来文明）开始普及。日本文明史学著作的汉译本开始在国内不断出现，如中西牛郎《支那文明史论》（1901 年普通学室译本）、田口卯吉《中国文明小史》（《支那开化小史》，1902 年上海广智书局刘陶译本）、白河次郎和国府种德合著《支那文明史》（1903 年上海竞化书局译本）等，福泽谕吉《文明论概略》也被列入《译书汇编》"已译待刊书目"广告。③ 尤其《支那文明史》汉译本出版后，得到不少人的好评。《游学译编》广告称其"将中国四千年来所谓形而上、形而下之种种质点支配于区区小册子中，而稽其起原发达变迁进化之大势，评判之，论断之，其尤有特色者，看破中国专制政治、奴隶学术之真相，屡发卓议痛诋，诚救中国之良药也"（《游学译编》，1902 年第一册）。《浙江潮》也特辟栏介绍，谓其"史眼如炬，考证精严，凡我国民四千年来文明之梗概，如政治、宗教、学术、工艺、美术等类，皆博采兼收，亦历史界中之珍本也"（《浙江潮》1903 年第 7 期"新著

---

① 〔日〕长谷川诚也：《欧洲历史揽要》，长水敬业学社译，（东京）敬业学社，"序"1902。
② 谭汝谦：《中国译日本书综合目录》，香港中文大学出版社，1980。
③ 胡逢祥：《二十世纪初日本近代史学在中国的传播和影响》，《学术月刊》1984 年第 9 期。

绍介")。1899 年，罗振玉在《支那通史》序中说，若以近代史学观点衡之中国旧史，"则唯司马子长氏近之，此外二十余代载籍如海，欲借此以知一时之政治、风俗、学术，譬诸石层千仞，所存疆石不过一二，其他卷帙纷纶，只为帝王将相状事实作谱系，信如斯宾塞氏'东家产猫'之喻，事非不实，其不关体要亦已甚矣"①。直接受罗振玉思想影响的王国维，也在"文明史"方面有不少心得和体会。正是在此大背景下，梁启超、蒋观云等才会在沐浴"文明史"新风时引进"神话"。换言之，作为一门学科的"神话"一词，它的产生源于"历史学"和"文明史"风潮，与二者同源联袂而生。

梁启超在《东籍月旦》中向国人介绍日本史书时，对"文明史"格外推崇，梁氏说："文明史者，史体中最高尚者也。然著者颇不易，盖必能将数千年之事实，网罗于胸中，食而化之，而以特别之眼光，超象外以下论断，然后为完全之文明史。"② 再例如，1902 年，上海文明书局据《欧罗巴通史》《西洋史纲要解》二书合纂了《泰西通史》印行，清政府还将它列为钦定教科书。王国维读此书后盛赞其"书虽不越二百页，而数千年来西洋诸国之所以盛衰，文明之所以遁嬗，若掌指而棋置，盖彼中最善之作"（《欧罗巴通史·序》）。梁启超也认为这本书"叙万国文明之变迁，以明历史发展之由来"（《东籍月旦》）。章太炎在《新民丛报》第 13 号上撰文指出："顷者东人为支那作史，简略无义，唯文明史尚有种界异闻。其余悉无关闳旨。要之彼国为此，略备教科，固不容以著述言也。"③ 章氏特别强调撰写通史的"典志"："发明社会政治进步衰微之原理，则以典志见之。"他将"典志"列为十二类：种族志、民宅志、食货志、工艺志、文言志、宗教志、学术志、礼俗志、章服志、法令志、沟洫志、兵志。不难看出，"十二志"中有半数是历代正史书志中所无之名目，这些新出的研究内容正是"文明史"的精华，也是新兴历史学的研究对象。然而，日本的"文明史"风潮却有自身深刻的现实原因。

"文明融合""人种竞争"等话题，为 19 世纪末日本国民意识的自我定位搭建了框架。作为 civilization 译语的"文明"，又被译为"开化"，是在幕末到明治初年间，引进的一种历史写作的方式。它产生并流行于明治初年大倡"文明开化"的启蒙时期，以"鼓动世道之改进，知识之开化"为宗旨，激烈

---

① 罗振玉：《支那通史·序》，《罗振玉学术论著集》，上海古籍出版社，2013，第 7 页。
② 梁启超：《东籍月旦》，《饮冰室合集·文集之四》（第 1 册），中华书局，1989，第 85 页。
③ 章太炎：《章太炎来简》，《新民丛报》（第 13 号）1902 年 8 月 4 日。

批判封建史学，主张研究人类文明进步的因果关系，取代以帝王为中心的、偏重政治权力记载的旧史学，试图掌握日本社会史和文明史的沿革，这是最初有系统地抓住主要问题研究日本历史的创举，其代表人物为福泽谕吉（1834～1901年）和田口卯吉（1855～1905年）。①"文明史体"有三大法则：（1）进步的观念。（2）因果律。（3）向着"文明"或"人民"的全体扩充历史的范围。"文明论"结合社会进化论，逐渐沉淀为明治时代受教育阶层的常识。这一时期有数种出自西方人之手的"中国文明论"被译介到日本，成为19世纪末日本知识界言说"文明"的另一源头。贺学君教授在《中日中国神话研究百年比较》中对百年来中日学者关于中国神话的研究理论、方法、特长等问题进行了梳理与比较，她认为总体呈互相影响共同发展态势。在早期，日本学界居于优势，很快，中国学界开始反影响；中期，交流受阻，双水分流；后期，中国学界形成全面强势的局面。在研究方法上，各有所长，正可有效互补。②这篇文章的引用率很高，往往作为分析日本对中国神话学影响的论据。此文纵横捭阖，资料丰富，诚然可贵，不过也忽略了最初针对"神话"，中国盲目看齐日本及错位引进的问题。

日本的中国神话学研究之目的是要消解中国古代叙事的神圣性，增强日本国族的凝聚力。章、梁及蒋观云等将"神话"从日本学术中移植进中国文化时，汲取了当时的"文明史"之风和"比较"热潮，却也开始对传统文化进行了"有色眼镜"式的观察和解读。在日本，明治三十二年（1899年），高山樗牛《古事记神话研究》首先使用了"神话"这个术词，明治三十七年（1904年），留学德国的高木敏雄出版了《比较神话学》，"这部神话学的专著把欧洲的神话学说带进了日本"，"与日本学者把欧洲神话学的学说介绍到日本差不多同时，或许稍晚些时候，也很快把'神话'这个词语以及神话研究介绍到了中国"。③他们将日本神话与周边其他民族的神话进行比较，弄清楚其中所包含的诸多要素的起源和系统。日本的中国神话研究者从中国神话的特征有无系统性到研究的材料和方法均形成了自己的风格。对比日本"神话"在其文化传统中的位置，中国文化与此差异较大，我国不存在类似于神道教之类的政治—宗教传统，没有类似于《古事记》《日本书纪》之类的政治—宗

① 远山茂树、佐藤进一编《日本史研究入门》，生活·读书·新知三联书店，1999，第1、2页。
② 贺学君：《中日中国神话研究百年比较》，《文学评论》2001年第5期。
③ 刘锡诚：《20世纪中国民间文学学术史》，河南大学出版社，2006，第18、19页。

教圣典。① 中国由儒家发展成后来中国人的敬天祭祖，可是在日本透过神道，有另一种不同于西洋或中国的宗教精神。日本属于神道的封建社会，具有浓厚的宗教性质，为日本人提供一个自我认识的不变基础，并在后代形成了大和魂的民族本质论。② 当时的日本神话学者也是根据这一点来立足论证日本文化怎样"脱亚"与欧美世界相抗衡。

这段时期，中国文明内部的南北之别也受到甲午前后日本学术界（特别是美术界、文学界）的注意。19 世纪 80 年代以降，日本的政治家、军人、大陆浪人开始进行"内陆踏查"活动。他们认为"中国文明"也有东、西、南、北的地方差别，且主要因为长江、黄河两大流域截然不同的地理环境，而形成南、北两种"文明"甚至两种"人种"，中国的文学、哲学、书画也随之有了南北宗派之分。1880 年 3 月，日本汉字家冈仓天心在美术杂志《国华》上发表《支那南北之区别》，更为显豁地标举中国文明（尤其是文学美术）的南北区别，希望能以此来理解中国乃至东亚的美术史。甲午前后，冈仓天心的这篇文章被广为转载，在舆论界、学术界形成了较大影响。③ 此外，受 19 世纪以来德国"国民文学"观念的影响颇深，日本学界认定文学史足以充当"国民思想精神发达的指路石"，因此也容易将文学史与表现"进步""因果关系""国民精神"等要素的"文明史体"相联结，甚至视之为文明史的一部分。在这两方面意义上，"神话"最初属于文学，又不仅仅等同于今日文学专业体制内的知识生产活动，它在当时获得了更多的文化与意识形态内涵。其中，谢六逸的研究很具有代表性。

（二）以谢六逸为例

早在 20 世纪 20 年代，谢六逸就有意识地把神话学作为一门科学向我国学界进行系统介绍。源于对日本文学的精深造诣，谢六逸的神话研究具有很强的文学性质。在 1923 年，他已倡导向日本文学学习。

---

① 比如《风土记》记载了凭记忆记下来的一些旧事中的故事以及一些数代口口相传的故事。《古史记》以皇室系谱为中心，记日本开天辟地至推古天皇（约 592～628 年在位）间的传说与史事。

② 转引自石之瑜、叶纮麟《东京学派的汉学脉络探略：白鸟库吉的科学主张及其思想基础》，《问题与研究》2003 年第 45 卷第 5 期。

③ 陆胤：《明治日本的汉学论与近代"中国文学"学科之发端》，《中华文史论丛》2011 年第 2 期。

在东方的国度里，努力于文学而获得了效果的，我们不能不说是日本。他们在真正文艺的意味上介绍、研究、创作，足有三十余年；在文艺演进的路途上，因为受了西欧文学的影响，也有古典、浪漫、自然、新浪漫等倾向的变迁；也有文言口语的改革；也有翻译文学的盛行，这些经过，在领略近代文艺较迟的我国，有足供借鉴之处。①

经过近十年的潜心研究，谢六逸接二连三地推出他的日本文学史著作：《日本文学》（上卷）②，《日本文学史》（上、下卷）③，《日本文学》④，《日本之文学》（上、中、下三册），由长沙商务印书馆于 1930 年 2 月出版。除了着重对文学思潮的译介，谢六逸还翻译了不少日本文学作品，比如小说、戏剧、散文小品、民间文学、儿童文学等。同时，他又根据日文译编了若干文论著述，如《西洋小说发达史》《文艺与性爱》《农民文学 ABC》《神话学 ABC》以及不少文学论文、演讲稿等。谢氏在短短十余年间对日本文学所做的译介工作与著述，成绩无疑是惊人的，时人对之就有众口一词的评价："六逸是日本文学的权威"⑤，"在国内，系统地介绍日本文学者，除了谢先生外没有第二人"。⑥ 基于深厚的日本文学修养，谢氏的神话学研究也是根据对日本神话学的译介和编辑，谢氏于 1928 年编著的《神话学 ABC》便是如此。该书前半部分根据早稻田大学著名人类学家西村真次的《神话学概论》而写作，后半部分主要根据日本著名神话学家高木敏雄的《比较神话学》编译而成。全书由三个部分组成：（1）神话学史的研究；（2）神话的基本理论；（3）方法论。西村和高木这两位都是人类学派神话学方面有造诣的研究专家，其理论自成体系。谢氏在此基础上有意识地把神话学介绍为三个有机组成部分：神话学史、神话的基本理论、方法论，对中国神话学的建立发挥了重要作用。继他之后，中国神话学的研究基本定型。然而，谢六逸对日本文学和神话学的全面吸收与借用需要更多的文化反思。

孙歌教授曾指出，19 世纪 80 年代日本知识界和上层社会的文化危机感与

---

① 茅盾：《近代日本文学》，《小说月报》（第 14 卷）11～12 期，1923 年 11～12 月。
② 上海开明书店 1927 年 9 月初版，1928 年 8 月，此书增写两章并加附录一篇，出全本增订再版本。
③ 该书于 1929 年 9 月由上海北新书局出版。
④ 1929 年 10 月由上海商务印书馆出版，后收入百科小丛书，由商务印书馆于 1931 年 8 月出版。
⑤ 赵景深：《谢六逸》，《文坛忆旧》，上海书店，1983，第 94 页。
⑥ 徐调孚：《再忆谢六逸先生》，原载于《文艺复兴》1946 年第 1 卷第 6 期。参见《谢六逸文集》，商务印书馆，1995，第 390 页。

民族危机感，与同时代中国同类危机感的指向性是非常不同的，中国的所有危机感都集中指向了文化的内部调整，而日本的危机感却驱使它向外寻找可以摆脱危机的、新的世界关系……近代日本人亚洲情结中所暗含着的一个矛盾。这就是相对于与中国自古以来的不对等关系，日本希望在近代的"华夷变态"过程中取代中国而成为与西方抗衡的主体。[①] 如此看来，"神话"于日本学术界的意义及其所带出来的问题与张力，并不一定适用于当时的中国。晚清士人在吸收"文明史"新风之时，对历史与神话的理解也进行了文化嫁接与错位移植。然而，章、梁等晚清士人在"神话—古史"之间尚有彷徨以及关于价值抉择的冲突。在夏曾佑的"疑古时代"思想之后，古史辨派将"疑古"思潮发挥到极致，也从事实上完成了"神话—古史"的剥离与分野。自此，神话学、历史学各自前行，基本上互不打扰。

（三）欧美神话学界的"遗留物"影响

除了日本的文化影响因素，"神话—古史"的对立发展也直接与当时的欧美神话学研究风潮相联系。马昌仪先生曾指出：

> 以鲁迅、周作人、沈雁冰（茅盾）为代表的文学家，引进、改造并吸收了西方、主要是英国人类学派神话学的理论观点和研究方法，特别是沈雁冰的《中国神话研究 ABC》等专著的问世，不仅奠定了中国神话学的理论基础，使中国神话学作为一门独立的学科而被学术界所承认，而且使在人类学派影响下出现于中国学坛的这部分学者成为中国神话学领域里的一个颇有成绩的、主要的神话研究群体。[②]

在 19 世纪下半叶及 20 世纪初，英国人类学派的神话理论几乎大有支配世界神话学坛之势。这一派的最大特点是重视原始神话，认为神话是原始人思想、信仰、风习的反映。到了文化较进步的社会，神话成为与当时思想、风习不相适应的文化"遗留物"，通过研究这些"遗留物"能还原那个原始的社会。据吕微先生的研究：在黄石、谢六逸、林惠祥"取材"的参考书籍或书目中，林惠祥把安德鲁·兰的《神话学》排在第一位，黄石将安德鲁·兰的

① 孙歌：《主体弥散的空间》，江西教育出版社，2002，第 141 页。
② 马昌仪：《中国神话学发展的一个轮廓》，马昌仪编《中国神话学文论选萃》，中国广播电视出版社，1994，第 10、11 页。

《神话、信仰与宗教》和《神话学》分列第一位和第二位，谢六逸将安德鲁·兰的《神话学》和《近代神话学》排在第五位、第六位；而泰勒《人类学》和《原始文化》在他们的书目中分列第四位（黄石）、第五位（林惠祥）和第七位（谢六逸）。林惠祥特别注明，其"参考书目"的"（排位）数字"乃是根据"本书中取材最多者"的等级而排列的。这说明，20世纪30年代以后，以茅盾为代表的"欧派"神话学者对"神话"的定义（"神们的行事"）主要"取材"于现代西方人类学的进化论学派的神话观。[1] 他们甚至认为："自古以来，有许多神话研究者曾经从各方面探讨（神话）这个谜，不幸尚无十分完善的答复；直至近年始有安德鲁·兰（Anderew Lang）的比较圆满的解释。"[2] 总之，从周氏兄弟和茅盾等学人开始，中国神话学在西方人类学的进化论学派观照下，注重从传统载籍中发掘神话材料，目的在于还原中国神话原貌。这一学术理路为袁珂继承，作为中国神话学的集大成者，袁珂建立起以《中国古代神话》《中国神话传说词典》《山海经校注》等一系列著述为代表的庞大的中国古典神话体系。沿此路径，我们可以将20世纪后半期的神话研究分两个时期：第一，50年代至80年代，袁珂先生独撑中国神话研究局面的时期。第二，80年代之后，中国神话学蓬勃、多元化发展的时期。袁珂先生对中国神话学的贡献是多方面的，在廓清神话定义、整理中国古代神话方面卓有建树。袁珂先生提出了广义神话学，他认为神话从原始神话以后顺着两个方向演进：一是文学化，成为神话小说和有神话意味的说唱文学；二是与宗教及民俗结合，成为仙话中的神话和民间神话故事。1988年，袁先生的《中国古代神话》出版，这是迄今为止篇幅最大的中国神话史。[3] 袁氏神话学的主要贡献有二：一是以"信史"为轴，精心"连缀"与"熔铸"，将古神话系统化，希望对神话做出犹如史学般客观严谨的研究；二是比照西方神话学的呈现样式，对《山海经》进行系统研究，其《山海经校注》从神话的角度对《山海经》全书给予系统解释。袁氏自述学术方法云：

> 整理神话的初步工作，便是老老实实的，把神话放在历史的肩架上，又用由神话转化的古代史，尽量恢复其本来面貌，去填充它的空隙，这

---

① 参阅吕微《中国民间文学史·神话卷》，祁连休、程蔷、吕微主编《中国民间文学史》，河北教育出版社，2008，"绪论"第5页。
② 茅盾：《神话研究》，百花文艺出版社，1981，第8页。
③ 袁珂：《中国神话史》，华夏出版社，1994。

样便能勉强建立起一个有神的系统的中国古代神话，舍此似乎亦无他径可寻。①

袁氏追求的"有神的系统的中国古代神话"之旨要，就是建立在"由神话转化的古代史，尽量恢复其本来面貌"这一理论假设基础上的具体实践结果。而依傍古典传统建构以希腊神话为标准的中国古代神话系统，确实除了还原古史以外无他径可寻。而事实上这正是古史辨派的神话学研究诉求与目的。

三 "神话—古史"的对立：古史辨

从 1921 年（民国十年）到 1941 年（民国三十年），学术界以古史研究为核心，开始了一场为期二十年的古史争辨，这些辩论古史的文字，后来被集为七册的《古史辨》。古史辨派的活跃期持续了 30 多年，至杨宽的《中国上古史导论》的发表，吕思勉与童书业编的《古史辨》第 7 册出版，古史辨的学术浪潮才渐告消歇。初期的"古史辨"工作多半把重点放在古史的破坏方面，以顾颉刚先生提出的"层累地造成的中国古史说"为焦点。其后期则是"神话分化演变说"，主要以杨宽、童书业为代表，他们一起先"毁"后"安置"，既推翻了尧、舜、禹的古史（"毁"），同时，他们的研究又为这些从古史中驱逐出来的古代帝王做了安置和还原的工作。

（一）摧毁古史：顾颉刚的神话学路径

顾洪女士曾概括说："其实早在七十年前，先生根据进化论的理论提出的'层累说'，就是向传统观念的大胆怀疑，可以说，他的推翻非信史的四条标准也经受住考古学结论的考验。"② 所谓"用新的眼光来辨伪"，即引进并运用了进化论的理论与方法，如"用故事的眼光解释古史构成的原因"。与章太炎、梁启超、夏曾佑等人将上古做"神话—古史"的二元对立相同，以顾颉刚为代表的古史辨派之核心理念是将神话与信史剥离。与这些大师的不同之处在于，顾颉刚剥离得更坚决、更彻底，对后世的神话学、历史学影响重大。正如以下这段话所概括的：

---

① 袁珂：《山海经校注》，巴蜀书社，1993，第 45 页。
② 顾洪：《探求治学方法的心路历程》，顾颉刚：《我与〈古史辨〉》，上海文艺出版社，2001，第 7、8 页。

在 20 世纪 40 年代，国内各大学的古史研究领域"几乎全被疑古派把持"。而古史辨派从一产生开始，其巨大影响并不仅限于史学，而且及于哲学思想史和文学史，举凡古典领域无不与之相关。……古史辨派的研究，在台湾、香港仍为学者所关注，其中不乏赞许性的评价。古史辨派的影响在政治、社会思潮方面也有体现。在新文化"思想启蒙"运动与五四"反封建"运动中，古史辨派起着不可低估的作用，这一层面的影响也持续至今。古史辨派的影响无时不在，无处不在。[①]

就"神话—古史"层面而言，顾氏研究的重点及影响体现在：（1）强化二者的对立，进而坚决排斥神话；（2）用"历史演进法"将神话剥离，还原古史。顾氏在强化"神话—古史"相互对立的问题上，从其表现形式、形成原因上入手，尤其以禹为例详细论证了神话与历史如何混而不分。顾氏说：

> ……就现存的最早的材料看，禹确是一个富于神性的人物，他的故事也因各地的崇奉而传布得很远。至于我们现在所以知道他是一个历史上的人物，乃是由于他的神话性的故事经过了一番历史的安排以后的种种记载而来。我们只要把《诗经》和彝器铭辞的话放在一边，把战国诸子和史书的话放在另一边，比较看着，自可明白这些历史性质的故事乃是后起的。所以我说禹由神变人是顺着传说的次序说的；刘（椒藜）、冯（友兰）先生说禹由人变神，乃是先承认了后起的传说而更把它解释以前的传说的。[②]

从这段描述来看，顾氏认为大禹是神话，而非历史。神话的存在不是客观事实，更不是历史应有的一部分。由此，战国之前的古史性质大体是宗教的、神话的。一部上古史真中有假，假中有真，真假难辨。不过，顾氏所认为的宗教性与章太炎、梁启超还有很大区别。章太炎直接汲取姊崎正治的宗教观念，仅从源头谈神话。梁启超还借神话去"察各民族思想之渊源"，他们都没有像顾颉刚那样"辨伪"和"毁史"。顾氏为何如此呢？他于 1923 年发表在《读书杂志》上的《与钱玄同先生论古史书》《讨论古史答刘胡二先生》等文章，以及他后来所发表的《洪水之传说及治水等之传说》（1930 年）、《〈书经中的神话〉序》（1937 年）、《中国一般古人想象中的天和神》（1939

---

① 张京华：《古史辨派与中国现代学术走向》，厦门大学出版社，2009，第 2、3 页。
② 顾颉刚编著《古史辨》（第 1 册上编），上海古籍出版社，1982，"自序"，第 64 页。

年）等文章从不同角度回答了这个问题。

在顾氏"神话—古史"的对立观念中，禹的性质（最早是天神还是人王）、地位（尧、舜、禹的顺序和系统）和禹的神话是最有典型性的个案。因为，"他在古史中的地位是最重要的"。他进行了禹究竟是神话还是历史的辨伪工作，其结论是不能把将禹视为神的那些神话当作上古历史本身。他认为："禹是西周中期起来的，尧舜是春秋后期起来的，他们本来没有关系，他们的关系是起于禅让之说上；禅让之说乃是战国学者受了时势的刺激，在想象中构成的乌托邦。"① 如此，他便还原了禹的面貌。进而，遵照"层累说"来分析古史上其他的古帝王，其原理也大抵如此。顾氏认为，如黄帝、神农、包义、三皇（天皇、地皇、泰皇）以及盘古等，其出现的时间，比起尧、舜、禹来则更晚，时间大约在战国至西汉间，可是他们都"譬如积薪，后来居上"，在古史上的地位一个比一个居前，与神话相对照，则"恰是一个反背"。经过疑古辨伪，他发现了神话与古史的混合规律，剩下要做的就是相互剥离。而"剥离"的结果是梳理出神话人物如何被人化（人王化）而进入古史系统，演变为英雄先祖及圣君帝王。

古史辨派学者纷纷撰文响应顾颉刚的禹传说研究，如丁文江《论禹治水说不可信书》、胡适《论帝天及九鼎书》、钱玄同《论说文及壁中古文经书》等。再例如杨宽的《中国上古史导论》第十四篇"禹、勾龙与夏后、后土"对禹与勾龙、禹生于石与娶涂山女之说、禹征有苗等进行了研究，认为鲧是东夷的神，禹是西夷的神。丁山的《禹平水土本事考》对禹的诸多事迹进行了考辨，多把这些传说还原为神话。傅斯年的《夷夏东西说》在谈到禹时说："禹的踪迹的传说是无所不在的，……不过春秋以前书中，禹但称禹，不称夏禹，……盖禹是一神道，……夏后氏祀之为宗神，然其与夏后有如何之血统关系，颇不易断。若匈奴号为夏后之裔，于越号称少康之后，当皆是奉禹为神，于是演以为祖者。"② 卫聚贤的《古史研究·虞夏篇》对尧、舜禅让与禹治洪水进行了探讨。吕思勉在《唐虞夏史考》中亦有"共工禹治水"之论述。经过这些研究，当时的史家们通过分析三皇五帝不同以至于互相矛盾的记载，进而完全否定上古传说。例如，王钟麒列举了几条开辟神话，认为"这些奇

---

① 顾颉刚：《讨论古史答刘胡二先生》，顾颉刚编著《古史辨》（第1册中编），上海古籍出版社，1982，第127~130。

② 傅斯年：《史料论略及其他》，辽宁教育出版社，1997，第160页。

异的传说，在科学上既没有可信的证据，而异说纷纭，又往往互相矛盾，没有统系，后世史家竟承认盘古与女娲为太古的帝王，那是大错的。……依现代史家的严格眼光看来，都没有信史的价值。"①

不过，顾氏对尧、舜、禹的怀疑和否定也招来了当时反对的声音。被称为守旧派代表的柳诒徵先生，就多次对顾颉刚的观点提出反驳，在对夏代的看法上更是极力维护夏代的存在，他说：

> 孔子能言夏礼，墨子多用夏政。箕子尝陈《鸿范》，魏绛实见《夏训》。《孝经》本于夏法，《汉志》亦载《夏龟》。《七月》、《公刘》之诗，多述夏代社会礼俗，可与《夏小正》参证。《小戴记》、《王制》、《内则》、《祭义》、《明堂位》诸篇，凡言三代典制者，往往举夏后氏之制为首。是夏之文献虽荒落，然亦未尝不可征考其万一也。②

1925 年 4 月，张荫麟的《评近人对于中国古史之讨论》认为顾氏使用默证法过多，不足信。③ 陆懋德的《评顾颉刚〈古史辨〉》亦对顾颉刚的研究不太赞成："顾君所标之治史方法虽极精确，然如尧舜禹等均为历史前的人物，终当待地下之发掘以定真伪，实不能仅凭书本字面之推求而定其有无者也。"④ 陆懋德的话点明了顾氏研究的最大遗憾之处，即从书本到书本，从文字到文字，缺乏"地下之发掘"的有力支撑，可谓一针见血。在持异声的学者中，最著名的当属王国维和徐旭生先生。王国维在《古史新证》中直接举出实证例子，即春秋时代秦国的秦公簋和齐国的叔夷钟，二者都谈到了大禹的故事，他认为春秋时代东西两个大国都承认有夏朝和大禹。徐旭生从天文学出发，认为既然现代天文学的精确知识可以证明《尧典》，"是很古老很可靠的传说"，那么，由此可推想其他的古史传说也"并不是向壁虚造"。⑤ 徐先生还在《我们怎样来治传说时代的历史》中专门指出了"古史辨"存在的问题：广泛地使用默证；不能审慎地处理反对意见；夸大春秋和战国各学派间的歧异、

---

① 王钟麒：《本国史·新时代教科书》（上册），新时代教育社，1927，第 14 页。
② 柳诒徵：《中国文化史》，上海古籍出版社，2001，第 80、81 页。
③ 张荫麟：《评近人对于中国古史之讨论》，顾颉刚编著《古史辨》（第 2 册下编），上海古籍出版社，1982，第 287 页。
④ 陆懋德：《评顾颉刚〈古史辨〉》，顾颉刚编著《古史辨》（第 2 册下编），上海古籍出版社，1982，第 384 页。
⑤ 徐旭生：《中国古史的传说时代》，文物出版社，1985，"序言"，第 1 页。

矛盾；不能分辨或不愿意分辨掺杂神话的传说和纯粹神话的界限。顾颉刚先生的"默证法实是有问题的，上古文献保存下来的甚少，如再以其晚出而疑其伪，那我们实在没有多少可靠的资料可以利用了"。① 尽管有类似质疑与反对之声，然而，顾氏开创的神话学实证传统已经深刻地影响到后人。

（二）杨宽：比较视野中的"分化"论

杨宽是吕思勉先生的弟子，和童书业、杨向奎等人不同的是，他与顾颉刚并没有师承关系。但是他和吕思勉都参加了为《古史辨》第7册撰稿、撰序和主编的工作，明显支持古史辨派。因此，学术界多将杨宽视为古史辨派的一员，称他是古史辨派的后起之秀。如说："把吕思勉拉入疑古阵营这件事本身，实在是童（书业）对顾颉刚学术事业所做的一大贡献；把杨宽的《中国上古史导论》收入第7册《古史辨》，是童书业对顾颉刚学术事业所做出的又一大贡献。"② 杨宽自己在《古史辨》第7册的"杨序"里，乐观而坚定地相信，古史辨派在"最近的将来，一定会得到一个系统的结论"。在引用了《古史辨》第2册里顾颉刚的"自序"后，他评价道："这册《古史辨》正是研究古史的急先锋。"而"我们的敌人——伪古史的有意无意创作者——所设的西汉战国这最后两道防线上重要的据点，已给我们突破了，古史辨最后的胜利，确实已不在远"③。

杨宽先生关于上古神话的主要观点，按童书业的表述，其一是称之为"民族神话史观"："杨先生的古史学，一言以蔽之，是一种民族神话史观。他以为夏以前的古史传说全出自各民族的神话，是自然演变成的，不是有什么人在那里有意作伪。"④ 其二是称之为"神话分化说"，即主张古史上的人物和故事，会在大众的传述中由一化二化三以至于无数。例如，一个上帝被分化成黄帝、颛顼、帝喾、尧、舜等好几个人。在《论层累造成说》一节，杨先生明确提出"层累地造成的古史观"虽顾颉刚倡之最先，但此说"颇多疏略，亦且传说之演变不如是之简单"。⑤ 和顾颉刚不同的是，杨氏比较和参照了中、

---

① 徐旭生：《中国古史的传说时代》，文物出版社，1985，第23~24页。
② 王学典、孙延杰：《顾颉刚和他的弟子们》，山东画报出版社，2000，第218页。
③ 杨宽：《中国上古史导论》，吕思勉、童书业编著《古史辨》（第7册上编），上海古籍出版社，1982，"杨序"，第1、2页。
④ 吕思勉、童书业编著《古史辨》（第7册上编），上海古籍出版社，1982，"自序"，第2页。
⑤ 杨宽：《中国上古史导论》，吕思勉、童书业编著《古史辨》（第7册上编），上海古籍出版社，1982，第104页。

日和西方的神话学成果，认为"语言的讹传"是演变分化的关键。他说：

> 近代治神话学者，原有语言学派（Philological School）人类学派（Antyropo Logical School）之别，语言学派以为神话传说有起于语言之讹传者（Theory of Disease of Language），近人颇非议之，然此实神话演变分化之主要关键也。古者崇尚口说，以声载义，名辞尤可同音通假，相传既久，传者不复知其通假，于是一人化为两人，一事化为两事。①

在日本的神话学著作中，杨氏提到了高木敏雄的《比较神话学》，田崎仁义的《中国古代经济思想及制度》，小川琢治的《天地开辟及洪水传说》。中国的学者，他举出了顾颉刚、郭沫若及沈雁冰、冯承钧、姜亮夫等人。在各家见解之中，杨宽主要采纳了康有为、顾颉刚、蒙文通三家，自称他的研究是综合了三家的结论而成，认为"晚近学者探讨古书传说之来源者，能运用此三说而不囿于一偏之见，循环通证，斯为得之"②。童书业认为杨宽的见解"实是混合傅孟真先生一派的民族史说和顾颉刚先生一派的古史神话学而构成的"。③ 正如童书业所指出的，杨宽与顾颉刚"他俩在古史上的见解有着很多的不同点"，"有意造作古史的人究竟不多，那么古史传说怎样会'累层'起来的呢？我以为这得用分化演变说去补充它……所以有了分化说，'累层地造成的古史观'的真实性便越发显著：分化说是累层说的因，累层说则是分化说的果"④。顾颉刚在《当代中国史学》中也评论杨宽说："他一方面赞成我们的古史神话演变说，另一方面又反对自康有为以来的'托古改制'说和'新学伪经'说。他认为古史传说多是古代东西二系民族原有神话的演变和融化，它的演变多是自然的演化，而很少是人为的改造。"⑤ 尽管有所不同，但杨宽的研究把中国古史中的许多神话传说的人物和事迹，还原于古代东西二

---

① 杨宽：《中国上古史导论》，吕思勉、童书业编著《古史辨》（第 7 册上编），上海古籍出版社，1982，第 100 页。

② 杨宽：《中国上古史导论》，吕思勉、童书业编著《古史辨》（第 7 册上编），上海古籍出版社，1982，第 76 页。

③ 吕思勉、童书业编著《古史辨》（第 7 册上编），上海古籍出版社，1982，"自序"，第 3 页。

④ 吕思勉、童书业编著《古史辨》（第 7 册上编），上海古籍出版社，1982，"自序二"，第 6 页。

⑤ 顾颉刚编《当代中国史学》，上海世纪出版集团，2006，第 124 页。

系的民族神话之中，进一步强化了神话与古史的剥离，例如他说：

> 近顾颉刚、童书业二氏复作《夏史考》，明证夏史之皆属虚无，无不由于神话传说辗转演变。夏史既出神话演变而成，则"夏"之一名又安见其非神话演变而成乎？①

值得一提的是，其实在1926年和1930年，顾颉刚已一再声明他已放弃了"禹"为虫的假设："知道《说文》中的'禹'字的解释并不足以代表古义，也便将这个假设丢掉了"②，"其实，这个假设，我早已自己放弃"。③ 说明在夏代是否为信史这个问题上，顾颉刚的态度是比较谨慎的。参照于此，杨宽此时的认识实际上较顾颉刚更激进，他断定整个夏代的历史都是由神话构成的。这无疑彻底否定了顾氏的一丁点儿的迟疑，坚定地完成神话与古史的对立划分。例如他认为"虞"是天神的国号，"夏"是地祇的国号，历史上并没有虞夏的国族。"吾人今日论有史时代之历史，自当断自殷墟物证。殷以前之古史传说，自在神话之范围。"④ 他确定"古代华族只有殷周二支，而夏史大部是周人依据东西神话辗转演述而成者"。⑤

（三）童书业：彻底的"剥离"方式

最后再看童书业先生的研究。童书业一方面接受了顾颉刚的疑古理论，进一步把传统所说的上古史从信史还原到神话传说，另一方面又利用所掌握的古籍文献进行先秦史建设，其相关研究主要体现在《丹朱商君的来源》、《夏史三论》、《鲧禹的传说》、《汉代的社稷神》和《帝尧陶唐氏名号溯源》等中。例如《丹朱商君的来源》一文对传说中的尧之子丹朱、舜之子商均在古籍中的出现和演变进行考察，证明传统所述的上古史"多半是些谎话"。又如《汉代的社稷神》一文对顾颉刚《五德终始说下的政治和历史》中论共工氏又提供多处参证；还有《帝尧陶唐氏名号溯源》对古籍记载中

---

① 吕思勉、童书业编著《古史辨》（第7册上编），上海古籍出版社，1982，第281页。
② 顾颉刚：《答柳翼谋先生》，顾颉刚编著《古史辨》（第1册下编），上海古籍出版社，1982，第227页。
③ 顾颉刚编著《古史辨》（第2册），上海古籍出版社，1982，"自序"，第3页。
④ 杨宽：《中国上古史导论》，吕思勉、童书业编著《古史辨》（第7册上编），上海古籍出版社，1982，第116、117页。
⑤ 杨宽：《中国上古史导论》，吕思勉、童书业编著《古史辨》（第7册上编），上海古籍出版社，1982，第281页。

的上古史的朝代系统的演变进行了细致梳理等。就剥离神话和古史而言，童书业以"分化说"进一步阐发顾颉刚的"层累说"，使之趋于完善。

前文已经论述，童氏认为杨宽的神话观可以概括为两点："民族神话史观"及"神话演变分化说"。其实，此前童氏在自己的文章中也多次提到过"分化说"的具体例子。例如《丹朱与驩兜》："综上各证，吾人可决丹朱之即驩兜，大为一传说之分化。"①《夏史三论》也说："有仍二女与有虞二姚分明是一传说的分化。""浇与象更有一传说分化的可能。"②《墨子姓氏辨》："伯夷与目夷让国之事既甚相近，姓又相同，即名亦有一半相同，说为一人传说之分化，固未为武断。"③童氏之所以对杨宽的"神话分化说"推崇备至，是因为被该观点提醒后，他由具体上升到理论，明确了"古史传说的分化演变说"，并把它和顾颉刚的"层累说"有机地糅合在一起，为顾颉刚的疑古理论提供了一个更为合理的解释。他说："因为所谓'层累地造成的古史观'乃是一种积渐造伪的古史观，我们知道：古史传说固然一大部分不可信，但是有意造作古史的人究竟不多，那末古史传说怎样会'层累'起来的呢？我以为这得用分化演变说去补充它。因为古史传说愈分愈多，愈演变愈繁，这繁的多的，哪里去安插呢？于是就'层累'起来了。"④这种因果关系的建立，使顾颉刚的古史"层累说"得以系统化，使其成为一种完整的、更具阐释力度的"疑古"学说。

虽然极力将神话从信史中剥离，然而，童氏又非常看重神话在古史建设中的作用：

> 我们常能寻出古史传说的神话痕迹，而神话的根源——人事，却常一时不能探求，这是限于材料的缘故，等到文献学和考古学上的材料发现多了，自会有人去推求神话的根源——人事的。现在我们不能太急躁，因为急躁的结果会造成许多的空中楼阁来，这种空中楼阁的构造，对于真正古史的建设是无益而有害的。⑤

---

① 童书业：《丹朱与驩兜》，《浙江省立图书馆馆刊》1935 年第 4 卷第 5 期。
② 童书业：《夏史三论》，《史学年报》1936 年第 2 卷第 3 期。
③ 童书业：《墨子姓氏辨》，《史学集刊》1936 年 11 月。
④ 吕思勉、童书业编著《古史辨》（第 7 册），上海古籍出版社，1982，"自序"，第 12 页。
⑤ 童书业：《从史料考订与通史著作谈到古史的研究》，上海《益世报·文苑》1946 年 12 月 6 日。

童氏在神话观上明确提出，仅仅区分出神话并不是目的，神话的背后是人话，是真正的古史，只不过苦于材料的缺乏而无从解读。他十分赞同"古史传说从神话中来，而神话又从人事来和一部分神话是由人话转变而成"的假定，但又认为"从神话里探索人事或人话是进一步的工作——是更艰苦的工作，须得地下有大量的新史料出现才可以着手，现时冒险去探索，结果有成为全盘附会的危险的"。① 他把神话区分为两种，一种是"原始神话"，另一种是"有用意的宣传"。他说，不可否认有"母系社会"和"杂交"的事实，但是却不能把后天有意识的宣传当成原始神话来附会社会发展理论。谶纬书里许多帝王诞生的神话，本都是"从整个的王莽式的五德系统和他的天帝人帝打通说上来的"，"决不是原始的神话，乃是有意识的宣传……"② 即便是较早出的传说，如《诗经》里的"天命玄鸟，降而生商"及"履帝武敏歆"，《史记·秦本纪》里女修吞玄鸟卵生子大业的说法，"拿民俗学的眼光看来，也只是民间对于伟人过度崇拜的表示"。③从上述神话观出发，童氏提出了辨析神话和人话的方法，认为"从文献记载的先后来判断神话与人话出现的先后"。④ 显然，在"剥离"层面，童先生比他的老师顾颉刚更坚决，但是给予了神话"科学"的处置方式。

与杨宽有所不同的是，在"剥离"的同时，童氏对夏史真伪仍然有一定的保留态度。他只是努力把传说中的夏史从真正的夏史中剥离出来，但是对真正夏史的存在却是持肯定态度的。他举《左传·襄公二十九年》："见舞大夏者，曰：'美哉！勤而不德，非禹，其谁能修之！'"在其《春秋左传研究》中对这句话有一句案语，云："此以'大夏'为禹所作之乐，可为禹为夏之始王之证。"⑤ 他又说："鲧禹是否夏族之先，姑假定为是，然亦非无可疑之处。鲧禹神话极丰富而复杂，是否确有其人而为古代部落酋长，后渐神化？亦只能存疑，现时尚不能臆断。"⑥ 童氏认为，现存文献中有关夏史的记载多经不起考证，大多数只是传说而已，传说离真实的古史毕竟还有着相当大的距离，如果要想建设真正的夏史，还得依靠新材料，尤其是考古发掘的新材料。他

---

① 童书业：《论神话传说之演变质李季先生》，上海：《东南日报·文史》1946 年 9 月 26 日。
② 童书业：《读缪著中国通史纲要》（第一册），天津《大公报·史地》1937 年 3 月 12 日。
③ 童书业：《读缪著中国通史纲要》（第一册），天津《大公报·史地》1937 年 3 月 12 日。
④ 童书业：《浙江省立图书馆馆刊》1935 年第 4 卷第 4 期。
⑤ 童书业：《春秋左传研究》，中华书局，2006，第 17 页。
⑥ 童书业：《春秋左传研究》，中华书局，2006，第 19 页。

把夏史分为两段考察，言辞极为谨慎："少康以前之古史，事迹甚为详尽，皆出神话传说，不可尽据，已详拙编《古史辨》第七册。少康以后之古史，较近有史时代，或事迹简略，或说近情理，只可暂列之于存疑。"[1] 基于这些认识，童氏进一步对夏民族的发源地、活动范围，与夏商周关系进行考证。他认为夏民族和西方的戎族有关系，鲧禹传说便是来自西方戎族。[2] 另外，他也反对禹之传说起于南方说。他推测夏人的发源地可能在沿塞之西北方，古时所称的"西夏"应是夏之部落，伐西夏的"唐"必为"汤"。[3] 童氏推测，夏部族入中国后，初居河东，后渐渐南迁，定居于嵩、洛。夏人进入中国后的疆域，"东可能不过郑州，西可能不过华山，南不过伊水，北不过山西长治县"[4]。应该说，童氏有关夏史的结论基本还是以古籍记载为基础的推测，没有其他佐证。他虽然对考古学发展寄予希望，但是其观念和方法论仍然和顾颉刚、杨宽等一样有共性。

从夏曾佑至古史辨诸要员的研究，"神话—古史"的分化、对立已经完全形塑，这批学者的研究也因重视作为证据、材料的"神话"而被史学界、考古学界关注更多。与此同时，从民初开始的一批关注"神话"文学性的大家——鲁迅、周作人、茅盾等，虽然没有从神话角度去溯源文明、研究古史，然而他们的研究已然超越了文学性本身，在现代民族主义、中国现代性的认同与反思方面，在中国现代学术的建构中起着重要作用。

---

① 童书业：《春秋史》，中华书局，2006，第一章注11，第18页。
② 童书业：《鲧禹的传说》，《禹贡》（半月刊）（第7卷）1936年6月。
③ 《童书业历史地理论集》，童教英整理，中华书局，2004，第5页；《春秋史》第一章注释第15也见同类叙述。见童书业《春秋史》，中华书局，2006，第19、20页。
④ 《童书业历史地理论集》，童教英整理，中华书局，2004，第6页。

第三章 认同方式：中国神话学的现代性与民族主义

张灏先生把从 1895 年到 1925 年这三十年称为中国从传统儒家意识形态范式向现代性范式转变的时代。① 这意味着，晚清到五四运动前后是 20 世纪与以往历史联结和沟通的桥梁，从这里出发形成了 20 世纪中国思想史的问题意识和基本命题。在这段时期，现代性转型中的各种学术话语相互交织，形成既有别于传统经史之学，也有别于当代成熟学术生产的风貌与意义。在现代学术转型中形成的神话学也是如此。从神话学的自身发展来看，尽管 1907 年商务印书馆出版《希腊神话》后，当时的知识分子如刘光汉、黄节等均特别注意希腊、北欧、印度神话及其对本国文学发展的影响。但是，在理论思想和方法论上较为系统地介绍西方神话学知识的是周作人；将神话与中国文化以及文学完全勾连、对应的则是鲁迅。从更深的层次看，周氏兄弟的神话学研究与他们的现代性反思紧密相连，其神话学诉求既反映出对中国文化与历史的理解，更折射出他们面对"古—今""中—西"文化裂变与转型时的彷徨、自信、焦虑、矛盾等诸多复杂情绪及知识观念。事实说明，几乎所有中国现代文化思想史的重要研究都绕不开周作人和鲁迅，这也说明世纪之交的文化转型命题，以及二人在知识界中独一无二的分量。如何从神话学角度展开对他们的分析，从而阐释神话学对现代中国思想建构的资源性作用，是神话学研究者需要面对的问题。

第一节 中国神话的文化性及现代性纠偏——以鲁迅为讨论中心

鲁迅对 20 世纪初的神话研究影响最大，他把中国神话纳入中国文学系统，对其本质、起源、发展、演变、分期、消歇原因以及与后世文学的关系等基

---

① 张灏：《中国近代思想史的转型时代》，（香港）《二十一世纪》1999 年 4 月号。

本问题，第一次全面地做出系统探讨与阐释。对这些方面的梳理并没有太大难度，更深入的工作在于：鲁迅对神话的文学性建构、对中国文化的神话性解读，都体现出中国神话学如何有效地参与了中国现代文化建构。在此基础上，如何结合鲁迅复杂深邃的思想，综合探究"神话"于鲁迅的整体思想意义及内在矛盾，是更为艰难的任务。笔者认为，鲁迅不仅完整论述了神话的文学性，更是把神话作为了解一个民族历史和文化的前提。他赋予神话对抗现代性弊病的力量。同时，他认为中国传统文化弥漫着神话性，与西方的现代理性化有着不兼容的特质。

一 鲁迅的神话研究诉求

在对中国神话学的学术史勾勒中，学界提得最多的是鲁迅论证了神话是文学，提出中国文学史以神话为开端，并从理论上对此加以阐释。鲁迅在《中国小说史略》（1923 年）和《中国小说的历史的变迁》（1924 年）中开创了中国神话研究的文艺学传统。其主要见解，如关于神话产生于初民对天地间异常现象"自造"的解释的观点，关于神话"不特为宗教之萌芽，美术所由起，且实为文章之渊源"的观点；关于"小说出自神话，中外皆然"的观点；关于"古代神话分期及其演变"的观点；关于"不了解神话就无法了解西方文学乃至西方文明"的观点等，皆被后来治文学史、治神话学的学者们视为经典、反复引用。在这些描述和总结的基础上，下文将重点分析鲁迅研究神话之文学性的旨趣与意义，进而揭示他在处理"神话—历史"关系时是如何安置"神话"的历史文化意义。

从 20 世纪 20 年代鲁迅的阐明开始，神话于文学的作用与意义一直延续到今天，并没有改变。鲁迅从小说发展史角度，把神话和传说看作小说的源头，民间文学之"根"在神话传说，神话是文章之渊源：

> 志怪之作，庄子谓有齐谐，列子则称夷坚，然皆寓言，不足征信。《汉志》乃云出于稗官，然稗官者，职惟采集而非创作，"街谈巷语"自生于民间，固非一谁某之所独造也，探其本根，则亦犹他民族然，在于神话与传说。
>
> 昔者初民，见天地万物，变异不常，其诸现象，又出于人力所能以上，则自造众说以解释之：凡所解释，今谓之神话。[1]

---

[1] 鲁迅：《中国小说史略·神话与传说》，《鲁迅全集》（第 9 卷），人民文学出版社，2005，第 19 页。

除了论及神话是小说的源头，鲁迅还考察了神话和其他文化现象的联系，深入论述了"神格"的意义。他说：

> 神话大抵以一"神格"为中枢，又推演为叙说，而于所叙说之神，之事，又从而信仰敬畏之，于是歌颂其威灵，致美于坛庙，久而愈进，文物遂繁。故神话不特为宗教之萌芽，美术所由起，且实为文章之渊源。……迨神话演进，则为中枢者渐近于人性，凡所叙述，今谓之传说。传说之所道，或为神性之人，或为古英雄，其奇才异能神勇为凡人所不及，而由于天授，或有天相者，简狄吞燕卵而生商，刘媪得交龙而孕季，皆其例也。①

这段文字常被引用，但其旨趣却常被忽略。这段话既强调了神话与文章的关系，也提到了"神话的演进"问题，即从"中枢者"向"人性"演进的过程。换言之，从神性到人性的演进规律体现了神话的发展原理。他在《中国小说的历史的变迁》第一讲《从神话到神仙传》中说：

> 至于现在一班研究文学史者，却多认小说起源于神话。因为原始民族，穴居野处，见天地万物，变化不常——如风，雨，地震等——有非人力所可捉摸抵抗，很为惊怪，以为必有个主宰万物者在，因之拟名为神；并想像神的生活，动作，如中国有盘古氏开天辟地之说，这便成功了"神话"。从神话演进，故事渐近于人性，出现的大抵是"半神"，如说古来建大功的英雄，其才能在凡人以上，由于天授的就是。例如简狄吞燕卵而生商，尧时"十日并出"，尧使羿射之的话，都是和凡人不同的。这些口传，今人谓之"传说"。由此再演进，则正事归为史；逸史即变为小说了。②

对"神话"起源性意义的强调，反映出鲁迅当时的进化论思想。鲁迅整理研究小说也正是为了"从倒行的杂乱的作品里寻出一条进行的线索来"。③他在《中国小说的历史的变迁》的"引言"中指出，"但看中国进化的情形，

---

① 鲁迅：《中国小说史略·神话与传说》，《鲁迅全集》（第9卷），人民文学出版社，2005，第19页。

② 鲁迅：《中国小说的历史的变迁》，《鲁迅全集》（第9卷），人民文学出版社，2005，第312页。

③ 鲁迅：《中国小说的历史的变迁》，《鲁迅全集》（第9卷），人民文学出版社，2005，第311页。

却有两种很特别的现象……然而就并不进化么？那也不然，只是比较的慢，使我们性急的人，有一日三秋之感罢了。文艺，文艺之一的小说，自然也如此"①。人类社会不断地进化，文学样式之一的小说"亦如诗，至唐代而一变，虽尚不离于搜奇记逸，然叙述宛转，文辞华艳，与六朝之粗陈梗概者较，演进之迹甚明"。②

那么，"进化"的目的是什么呢？1907 年，鲁迅在留学时期所做论文《人之历史》的副标题为"德国黑格尔氏种族发生学之一元研究论释"，为我们提供了追问线索。黑格尔今译作海克尔（E. Haeckel），是德国生物学家，达尔文学说的积极捍卫者和宣传者。这篇论文以海克尔的《人类发生学》为参考，介绍了达尔文学说及其发展的历史。由此文可看到鲁迅早期对"人"即"进化发展"的理解，例如强调"立人"："人心必有所冯依，非信无以立，宗教之作，不可已矣。"③ 他曾说，"人各有己，而群之大觉近矣"。还认为"故今之所贵所望，在有不和众嚣，独具我见之士"④。可见，鲁迅对神话的思考是与他对国民精神的改造、社会思想的改造相联系的。池田大作先生在《谈革命作家鲁迅》中认为鲁迅的革命理念就是"人性革命""精神革命"。在中国的五四时代及世界的政治运动风起云涌之时，"鲁迅先生注视'人性革命'、'精神革命'的重要，全心全意以笔来为民众带来黎明"。⑤ 鲁迅研究神话的目的是探讨文学史，研究文学史、文化的目的在于呼唤人性的革命与精神的革命，这构成鲁迅谈及"神话"文学性的旨趣与目的所在。

二　超越文学：神话的文化性

鲁迅当然明白"神话"一词为外来物，作为非本土的文化现象，如何在不同的文化语境中衡量和思考一个新的文化术词，是当时的神话学者需要面对的问题。鲁迅将这个问题归结为中国神话是零散的，所以无法像欧洲和日本那样蔚为大观。为何中国神话是零散的呢？鲁迅认为：

---

① 鲁迅：《中国小说的历史的变迁·引言》，《鲁迅全集》（第 9 卷），人民文学出版社，2005，第 311 页。
② 鲁迅：《中国小说史略·唐之传奇文》（上），《鲁迅全集》（第 9 卷），人民文学出版社，2005，第 73 页。
③ 鲁迅：《破恶声论》，《鲁迅全集》（第 8 卷），人民文学出版社，2005，第 29 页。
④ 鲁迅：《破恶声论》，《鲁迅全集》（第 8 卷），人民文学出版社，2005，第 26 页。
⑤ 〔日〕池田大作：《谈革命作家鲁迅》，《国际创价学会通讯》2005 年 6 月 28 日。

中国神话之所以仅存零星者，说者谓有二故：一者华土之民，先居黄河流域，颇乏天惠，其生也勤，故重实际而黜玄想，不更能集古传以成大文。二者孔子出，以修身齐家治国平天下等实用为教，不欲言鬼神，太古荒唐之说，俱为儒者所不道，故其后不特无所光大，而又有散亡。①

鲁迅的"神话"对接策略折射出他对中国文化的新阐释。他对"神话"的文学性阐释体现出其对神话与历史关系之理解。他曾说：

"路漫漫其修远兮，吾将上下而求索。"不料这大口竟夸得无影无踪。逃出北京，躲进厦门，只在大楼上写了几则《故事新编》和十篇《朝花夕拾》。前者是神话，传说及史实的演义，后者则只是回忆的记事罢了。此后就一无所作，"空空如也"。②

鲁迅将"神话"锁定为故事、传说及史实的演义。而作为小说的初始形态，"迨神话演进，则为中枢者渐近于人性，凡所叙述，今谓之传说"③。由此再演进，则"正事归为史；逸史即变为小说"。④ 从这些引文中可提炼出鲁迅对神话与历史关系的理解：

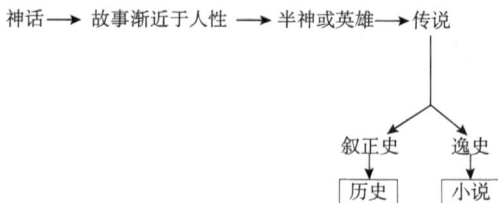

神话 ⟶ 故事渐近于人性 ⟶ 半神或英雄 ⟶ 传说
　　　　　　　　　　　　　　　　　　　　叙正史　　逸史
　　　　　　　　　　　　　　　　　　　　历史　　　小说

这类将神话视为历史发展之初级阶段的研究，其理论源头为 19 世纪后半叶的人类学派，即以进化论学派为主导的神话研究学派，其代表人物有泰勒、安德鲁·兰、弗雷泽等。他们将神话视为原始人的精神世界，强调利用所谓

---

① 鲁迅：《中国小说史略·神话与传说》，《鲁迅全集》（第9卷），人民文学出版社，2005，第 23~24 页。
② 鲁迅：《南腔北调集》，《鲁迅全集》（第4卷），人民文学出版社，2005，第 469 页。
③ 鲁迅：《中国小说史略·神话与传说》，《鲁迅全集》（第9卷），人民文学出版社，2005，第 20 页。
④ 鲁迅：《中国小说的历史的变迁》，《鲁迅全集》（第9卷），人民文学出版社，2005，第 312页。

蒙昧民族的神话来解释存在于文明民族中的类似"文化遗留物"，将"原始—现代""神话—科学"视为历史进化中由低级到高级的发展结果。另外，对 20世纪有巨大影响力的"仪式学派"也直接诉诸"神话"与"历史"的进化关系。从罗伯逊·史密斯（Robertson Smith）于 1889 年在《闪族人宗教讲座汇编》中首次提出神话仪式理论开始，英国"剑桥学派"学者认为"神话"是各种现象存在的理由，强调神话的仪式性搬演对实现神话终极功能的重要性，认为"被搬演的神话起到了一台时间机器的作用，将人们传送回神话时代，也因此使其更接近神"[①]。他们从发生学角度理解神话的历史意义，借神话来探究宗教和文学的起源，寻找古代仪式和制度的根源。鲁迅对神话与历史的关系理解，一方面与这些理论相契合，另一方面还赋予"神话"更多的现代性纠偏与对抗性作用。

1906 年鲁迅弃医从文，决心用文艺来改变人们的精神。1907～1908 年，他连续创作了《人之历史》、《科学史教篇》、《文化偏至论》和《摩罗诗力说》四篇文言论文。这四篇论文分别介绍了达尔文的进化论、西方科学发展史、资本主义文明的弊病和欧洲浪漫主义文学。四篇论文内容各异，立论角度也各不相同，但有趣的是，它们都无一例外地涉及了神话。只有将分析视角触及这四篇文章，而非仅看重鲁迅研究神话的文学策略，方可见其神话学思想全貌。

在《人之历史》中，鲁迅研究神话主要是从科学的角度出发。他介绍西方的生物进化论，批判生物学研究者把神话当成历史的神造论：

> 人类种族发生学者，乃言人类发生及其系统之学，职所治理，在动物种族，何所由昉，事始近四十年来，生物学分支之最新者也。盖古之哲士宗徒，无不目人为灵长，超迈群生，故纵疑官品起原，亦彷徨于神话之歧途，论释率神閟而不可思议。如中国古说，谓盘古辟地，女娲死而遗骸为天地，则上下未形，人类已现，冥昭瞢暗，安所措足乎？[②]

《科学史教篇》虽仍然是从科学的角度宣传民主和革命思想，但在当时的

---

① 〔英〕罗伯特·A. 西格尔：《神话理论》，刘象愚译，外语教学与研究出版社，2008，第241 页。

② 鲁迅：《坟·人之历史》，《鲁迅全集》（第 1 卷），人民文学出版社，2005，第 9 页。

科学热潮中，保持了比较清醒的头脑：

> 世有哂神话为迷信，斥古教为谫陋者，胥自迷之徒耳，足悯谏也。
> 盖凡论往古人文，加之轩轾，必取他种人与是相当之时劫，相度其所能
> 至而较量之，决论之出，斯近正耳。惟张皇近世学说，无不本之古人，
> 一切新声，胥为绍述，则意之所执，与蔑古亦相同。盖神思一端，虽古
> 之胜今，非无前例，而学则构思验实，必与时代之进而俱升，古所未知，
> 后无可愧，且亦无庸讳也。①

《文化偏至论》在寻求变革、倡导科学、主张人道主义、支持共和革命和
民族主义的同时，对工业革命的后果进行严厉批判，尤其批判注重物质性的
现代社会，以及时人向西方学习时的东施效颦之举：

> 夫方贱古尊新，而所得既非新，又至偏而至伪，且复横决，浩乎难
> 收，则一国之悲哀亦大矣。今为此篇，非云已尽西方最近思想之全，亦
> 不为中国将来立则，惟疾其已甚，施之抨弹，犹神思新宗之意焉耳。故
> 所述止于二事：曰非物质，曰重个人。②

鲁迅深深忧虑、痛心于"本体自发之偏枯，今则获以交通传来之新疫，
二患交伐，而中国之沉沦遂以益速矣"③。对中国传统文化的批判，对西方现
代性的反思，构成鲁迅思想中最为深刻的一面。以此为圭臬，才能理解为何
鲁迅的神话观有强烈的"个性解放"诉求，例如《摩罗诗力说》大量涉及欧
洲文学中的神话故事。鲁迅在介绍浪漫主义文学时，主要对其中以神话为题
材的作品进行了深入分析，尤其对希腊神话中著名的叛逆者——魔鬼撒旦，
进行了热情讴歌，赞颂他代表的个性解放精神。这篇文章中关于神话的论述
非常多，兹不列举。

《人之历史》、《科学史教篇》、《文化偏至论》和《摩罗诗力说》这四篇
文章都表现出鲁迅在追求"进化"与个性解放等现代精神的同时，又对"现
代"持警惕态度，以及他与现代转型中的中国的种种病态表征对抗的姿态。
具体到对中国文化的理解，鲁迅神话思想中折射出哪些与现代性对抗，对其

---

① 鲁迅：《坟·科学史教篇》，《鲁迅全集》（第1卷），人民文学出版社，2005，第26页。
② 鲁迅：《坟·文化偏至论》，《鲁迅全集》（第1卷），人民文学出版社，2005，第51页。
③ 鲁迅：《坟·文化偏至论》，《鲁迅全集》（第1卷），人民文学出版社，2005，第58页。

进行纠偏的内容呢？

三　中国文化的神话性及现代性纠偏

鲁迅另外一篇对神话进行集中阐述的重要论文是《破恶声论》。这篇论文于 1908 年 12 月 5 日发表在《河南》杂志第 8 期上，收于《〈集外集拾遗〉补编》。对这篇文章，尤其是针对其中论述的神话问题，历来的鲁迅研究和神话研究都不太重视。日本学者伊藤虎丸在北京大学中文系的演讲《早期鲁迅的宗教观——“迷信”与“科学”之关系》[1] 开先河，着重讨论了《破恶声论》为什么说“伪士当去，迷信可存”。在国内，对这方面探讨较深刻的文章是汪晖教授的《声之善恶：什么是启蒙？——重读鲁迅的〈破恶声论〉》。[2] 通过阐释《破恶声论》，汪晖教授发现了鲁迅思想之所以具有巨大张力的一个内在机制——自我颠覆性：“鲁迅是中国现代思想的一个重要标志。他是一个反启蒙主义的启蒙者、一个反世界主义的国际主义者、一个反民族主义却捍卫民族文化的人物、一个反现代的现代人物。”[3]换言之，汪氏认为鲁迅的思想具有“反现代性的现代性”的特质，即“追求现代，但同时批判这个现代”。对于这点，笔者是深为认同的。不仅如此，在《破恶声论》中，鲁迅从神话的起源、神话与思想文艺的关系、对神话的态度等方面对神话做了剖析；同时还论述了神话产生和存在的时代文化氛围，他把神话的存在与民间信仰联系在一起。有论者认为，这“更接近于神话存在的实质”，这一点“比当时的许多学者仅就神话而论神话地徘徊于概念之间的做法要深刻得多”[4]。基于这些讨论，笔者认为，鲁迅不仅赋予神话对抗现代性弊病的力量，同时，他认为中国传统文化本身也弥漫着神话性，与西方的现代理性化有不兼容的特质。这些观点是我们讨论鲁迅的神话观时，不应忽略的内容。

---

① 〔日〕伊藤虎丸：《早期鲁迅的宗教观——“迷信”与“科学”之关系》，《鲁迅研究动态》1989 年第 11 期。

② 汪晖：《声之善恶：什么是启蒙？——重读鲁迅的〈破恶声论〉》，《开放时代》2010 年第 5 期。

③ 汪晖：《声之善恶：什么是启蒙？——重读鲁迅的〈破恶声论〉》，《开放时代》2010 年第 5 期。

④ 高有鹏：《鲁迅的神话学观》，《鲁迅研究月刊》2000 年第 9 期。

（一）反思物质性：为宗教和迷信辩护

众所周知，清末民初的中国是以讲科学、共和、进化、文明等为主导的。但恰恰在此时，鲁迅认为自己乃先觉者，应站出来做出表率，让大家免于沉沦："惟此亦不大众之祈，而属望止一二士，立之为极，俾众瞻观，则人亦庶乎免沦没。""庶几烛幽暗以天光，发国人之内曜，人各有己，不随风波，而中国亦以立。"① 在鲁迅看来，这个"沉沦"就是：

> 外人之来游者，莫不愕然惊中国维新之捷，内地士夫，则出接异域之文物，效其好尚语言，峨冠短服而步乎大衢，与西人一握为笑，无逊色也。其居内而沐新思潮者，亦胥争提国人之耳，厉声而呼，示以生存二十世纪之国民，当作何状；而聆之者则蔑弗首肯，尽力任事惟恐后。②

鲁迅对国人簇拥西学思潮做出犀利的嘲讽，他认为国人的科学观、进化观陷入了自相矛盾的境地："特于科学何物，适用何事，进化之状奈何，文明之谊何解，乃独函胡而不与之明言，甚或操利矛以自陷。"基于这种现状，鲁迅对宗教、迷信等做出不同于当时思想潮流的理解。对于宗教，他认为人一旦物质生活得不到满足，必然会有信仰追求，心灵需要有所依托，没有信仰无以支撑，宗教的兴起，不可能停止："人心必有所冯依，非信无以立，宗教之作，不可已矣。"对于"迷信"，鲁迅也给出了与同时代主旋律截然不同的认识：

> 破迷信者，于今为烈，不特时腾沸于士人之口，且衰然成巨帙矣。顾胥不先语人以正信；正信不立，又乌从比校而知其迷妄也。夫人在两间，若知识混沌，思虑简陋，斯无论已；倘其不安物质之生活，则自必有形上之需求。③

在这段引文中，迷信被界定为"形上之需求"，能超越物质生活。鲁迅从这个层面认为，"迷信可存"的意义在于去除"伪士"。何谓"伪士"？即喜欢讲"进步、国民、世界人、全球化"的人，鲁迅面对的是一个"无声的中

---

① 鲁迅：《破恶声论》，《鲁迅全集》（第 8 卷），人民文学出版社，2005，第 27 页。
② 鲁迅：《破恶声论》，《鲁迅全集》（第 8 卷），人民文学出版社，2005，第 27 页。
③ 鲁迅：《破恶声论》，《鲁迅全集》（第 8 卷），人民文学出版社，2005，第 29 页。

国"，其原因就在于"伪士"太多。所以，"伪士当去，迷信可存，今日之急也"①。更重要的是，鲁迅将"迷信"作为认识中国传统的法宝：

> 设有人，谓中国人之所崇拜者，不在无形而在实体，不在一宰而在百昌，斯其信崇，即为迷妄，则敢问无形一主，何以独为正神？宗教由来，本向上之民所自建，纵对象有多一虚实之别，而足充人心向上之需要则同然。顾瞻百昌，审谛万物，若无不有灵觉妙义焉，此即诗歌也，即美妙也，今世冥通神閟之士之所归也，而中国已于四千载前有之矣；斥此谓之迷，则正信为物将奈何矣。盖浇季士夫，精神窒塞，惟肤薄之功利是尚，躯壳虽存，灵觉且失。于是昧人生有趣神閟之事，天物罗列，不关其心，自惟为稻粱折腰；则执己律人，以他人有信仰为大怪，举丧师辱国之罪，悉以归之，造作谵言，必尽颠其隐依乃快。不悟墟社稷毁家庙者，征之历史，正多无信仰之士人，而乡曲小民无与。伪士当去，迷信可存，今日之急也。②

这里所谓"纵对象有多一虚实之别"指多神教、一神教或者无神教，但是他们在"足充人心向上之需要"上是一致的。如果说，鲁迅对小说的研究揭示出什么是中国的神话问题，那么，《破恶声论》则论述了一个到处都是神话的中国。当然，很可能他自己并不认同"神话中国"这一说法。笔者用"神话中国"，是想以此与那些常见的、有关鲁迅神话观的理解相区别，从而强调神话对中国传统文化的统摄性与渗透性。

（二）有别于"中国神话"的"神话中国"

较之广被神话学学者引用的《中国小说史略》和《中国小说的历史的变迁》中的神话观，下面这段关于"神话"的见解，更全面地代表了鲁迅对神话和中国文化的理解：

> 乱之上也，治之下也，至于细流，乃尚万别。举其大略，首有嘲神话者，总希腊埃及印度，咸与诽笑，谓足作解颐之具。夫神话之作，本于古民，睹天物之奇觚，则逞神思而施以人化，想出古异，诙诡可观，

---

① 鲁迅：《破恶声论》，《鲁迅全集》（第8卷），人民文学出版社，2005，第30页。
② 鲁迅：《破恶声论》，《鲁迅全集》（第8卷），人民文学出版社，2005，第30页。

虽信之失当，而嘲之则大惑也。太古之民，神思如是，为后人者，当若
何惊异瑰大之；翔欧西艺文，多蒙其泽，思想文术，赖是而庄严美妙者，
不知几何。倘欲究西国人文，治此则其首事，盖不知神话，即莫由解其
艺文，暗艺文者，于内部文明何获焉。若谓埃及以迷信亡，举彼上古文
明，胥加呵斥，则竖子之见，古今之别，且不能知者，虽一哂可斩
之矣。①

　　神话不但不应被嘲讽，而且应是了解一个民族文艺和文化的必经途径。
与前文所引的"今日之急"，即太多"伪士"不断地宣讲科学的情形截然相
反，鲁迅认为中国传统社会的精神要核是"神物"和神话，可惜我们都将之
作为迷信。在鲁迅看来，万事万物都是古代中国人崇拜的对象。中国的国家、
家族、社会制度都是与这种原始的、对万物宇宙的崇拜联系在一起的。所以，
他认为中国不是一个世俗化的社会，而是一个较欧洲社会、伊斯兰社会更为
宗教化的社会。

　　复次乃有借口科学，怀疑于中国古然之神龙者，按其由来，实在拾
外人之余唾。彼徒除利力而外，无蕴于中，见中国式微，则虽一石一华，
亦加轻薄，于是吹索抉剔，以动物学之定理，断神龙为必无。……嗟乎，
龙为国徽，而加之谤，旧物将不存于世矣！顾俄罗斯帜首之鹰，英吉利
人立之兽，独不蒙垢者，则以国势异也。科学为之被，利力实其心，若
尔人者，其可与庄语乎，直唾之耳。且今者更将创天下古今未闻之事，
定宗教以强中国人之信奉矣，心夺于人，信不繇己，然此破迷信之志士，
则正敕定正信教宗之健仆哉。②

　　鲁迅认为，以西方的科学观来怀疑中国悠久神话中的龙，考察其由来，
其实是拾外人余唾。这些"外人"只知道崇拜表面的金钱与武力，没什么内
涵底蕴。龙是国家的标志符号，如果加以诽谤，我们这些固有的典章文物在
世间就将荡然无存。他批判所谓的志士要规定一个"正信"宗教来强迫国人
来信奉，然而，这些破除迷信的志士，却正是这种他们所要建立的正信宗教
势力的忠实奴仆。不仅如此，鲁迅还将对宗教、迷信的态度置于与整个西方

---

① 鲁迅：《破恶声论》，《鲁迅全集》（第 8 卷），人民文学出版社，2005，第 32 页。
② 鲁迅：《破恶声论》，《鲁迅全集》（第 8 卷），人民文学出版社，2005，第 32～33 页。

现代性文明理念不同的地位。他认为迷信与宗教信仰不但是超越性的产物，而且是想象力的源泉："顾瞻百昌，审谛万物，若无不有灵觉妙义焉，此即诗歌也，即美妙也，今世冥通神閟之士之所归也，而中国已于四千载前有之矣；斥此谓之迷，则正信为物将奈何矣。"① 汪晖教授认为，若把《破恶声论》中对宗教的讨论和《摩罗诗力说》中对浪漫主义诗人的讨论联系起来，就会发现，鲁迅对浪漫主义诗人的讨论跟他对迷信宗教的讨论是一物之两面。在《摩罗诗力说》中，他把雪莱、拜伦等这些所谓刚健不屈的、反抗的诗人命名为"新神思宗"。那么，有新必有旧，谁又是"老神思宗"呢？这就是先民。② 在中国历史上，古人的日常生活与信仰生活相互渗透，而时人则以破除迷信亦即彻底的理性化标榜。"伪士"随波逐流，扮演启蒙者的角色，内心却无信仰、无创造性、无想象力。因此，鲁迅方说"伪士当去，迷信可存"。

　　西方古典人类学把对自然的崇拜看成低等崇拜，在黑格尔、韦伯的哲学或社会学传统中，现代社会的核心是理性化，而理性化的前提就是要与早期崇拜断裂。与之相对，鲁迅则把与现代理性相对的古人的思维、信仰、习俗、情感等都视为现代文化的根源。鲁迅认为，龙的神话、传说，是古代人民想象的产物，它与近代科学原理并不相冲突。他进一步肯定神龙这类原始人民想象的产物在人类文化史上的价值："……古则有印度、希腊，近之则东欧与北欧诸邦，神话古传以至神物重言之丰，他国莫与并，而民性亦瑰奇渊雅，甲天下焉，吾未见其为世诟病也。"这段话举出一些文明古国和现代文化比较发达的国家都有过或有着这类精神产物，但并不因此妨碍这些国家被作为进化的国家、民族看待。那我们为什么要因为有了神龙一类的神话、传说而感到羞耻呢？

　　　　夫龙之为物，本吾古民神思所创造，例以动物学，则既自白其愚矣，而华土同人，贩此又何为者？抑国民有是，非特无足愧恧已也，神思美富，盖可自扬。古则有印度、希腊，近之则东欧与北欧诸邦，神话古传以至神物重言之丰，他国莫与并，而民性亦瑰奇渊雅，甲天下焉，吾未见其为世诟病也。惟不能自造神话神物，而贩诸殊方，则念古民神思之

---

① 鲁迅：《破恶声论》，《鲁迅全集》（第 8 卷），人民文学出版社，2005，第 30 页。
② 汪晖：《声之善恶：什么是启蒙？——重读鲁迅的〈破恶声论〉》，《开放时代》2010 年第 5 期。

穷，有足媿尔。①

鲁迅的诘问是非常深刻的，其问题意识显得尤为发人深省。现代学人研究龙神话的实在不少，但却鲜有能达到鲁迅这般的思想深度，或能与之对话的著述。在鲁迅看来，学习西方的文明，如果不能了解西方的神话，就不能够了解文明的内涵。"本根剥丧，神气旁皇"，此"本根"就在古民的神思、神话、信仰、迷信、宗教，以及由此转化而来的文学、艺术和科学之中。毋宁讲，这些思想构成了他神话学的重要组成部分，只不过不属于后人热衷讨论的"神话"与"文学"的关系问题，鲜被关注。

鲁迅关于神话、宗教、迷信、龙崇拜等相关思想，是他解读现代社会的一个重要组成部分。他认为那些把"科学"当成教条、原理来对待的人，心智空虚迷茫，没有内在性，是"伪士"。科学以信仰为根据，因而科学和宗教、迷信，实际上是同根同源的。他认为人们的世俗生活与信仰的世界没有严格的区分，乡村小民的礼仪、习俗、道德和制度与宗教信仰融为一体，而"伪士"却在世俗化的名义下摧毁这一与信仰共存的世俗生活。对此，笔者甚至认为，鲁迅已经涉及对中国神话信仰世界的真正理解。例如他说："顾吾中国，则夙以普崇万物为文化本根，敬天礼地，实与法式，发育张大，整然不紊。"鲁迅指出了中国传统宗教信仰的特点，并认为有其合理性。再例如，鲁迅批判对认为只有西方的基督教才是合理的宗教（因为基督教是一神教），而中国传统宗教是"多神信仰，只能划入迷信的范畴"的论调，是一种奴隶思维。他对此反问："则敢问无形一主，何以独为正神？"②鲁迅认为并不能因为中国宗教与西方的宗教形式不同就贬抑中国传统宗教，他从宗教的社会功用的角度来论述宗教没有高下之分。"宗教由来，本向上之民所自建，纵对象有多一虚实之别，而足充人心向上之需要则同然。"③鲁迅指出了中国传统宗教是人们工作之余娱乐、休息的精神生活方式。

鲁迅已然深刻地揭示出既有的西方宗教学资源不足以诠释中国古代社会。传统中国既非人类学意义上的"部落社会"，又非社会学学者眼中的国家与社会全然对等的现代民族国家，也没有现代宗教学意义上的神话与神学，更没

---

① 鲁迅：《破恶声论》，《鲁迅全集》（第8卷），人民文学出版社，2005，第32～33页。
② 鲁迅：《破恶声论》，《鲁迅全集》（第8卷），人民文学出版社，2005，第30页。
③ 鲁迅：《破恶声论》，《鲁迅全集》（第8卷），人民文学出版社，2005，第30页。

有哲学意义上的"突破"期。如何理解与走进它的信仰世界？西方学者已经开始这种研究。比如李安宅的《〈仪礼〉与〈礼记〉之社会学研究》一书，旨在探讨古代中国观念之特征，突出"礼"的社会性。拉德克利夫—布朗（Alfred Radcliffe - Brown）认为礼仪比宗教更具有世界性的解释力。西方学者的中国礼学研究与整个西方人类学界重视礼仪研究相联系。"礼仪"一度成为人类学家的研究焦点，比如英国人类学家格拉克曼和特纳、美国人类学家格尔兹等。这些西方人类学家所理解的礼仪，不再放在社会之外，他们考察其对于社会的作用，将礼仪作为社会的构成方式，也将其作为社会生活的基本形式来阐述。除此之外，本土的社会学家、人类学家反思西方的人文学科理论，也聚焦中国文化的独特性——礼乐/礼制文化，将之作为揭示中国文化的管钥。比如费孝通先生在《乡土中国》中对"法"与"礼"的界定，将中国社会的礼乐特性视为异于西方以"法"为核心的现代性社会构建。这类研究皆摒弃西方神学、宗教观、理性主义观，试图寻找能将中国包括在内的历史经验，从其他部落仪式或中国礼仪的研究中反观或反思西方现代知识话语中的神圣论。

　　确实，不能不让人惊讶，鲁迅关于神话、迷信等方面的论述已经指向上述层面。这乃由一个深邃思想家的思考秉性所决定，它们并不经过严格的学科训练产生，不依傍于概念和方法的层层推演，而是隐匿和散落在思想者荆棘密布的思考丛林中，需要我们今天用专业的眼光将其辨识出来。正是因为鲁迅并非学院派的人类学者，而且没有经历"人类学的转向"洗礼，当具体到传统之"礼"的时候，他仍然是从一个文人的角度对此做猛烈的批判。比如鲁迅在《灯下漫笔》中就对"礼"造成的等级制的实质进行了入木三分的剖析。在鲁迅看来，"礼"不过是桎梏生命的枷锁而已，束缚了人的意志，扼杀了人的生命，磨灭了人的生机，更有甚者，使人心隔膜。尽管对"礼"的认识有此极端态度，鲁迅的神话学以及相关的文化思考，仍足以让我们掩卷沉思。最后要提及的是，美籍华人学者夏济安在《鲁迅作品的黑暗面》，日本学者丸尾常喜在其著作《"人"与"鬼"的纠葛》，汪晖在《鲁迅与向下超越——〈反抗绝望〉跋》[①]中皆谈及鲁迅精神世界与文学作品中的"鬼"与

---

① 〔美〕夏济安：《鲁迅作品的黑暗面》，乐黛云编《国外鲁迅研究论集1960～1980》，北京大学出版社，1981，第366～383页；〔日〕丸尾常喜：《"人"与"鬼"的纠葛：鲁迅小说论析》，人民文学出版社，1995；汪晖：《鲁迅与向下超越——〈反抗绝望〉跋》，《中国文化》2008年第1期。

"幽灵"。走进鲁迅的文字世界，不禁让人感叹鲁迅对人生与社会的感触是如此立体、诡谲、细腻。他借助神话对此世与往生的思考，对"人"与"生"的领悟，对人性的文化思辨，对社会世态的深切关注及批判，都是我们今日的学院化学术生产所无法达到的深度。也许，这些思考内容正是神话学最能打动人心之处吧！

第二节　神话研究与现代性诉求——以周作人为讨论中心

学界已经有不少文章勾勒周作人关于神话的研究脉络。在此基础上，笔者要追问的是，周作人为何要研究希腊神话，并深深沉浸于希腊神话之美中呢？他如此倚重当时的文化人类学有什么目的？与第一节对鲁迅神话思想的分析一样，笔者并不认为周作人对神话的研究仅满足于文学诉求。恰恰相反，他认为神话是超越了宗教、哲学和科学，是纯人文的。周氏的神话思想如何参与了对国民性的思想品评？他为何把中国民俗中的仪式、信仰纳入神话层面来思考？通过神话，他表达出对中国文化怎样的期望？诸如此类的追问，都指向分析周作人思想中神话的位置及其文化意义。

一　从神话比较到文化反思

1907年留学日本的周作人读到鲁迅回国前订购的美国人该莱（Gayley）编的《英文学上的古典神话》、法国人戴恩（Taine）编的《英国文学史》，开始对安德鲁·兰的人类学派神话学说有所了解。他根据安德鲁·兰和该莱的神话观点写了《三辰神话》，寄给鲁迅、许寿裳正在筹办的《新生》杂志，可惜《新生》胎死腹中，这篇文稿也没有问世。同年，在鲁迅的指导下，周作人以周逴的笔名翻译了安德鲁·兰根据荷马史诗编著的小说《红星佚史》（原名《世界欲》），并在该书前言中对安德鲁·兰做了简要介绍。1913～1914年他用文言文写作《童话略论》《童话研究》等文章，对安德鲁·兰的神话观点做详细阐述，其也是我国最早直接介绍人类学派神话学，并运用它来研究神话问题的重要论文。

安德鲁·兰的研究具有早期人类学派的特征，即运用进化论研究人类社会的起源和演变，认为文化都会按照同一条直线进化。这派研究认为利用神话等古代残留物可以重构文化及历史发展脉络，倾向于研究原始社会的习惯、神话和观念。作为最重要的西方神话学学者之一，安德鲁·兰的主要贡献在于确认了神话并不是印欧语族特有的产物，而是世界各地都有的文化实相。他通过对原始部落的调查发现了神话的相似性，认为马克斯·缪勒的"疾病说"不足以解释这些相似性。取而代之的是，他以当时的文化演化论为基础，发现"神话"是未开化民族野蛮习俗的根源。周氏虽然介绍安德鲁·兰颇多，但受鲁迅的影响，他在神话方面的许多观点与鲁迅如出一辙。只是由于他从译介以及神话比较的角度来介绍西方神话学，在当时更显得时髦，影响也更大。周氏于1944年在《我的杂学（六）》中说：

> 当初听说要懂西洋文学须得知道一点希腊神话，所以去找一两种参考书来看；后来对于神话本身有了兴趣，便又去别方面寻找，于是在神话集这面有了阿波罗多洛思的原典，福克斯（W. S. Fox）与洛兹（H. J. Rose）的专著，论考方面有哈利孙女士（Jane Harrison）的希腊神话论以及宗教各书，安特路朗则是神话之人类学派的解说；我又从这里引起对于文化人类学的兴趣来的。①

为此，除了安德鲁·兰，周作人还广泛搜集阅读其他的西方人类学著作，例如哈忒兰（Hartland）《童话之科学》、麦扣洛克（Macculloch）《小说之童年》、泰勒（Tylor）《原始文明》《人类学》，拉薄克（Lubbock）《文明之起源》、弗雷泽（J. G. Frazer）《金枝》《普须该的工作》（后改名为《魔鬼的辩护》）、威思忒马克（Westermarck）《道德观念起源发达史》与《结婚》等，在译介人类学派神话学方面做了许多工作。在研究方面，他写了《神话与传说》（1922年），《神话的典故》（1924年）、《神话的趣味》（1924年）、《神话的辩护》（1924年）、《神话学与安特路朗》（1944年）、《〈希腊神话〉引言》系列（1926年、1944年、1958年），以及《希腊神话》系列（1934年、1944年、1958年）等。他在《神话与传说》中对西方神话学各流派做过介绍，列出"退化说"四派：历史学派、譬喻派、神学派及言语学派、人类学派。② 另外，周氏对神话、传说、故事三个概念加以区别并指出其演变过程。

相比鲁迅或其他同时期学者，周氏对神话学的关注及研究显得更为突出。与鲁迅的神话观一样，他也视神话为文艺的源头，这也是当时欧美文化人类

---

① 周作人：《知堂回想录》，（香港）三育图书文具公司，1980，第682页。

② 原载于1922年6月26日《晨报副镌》，署名仲密。后以"神话的趣味"为题发表于1924年12月5日的《京报副镌》上，该文重申两大派五小派，后又增加了心理学的神话解释。

学的主流观点。与鲁迅、茅盾的神话观不同的是，周氏的神话研究还聚焦于文明比较。不过，与梁启超和蒋观云等人的研究不同，周作人的文明比较并不是从神话溯源，或是围绕创世神话来进行，而是通过"美学"途径开创了一种对现代性的认同及反思方式。

希腊文明与中国文明同样具有辉煌的过去和衰弱的现状，这样的共性激发起周氏的对比性思考。1921 年 9 月 29 日，他在《晨报》上发表《新希腊与中国》，认为新希腊与中国的相似之处有五点："狭隘的乡土观念"、"争权"、"守旧"、"欺诈"和"多神的迷信"。但希腊人又有一种"从先代遗留下来"的特性，即"热烈的求生的欲望"，希腊人对于生活有易卜生的所谓"全或无"的态度，所以他们仍然能在现代世界中占有地位，而中国人实在太缺少求生的意志。中国人是"植物性的"，只会以"平和耐苦自豪"，这实在非常危险。①再比如《在希腊诸岛》篇末尾，周作人"附记"了劳斯（W. H. D. Rowse）所翻译《希腊岛小说集》的序文。

> 希腊是古代诸文明的总汇，又是现代诸文明的来源，无论科学哲学文学美术，推究上去无一不与他有重大的关系。中国的文明差不多是孤立的，也没有这样长远的发展。但民族的古老，历史上历受外族的压迫，宗教的多神崇拜，都很相像，可是两方面的成绩却大有异。……希腊的民俗研究，可以使我们了解希腊古今的文学；若在中国想建设国民文学，表现大多数民众的性情生活，本国的民俗研究也是必要，这虽是人类学范围内的学问，却于文学有极重的关系。②

周氏当时正处于文学革命运动的主流之中，他对希腊神话的深切体认，正好为他建设国民文学的文艺理想提供了宝贵资源。1926 年 11 月 27 日，周氏在北京大学学术研究会上发表演讲，后以"希腊闲话"为题发表于《新生》第 1 卷 2 期（1926 年 12 月 24 日），他说："希腊文明的精神，很有许多表现在神话里面。这种精神的特点——也就是希腊人人生观的特点——有二：一

---

① 周作人：《新希腊与中国》，钟叔河编订《周作人散文全集》（第 2 册），广西师范大学出版社，2009，第 411～412 页。
② 周作人：《在希腊诸岛》，钟叔河编订《周作人散文全集》（第 2 册），广西师范大学出版社，2009，第 444 页。

是现世主义，二是爱美的精神。"① 进而，周氏对比了中国的社会与民众：

> 中国的现世主义是可佩服的。历史上的事我们不说，单看种种店号的名字，如长发，高升……无一不是表现现世主义。不过中国文明没有希腊文明爱美的特长，所以虽是相似，却未免有流于俗恶的地方。但是我们要了解希腊文明，也就不难了。②

周氏对中国文明的过去心存敬仰，但对中国文化的发展与现状充满了焦虑与不安。他欲从希腊神话与中国神话的对比来思考文明发展之所以然。周氏从神话精神的感悟进阶为对国民性的思想品评，这才是他思考神话的真正动力。他欲把中国民俗中仪式、信仰层面的内容纳入神话思考，从而追究"美"和"润泽"，这是他对中国文化的期望所在，也体现出他对中国现代性认同的独特性。

二 作为最高人文追求的神话

（一）优美的神话与迷信的神话

周氏最着力阐释的"神话"精髓是——优美的神话和有别于迷信的神话信仰态度。这显然和他同时代，以及后来的神话学者的研究兴趣很不一样。在《关于雷公》和《关于祭神迎会》这两篇文章中，周作人很集中地表达了自己关于中国人信仰世界及神话心理的观点：

> 这样的洒脱之趣我最喜欢，因为这里有活力与生意。可惜中国缺少这种精神，只有《太平广记》载狄仁杰事，（《五杂俎》亦转录，）雷公为树所夹，但是救了他有好处，也就成为报应故事了。日本国民更多宗教情绪，而对于雷公多所狎侮，实在却更有亲近之感。中国人重实际的功利，宗教心很淡薄，本来也是一种特点，可是关于水火风雷都充满那些恐怖，所有纪载与说明又都那么惨酷刻薄，正是一种病态心理，即可见精神之不健全。哈理孙女士论希腊神话有云：

---

① 周作人：《希腊闲话》，钟叔河编订《周作人散文全集》（第4册），广西师范大学出版社，2009，第836页。
② 周作人：《希腊闲语》，钟叔河编订《周作人散文全集》（第4册），广西师范大学出版社，2009，第839页。

"这是希腊的美术家与诗人的职务，来洗除宗教中的恐怖分子。这是我们对于希腊神话作者的最大的负债。"日本庶几有希腊的流风馀韵，中国文人则专务创造出野蛮的新的战栗来，使人心愈益麻木痿缩，岂不哀哉。①（《关于雷公》）

中国民间对于鬼神的迷信，或者比日本要更多，且更离奇，但是其意义大都是世间的，这如结果终出于利害打算，则其所根据仍是理性，其与人事相异只在于对象不同耳。大抵民众安于现世，无成神作佛的大愿，即顷刻间神灵附体，得神秘的经验，亦无此希求，宗教行事的目的非为求福则是免祸而已。神学神话常言昔时神人同居，后以事故天地隔绝，交通遂断，言语亦不能相通，唯有一二得神宠幸者，如巫觋若狂人，尚能降神或与相接，传达神意于人间耳。在中国正是道地如此，其神人隔绝殆已完遂，平时祭赛盖等于人世应酬，礼不可缺，非有病苦危急不致祈请，所用又多是间接方法，如圣筊签经，至直接的烦巫师跳神，在北方固常有之，则是出于萨门教，或是满洲朝鲜西伯利亚的流派，亦未可知。……②（《关于祭神迎会》）

看上文所记祭神迎会的习俗，可以明了中国民众对神明的态度，这或可以说礼有馀而情不足的，本来礼是一种节制，要使得其间有些间隔有点距离，以免任情恣意而动作，原是儒家的精意。所谓敬鬼神而远之，亦即是以礼相待，这里便自不会亲密，非是故意疏远，有如郑重设宴，揖让而饮，自不能如酒徒轰笑，勾肩扪鼻，以示狎习也。中国人民之于鬼神正以官长相待，供张迎送，尽其恭敬，终各别去，洒然无复关系，故祭化迎赛之事亦只是一种礼节，与别国的宗教仪式盖迥不相同。③（《关于祭神迎会》）

在这两篇文章中，周氏鲜明地批判了中国人"神"的世界。他认为国人并不真正具有神话精神，其要害在于"情"不足，"礼"太多。尤其与日本相

---

① 周作人：《关于雷公》，钟叔河编订《周作人散文全集》（第7册），广西师范大学出版社，2009，第221页。

② 周作人：《关于祭神迎会》，钟叔河编订《周作人散文全集》（第8册），广西师范大学出版社，2009，第788、789页。

③ 周作人：《关于祭神迎会》，钟叔河编订《周作人散文全集》（第8册），广西师范大学出版社，2009，第793页。

比较，中国人迷信和信仰世界的"情"不足，谈不上真正意义上的恭敬（仅是理性地希望求福免祸而已）。因而，他在《爆竹》（1957 年）一文中，借简·哈里孙的神话学思想表达了自己对信仰的理解：

> 英国一个希腊神话女学者曾扼要的说过："宗教的冲动单只向着一个目的，即生命之保存与其发展。宗教用两种方法去达到这个目的，一是消极的，除去一切于生命有害的东西，一是积极的，招进一切于生命有利的东西。全世界的宗教仪式不出这两种，一是驱除的，一是招纳的。饥饿与无子是人生最重要的敌人，这个他要设法驱逐它。丰穰与多子是他最大的幸福，这是他所想要招进来的。"人类本有求生存与幸福的欲望，把这向着天空这便是迷信，若是向着地面看，计划在地上建起乐园来，那即是社会主义的初步了。中国老百姓希望能够安居乐业，过去搞过各种仪式祈求驱邪降福，结果都落了空，后来举起头来一看，面前便有一条平阳大道，可以走到目的地去，那末何乐而不走呢？敬神没有用了，做炮仗是中国固有技术之一，仍旧制作些出来，表示旧新年的快乐与热闹，岂不正是很适宜的事情么？①

不妨说，周氏的"平阳大道"就拥有希腊神话所体现出的那种美好的心灵境界。否则，即使长生不老也毫无意义。正如他在《死之默想》中所流露的："对于'不死'的问题，又有什么意见呢？因为少年时当过五六年的水兵，头脑中多少受了唯物论的影响，总觉得造不起'不死'这个观念来，虽然我很喜欢听荒唐的神话。即使照神话故事所讲，那种长生不老的生活我也一点儿都不喜欢。"② 在周氏看来，日本文化则拥有这种情和美，即"富于人情"，他在《日本的人情美》中借和辻哲郎《古代日本文化》中的结论来表明这一观点：

> 《古事记》中的深度的缺乏，即以此有情的人生观作为补偿。《古事记》全体上牧歌的美，便是这润泽的心情的流露。缺乏深度即使是弱点，总还没有缺乏这个润泽的心情那样重大。支那集录古神话传说的史书在

---

① 周作人：《爆竹》，钟叔河编订《周作人散文全集》（第 12 册），广西师范大学出版社，2009，第 699 页。
② 周作人：《死之默想》，钟叔河编订《周作人散文全集》（第 3 册），广西师范大学出版社，2009，第 565 页。

大与深的两点上或者比《古事记》为优，但当作艺术论恐不能及《古事记》罢。为什么呢？因为它感情不足，特别如上边所说的润泽的心情显然不足。《古事记》虽说是小孩似的书，但在它的美上未必劣于大人的书也。①

可见，"优美"和"润泽的心情"才是周作人衡量神话的标准。

在这里，我们可以看出鲁迅与周作人在中国民间习俗以及"迷信"问题上态度的区别，甚至可以用截然相反来形容：有别于鲁迅要为"迷信"辩护，周作人却排斥迷信和神话。有别于鲁迅强调中国是比欧洲、伊斯兰社会更为宗教化的社会，周作人却批判中国人"神"的世界，认为中国人重实际的功利，宗教心很淡薄。周氏认为神话世界必须要"优美"，神话信仰里面要有足够的"情"。那么，是什么精神因素和旨趣使得周作人与鲁迅的观点如此不同呢？

作为五四新文化运动最重要的文人之一，周作人的任何主张与观念都不能就当下学科资源做单一解读，必须放入他的全面思想来考量。对周作人而言，优美的神话诉求不仅仅是他对文化人类学的兴趣使然，或者有文明比较优劣之用。放入周氏的整个文学观念，对希腊神话精神的推崇与他的文学诉求乃一体两面，共同反映出他对那个时代以及对中国文化的理解。

（二）无功利的纯人文神话诉求

周氏对"优美神话"的诉求深深镶嵌在他的"纯文学"观念中，这一观念乃是他文学革命最重要的武器。在 19 世纪末 20 世纪初，西方近代以来形成的"纯文学"和美学观念深刻地影响了包括王国维、周氏兄弟等在内的一代学人。早在 1908 年，22 岁的周作人就撰写了反映自己早期文学观念的《论文章之意义暨其使命及中国近时论文之失》。周氏强调"文章者，心非学术者也。盖文章非为专业而设，其所言在表扬真美，以普及凡众之人心，而非仅为一方说法"。除此，文章"必形之楮墨者"，是"人生思想之

---

① 周作人：《日本的人情美》，钟叔河编订《周作人散文全集》（第 4 册），广西师范大学出版社，2009，第 33 页。

形现"，不可缺少三状："具神思能感兴有美致也。"① 他在该文最后总结道："文章或革，思想得舒，国民精神进于美大，此未来之冀也。"② 周氏批判"宗经原道"，主张"美"的"纯文学"观念与十年后五四新文化运动中胡适、陈独秀、刘半农、郑振铎等人的观点非常相近。③ 但是，五四时期的周作人在此基础上，又较其他人激进。1918 年底，周氏在《新青年》上发表《人的文学》④，"正是从这篇文章开始，周氏被视为新文学理论先导者与杰出批评家的形象"。⑤ "人的文学"立刻成为当时的纲领性旗帜口号，是当时的新派作家都基本赞成的文学主张⑥，周氏认为从"人道主义"的角度来衡量，可看出"人的文学"在中国传统文学中极少，从儒教、道教出来的文章几乎都不合格，只是些"荒谬的思想而已"，所以现在需要的新文学必须以人的道德为本，记录理想的人生状态。⑦ 在这里，我们看到了周氏批判迷信，以及批判中国神话精神的内在动因。不过，周氏的思想转折也发生在这个阶段。

"人的文学"一方面延续了前期周氏所批判的"宗经原道"的功利文学观，但另一方面以"个人主义""人道主义"等鲜明口号反叛传统礼教和文学时，在某种程度上又与他早期的"无功利文学"观相左。当把文学意义锁定为"载体""工具""武器"时，与他所渴望的"纯文学"旨趣也有了差异。所以，当获得极高的认可和声誉时，周氏却很快开始反思自己的"战斗者"角色，对自己提出的"人的文学"和"平民文学"表

---

① 周作人：《论文章之意义暨其使命及中国近时论文之失》，钟叔河编订《周作人散文全集》（第 1 册），广西师范大学出版社，2009，第 96 ~ 98 页。

② 周作人：《论文章之意义暨其使命及中国近时论文之失》，钟叔河编订《周作人散文全集》（第 1 册），广西师范大学出版社，2009，第 115 页。

③ 详见陈独秀《文学革命论》《答胡适之》《答曾毅书》《学术独立》等文，可查阅《独秀文存》，安徽人民出版社，1987；刘半农：《我之文学改良观》，1917 年 5 月《新青年》第 3 卷第 3 号；郑振铎：《新文学观的建设》，1922 年 5 月 11 日《文学旬刊》第 37 期。

④ 《人的文学》一文发表于 1918 年 12 月《新青年》第 5 卷第 6 号。

⑤ 温儒敏：《中国现代文学批评史》，北京大学出版社，1993，第 31、32 页。

⑥ 此论源于材料：1919 年 5 月《新潮》第 1 卷第 5 号发表傅斯年《白话文学与心理的改革》，此文把胡适的《"易卜生主义"》《建设的文学革命论》、周作人的《人的文学》、陈独秀的《文学革命论》同视为"五四文学革命的宣言书"。此后，胡适在《〈中国新文学大系·建设理论集〉导言》里，也提出周氏的《人的文学》和他自己的《建设的文学革命论》是五四文学革命的纲领。

⑦ 周作人：《人的文学》，钟叔河编订《周作人散文全集》（第 2 册），广西师范大学出版社，2009，第 89 页。

示怀疑。① 继而，周氏将对纯文学性散文的热衷作为抵挡当时文学革命氛围下的功利化文学诉求的盾牌。在这一反思背景下，我们才能理解周氏的下列神话观点：

> 这种感觉，实在经验了好许多次。在这八个题目之中，只有末了的"神话的趣味"还比较的好一点；这并非因为关于神话更有把握，只因世间对于这个问题很多误会，据公刊的文章上看来，几乎尚未有人加以相当的理解，所以我对于自己的意见还未开始怀疑，觉得不妨略说几句。我想神话的命运很有点与梦相似。野蛮人以梦为真，毕开化人以梦为兆，"文明人"以梦为幻，然而在现代学者的手里，却成为全人格之非意识的显现，神话也经过宗教的，"哲学的"以及"科学的"解释之后，由人类学者解救出来，还他原人文学的本来地位。中国现在有相信鬼神托梦魂魄入梦的人，有求梦占梦的人，有说梦是妖妄的人，但没有人去从梦里寻出他情绪的或感觉的分子，若是"满愿的梦"则更求其隐密的动机，为学术的探讨者，说及神话，非信受则排斥，其态度正是一样。②

> 神话在中国不曾经过好好的介绍与研究，却已落得其多人的诽谤，以为一切迷信都是他造成的。其实决不如此。神话是原始人的文学，原始人的哲学，——原始人的科学，原始人的宗教传说，但这是人民信仰的表现，并不是造成信仰的原因。……我们研究神话，可以从好几方面着眼，但在大多数觉得最有趣味的当然是文学的方面。③

原来，周作人除了强调神话的文学性，还想给"神话"祛蔽。他并不仅仅认为神话是文学的，更认为神话超越了宗教、哲学和科学，是纯人文的。在周氏的思想里面，"纯人文"的意义并非文学本身，而是关乎中国现代文化

---

① 明显的标志反映在 1920 年 1 月周氏做了一次题为"新文学的要求"的演讲，鲜明地体现了他对自己此前文学观的纠偏。他认为自己以前提倡的"人的文学"虽然不乏"思想革命"之功，但作为纯粹的文学理论不免太急功近利。他强调："文学是人生的，非兽性非神性。文学是人类、个人的，而非种族、国家或乡土。"见周作人《新文学的要求》，钟叔河编订《周作人散文全集》（第 2 册），广西师范大学出版社，2009，第 207 页。

② 周作人：《济南道中之三》，钟叔河编订《周作人散文全集》（第 3 册），广西师范大学出版社，2009，第 432 页。

③ 周作人：《续神话的辩护》，钟叔河编订《周作人散文全集》（第 3 册），广西师范大学出版社，2009，第 398 页。

改造的大问题。他抬高希腊文化和希腊神话精神，乃是对整个中国文化反思和批判的一部分，也是他追求新的国民精神的桥梁，而非把"神话"归为文学，尤其是民间文学行列那么简单。

例如，他把道教对中国国民思想的影响概括为"萨满教徒的影响"。他说："中国据说以礼教立国，是崇奉至圣先师的儒教国，然而实际上国民的思想全是萨满教的（Shamanistie 比称道教的更确）。"① 周氏之所以认为萨满教的影响"比称道教的更确"，是为了强调中国"国民的思想里法术的分子，比宗教的要多得多"②。他认为当时中国人的野蛮思维根深蒂固地隐伏在现代生活里。"我们自称以儒教立国的中华实际上还是在崇拜那正流行于东北亚洲的萨满教。"③ 事实上，道教的主要来源之一就是中国古代的民间巫术，而现实生活中道教对中国民间的影响，也是与施行法术的民间宗教紧密联系在一起的。因此，周作人一再提示人们注意："中国人是——非宗教的国民。他与别国人的相差只在他所信奉的是护符而非神，是宗教以前的魔术，至于宗教的狂热则未必更少。"④ 这可能又是周氏有关神话的独特发现：因为按照一般人的理解，中国民族文化的最大特点是缺少宗教的狂热，而超于理性。周作人却认为，中国的儒家文化确实是"注重人生实际，与迷信之理性化"，具有"唯理的倾向"，这一点"与古希腊人有点相像"，"可以说是代表中国民族之优点的"。不过，周氏认为遗憾的是，在现实中国，"中国国民所有的只是道教思想，即萨满教"，"现在的中国早已没有儒家了，除了一群卑鄙的绅士与迷信的愚民"。⑤ 支配着国民的，已经是萨满教的（道教的）原始宗教（巫术）狂热。周作人列举了大量现实生活中"道教思想的恶影响，因为相指鬼神魔术奇迹等事，造成的各种恶果"，诸如"教案，假皇帝，烧洋学堂"，"打拳械斗，炼丹种蛊，符咒治病"等。周氏担忧"儒教会将改奉三官菩萨"，

① 周作人：《萨满教的礼教思想》，钟叔河编订《周作人散文全集》（第4册），广西师范大学出版社，2009，第295页。
② 周作人：《萨满教的礼教思想》，钟叔河编订《周作人散文全集》（第4册），广西师范大学出版社，2009，第295页。
③ 周作人：《回丧与买水》，钟叔河编订《周作人散文全集》（第4册），广西师范大学出版社，2009，第415页。
④ 周作人：《托尔斯泰的事情》，钟叔河编订《周作人散文全集》（第4册），广西师范大学出版社，2009，第68、69页。
⑤ 周作人：《清浦子爵之特殊理解》，钟叔河编订《周作人散文全集》（第4册），广西师范大学出版社，2009，第786、787页。

这些被变形的儒教"全是表示上流社会的教会精神之复活，狂热与专断是其自然的结果"①。这也是周氏借助神话研究进行国民性考察得到的主要结论。

三 在两种现代性之间的方案

前文已反复提及，由于周作人当时接受的神话学资源主要来自安德鲁·兰和剑桥神话学派（仪式神话学派）的代表人物简·哈里孙，因此周氏的神话观念强调进化论、文本化和故事性特征。不过，周氏并不是要像仪式神话学派那样热衷做田野调查，他只是要通过神话来论述自己对中国宗教、中国人之"神"的世界的理解。更重要的在于，周氏通过这些来描述对理想文化的追求。周氏的这条思考路径为我们提供了理解中国现代性转型与文化认同的视角。

对比前文所述周氏前后不同的人文理念诉求，不难看到，周氏对西方神话学的译介与了解，即1907～1914年，处于为"人的文学"主张做储备与铺垫的时期。而他真正关注希腊神话，并将中国神话与之相比较，发表对中国神话的看法集中在他追求"美文"及纯文学期间。例如《新希腊与中国》（1921年）、《神话与传说》（1923年）、《神话的辩护》（1924年）、《希腊神话》（1926年）、《习俗与神话》（1933年）、《关于雷公》（1933年）等。那么周氏对优美神话的追求，尤其是将神话精神作为最高的人文境界的时候，他是否在一种美学的话语中追求审美现代性，进而反对启蒙与理性呢？通过他的神话观念，至少我们不能简单地说五四新文化运动"所追求的现代性，从根本上说是启蒙（历史）现代性，而不是审美现代性"。② 晚清以降的西方势力入侵不可避免地激起了相应的民族主义和感情。对五四时期的知识分子来说，"西方"既是（帝国主义）敌人，也是（科学、民主）模范；而"中国"则既是爱国的感情依托，也是憎恶的落后对象。有学者强调"从'两种现代性'概念出发观察中国自己的现代性问题，其实并没有解决中国文学的诸多细节问题，为什么我们就不可以有我们自己的视角和概念呢？"③ 中国现

① 周作人：《读经之将来》，钟叔河编订《周作人散文全集》（第4册），广西师范大学出版社，2009，第62页。
② 洪峻峰：《启蒙现代性与"五四"文学的历史规定性》，杨春时、俞兆平：《现代性与20世纪中国文学思潮》，广西师范大学出版社，2005，第102页。
③ 李怡：《"重估现代性"思潮与中国现代文学传统的再认识》，《文学评论》2002年第4期。

代性转型有其独特内蕴，并非西方经典现代性理论中的"启蒙现代性"和"审美现代性"所能涵盖。

　　放入周氏的整体思想，他的神话观念与诉求表征出中国现代性文化认同的复杂与含混，非西方现代性文化建构中的"两个现代性"所能涵括。作为"现代性"范畴的重要组成部分，对"审美现代性"进行概念梳理需要长篇大作详论，在此不做细究。"审美叙事"或"审美现代性"的话语形态产生在"审美"成为一个独立的问题意识和范畴基础之后。此项工作发轫于康德，成立于鲍姆嘉通，完善于韦伯、卡林内斯库、哈贝马斯等理论家。与"现代性"概念一样，它也是一个复杂的家族相似性概念。笔者在本书中采用张辉教授的观点来定义：

　　　　我们这里所说的审美现代性，指称的是这样一种思想特性及其所产生的社会文化效应：它通过强调与科学、伦理相对的审美之维（或与之相关的艺术价值），以生命与感性的原则在现代知识谱系中为主体性立法、从而到达反对理性绝对权威与传统道德的目的。①

　　"审美现代性"对理性权威和传统道德的造反源于对现代性本身的批判。换言之，是现代性张力自身作用的结果，它相对于另一种现代性范畴——启蒙现代性而存在。在西方现代性发生的语境中，"在19世纪前半期的某个时刻，作为西方文明史一个阶段的现代性同作为美学概念的现代性之间发生了无法弥合的分裂。从此以后，两种现代性之间一直充满了不可化解的敌意"②，两种现代性是社会存在与其文化之间的紧张的历史，这种不和谐恰恰正是现代性所需要的和谐。

　　回到对周作人的论述来看，虽然周氏出于反对文学的功利性，强调纯人文性，追求平淡自适的审美境界的原因而关注神话，但是这种文学诉求的背后暗含着特殊历史情境中的浓厚政治性色彩。如果说胡适、鲁迅的现代性诉求带有"启蒙现代性"的色彩，那么显然不能说周氏不具有这种色彩，或是认为周氏的理论是对之批判的"审美现代性"。其实，周氏的神话诉求绝非只满足于纯人文意义上的美学话语，笔者更视之为"民族主义"话语策略。因

———————————

① 张辉：《审美现代性批判》，北京大学出版社，1999，第8页。
② 〔美〕马泰·卡林内斯库：《现代性的五副面孔：现代主义、先锋派、颓废、媚俗艺术、后现代主义》，李瑞华译，商务印书馆，2002，第47、48页。

为从五四新文化运动初期主张"人的文学"到后期的"自适文学"，周氏讨论文化的根本目的并未改变，仍是思考如何"竞于古文明种，各求其生命"的民族立场。从强调"革命"转为"复兴"，例如以晚明文学来论争"复兴"之说，其实彰显着他自己对传统的态度从"反叛"变为"选择"。这种转型是当时"思想文化界的大趋势"。① 例如1923年的周氏对乡土艺术的看重，强烈的地方趣味正是"世界的"文学的一个重大成分（《自己的园地·〈旧梦〉序》）。他所向往的"世界民"，最终想要的是使中国进入世界这一"大林"中。然而，到1924年，周氏的世界主义已收小范围，修改为"亚洲主义"。辛亥革命前的"黄白种争"的潜台词已忽隐忽现。再到1925年，"我的思想今年又回到民族主义上来了"（《雨天的书·元旦试笔》）。当这些观念零碎地表现在周氏的神话思想中时，很容易用"文学性"去定位，而忽略他的政治认同性。十年前，笔者在拙著《叙事的神话——晚明叙事的现代性话语建构》中，曾通过周氏的"晚明叙事"来说明这点。② 在《〈陶庵梦忆〉序》中，我们能看到周氏的基本文化立场，现摘录如下：

> 我并不是因为民族革命思想的影响，特别对于明朝有什么情分，老实说，只是不相信清朝人——有那一条辫发拖在背后会有什么风雅，正如缠足的女人我不相信会是美人。
>
> ……
>
> 明朝人即使别无足取，他们的狂至少总是值得佩服的，这一种狂到现在就一点儿都不存留了。不知从什么时候起的，绍兴的风水变了缘故罢，本地所出的人才几乎限于师爷与钱电官这两种，专以苛细精干见长，那种豪放的气象已全然消灭。③

"狂"代表了周氏对明朝精神的概括，暗含了他对自己所处时代的失望。这样的情绪典型地体现出晚清以降所盛行的汉民族主义观念：认为明朝与清朝是进步与倒退、正当与反动的关系，将当时内忧外患的国情视为清朝反动

---

① 陈平原：《中国现代学术之建立——以章太炎、胡适之为中心》，北京大学出版社，1998，第260页。

② 谭佳：《叙事的神话——晚明叙事的现代性话语建构》，中国社会科学出版社，2009，第116～118页。

③ 周作人：《〈陶庵梦忆〉序》，钟叔河编订《周作人散文全集》（第4册），广西师范大学出版社，2009，第831页。

统治的结果，因而在反清反帝的诉求中渴望民族国家的振兴与强大。然而，周氏的排满意识还并不只是一种狭隘的民族主义倾向，也无意借此消灭或驱逐满族。深究之，周氏的根本目的是要建立新的现代的民族国家，从而让中国走上富强兴旺之路。周氏十分爱戴的老师章太炎就曾很明确地表达过这种观点：

> 所谓排满者，岂徒曰子为爱新觉罗氏，吾为姬氏、姜氏、而惧子之戮乱我血胤耶？亦曰覆我国家，攘我主权而已。故所挟以相争者，惟曰讨国人，使人人自竞为国御侮之术，此则以军国社会为利器，以此始也，亦必以终。①

受章太炎思想的影响，周作人从少年时期开始思考社会历史和人生问题时，基本出发点便与当时的历史背景紧密相连，即 1894～1895 年中日甲午战争的失败以及随后掀起的帝国主义瓜分中国的狂澜。推而论之，可以说周氏这代知识分子都面临着一个重大的历史课题："如何正确地接受西方文化（包括日本文化）的影响，同时又不成为其附庸，保持思想文化上的独立性。这个问题缠绕了周作人一生，留下了许多足以使后人深思、警觉的东西。"② 本书一再强调，周氏关注神话绝非出于简单的文学兴趣，或是只强调神话的文学性。"神话"与对文学、人文的追求一起，构成了周氏对中国现代文化以及民族认同的复杂面相。换言之，中西裂变和古今转型的缠绕，从渊源问题上决定了周氏关注神话的动机和旨趣。从表面上看，周氏是在吸取西方文化人类学，以及日本民俗学的资源，但在重新理解中国文学渊源和中国文化精神的过程中，"神话"与西方、日本和中国之间是跨越时空的共鸣和对话关系，这也是他在对中西资源的判断和把握中角逐权衡，在民族意识和自我意识之间不断矛盾和对立的过程。"神话"与"中国"也因此不仅是译介或套用，而且是相互通融后能重新建构的话语资源。这些既显示出周氏在强调民族性和传统文化的价值，又体现出"传统"追溯背后乃是被"西化"后的现代性追求，只不过周氏认为这个追求可以借助传统的资源到达。因此，周氏的神话观念看似为了人文和审美生存而建构，但因浓厚的"民族"立场而削弱了纯

---

① 章太炎：《〈社会通诠〉商兑》，《章太炎全集》（第4卷），上海人民出版社，1985，第332页。

② 钱理群：《周作人研究二十一讲》，中华书局，2004，第14页。

粹"审美"的旨趣。例如周氏明确表示他的民族主义立场，以及认为晚明乱世让他有种"亲近之感"，而在乱世中自适的公安派也成为他的精神寄托与理想象征：

> 公安派也是如此，明季乱世有许多情形与现代相似，这很使我们对于明季有亲近之感，公安派反抗正统派的复古运动，自然更引起我们的同感，但关系也至此为止。……我佩服公安派在明末的新文学运动上的见识和魄力，想搜集湮没的三袁著作来看看，我与公安派的情分便是如此。
>
> ……
>
> 中国现在尚未亡国，但总是乱世罢，……不佞非公安派而不能逃亡国之音之谶者亦是时也命也。吾于是深有感于东北四省之同胞，四省之人民岂愿亡国哉，亦并何尝预为亡国之音，然而一旦竟亡。亦是时也命也。①

周作人的神话观念体现了一代中国学人对历史以及"中—西"文化的双重态度：一方面，与所谓"旧传统"千丝万缕的关系让他们无法真正寄情于西方的文化；另一方面，在回归传统的同时，他们也在修正传统。因为随着现代性转型的发生，无论是西学冲击还是国学的自身转换，"进化论""民族主义"等基本的理论都已经根深蒂固于时人心中，在此主导下所形成的新研究范式远离了传统本身，就像一条越想靠近却离之越远的不归之路，"传统"或西方术词在现代性话语的"隔阂"下，往往只能作为认同武器而策略性地存在。

学术界不断讨论和思考五四运动的性质，一般都认为它具有启蒙意义。作为五四新文化运动主将的周氏，不仅追求启蒙意义上的个体解放，通过他的神话学观念，我们可看出，他同时也在对"启蒙"进行反思和纠偏，即对纯粹理性之主体性建构进行反思和批判，这已经不是西学语境中的"启蒙现代性"所能涵盖的。同时，周氏的神话观念也不具备西方语境中的"审美现代性"特征。正如李欧梵教授所指出的，在中国基本上找不到"两种现代性"的区别："大多数中国作家确实将艺术看做一种中国从黑暗的过去导致光明未来的集体工程的一部分，即使当'五四'作家在某种程度上与西方美学的现代主义那种艺术上

---

① 周作人：《重刊〈袁中郎集〉序》，钟叔河编订《周作人散文全集》（第6册），广西师范大学出版社，2009，第406、407页。

的反抗意识声称相通时，他们也并没有抛弃自己对科学、理性和进步的信仰。"①五四学人在高呼西化、倡导现代新道德和新文学的同时，其实也扮演了文化民族主义者的角色，即希望建构一个能在现代世界竞争中有"中国性"的自主独立社会，而"自主独立"的诉求始终以不可逆转的"进步"发展观为信仰。"进步"的信仰包含了对民族独立和个体解放的双重诉求。

　　鲁迅和周作人都是借神话来体现他们对现代"进步"观的主张：现代不仅意味着比过去更好，而且它就是通过与过去（传统）的对立或分离来确定自身。在这种观念形态中，"现代"（它常常又被等同于"西方"）已被它的追随者特殊化为一切普遍的进步动力的当下表现；而"传统"也因为代表着落后而在其信徒心中受到削弱。② 然而鲁迅又不满"进步"，所以借"神话"来呐喊助威，希望对"伪士"当道的社会进行纠偏。周作人同样不满"进步"的现代文化，借"神话"来追求理想的文化，这也是这段学术史带给我们的反思所在。

第三节　中国神话学建构中的民族主义

　　对于今天的中国人来说，一方面，"中国"意味着是在现代世界体系中的一个"民族国家"（nation-state），社会文化发展趋势正不断迫使我们正视、强化、迎接、适应这个世界体系。另一方面，这个世界族群冲突、国家之间的利益和矛盾又在促使我们不断深化"民族国家"的自我认定与角色担当。我们很容易将正在经历的这个世界视为本然。但是，近代以前，在中国人的心目中，"中国"是"天下"的中心。"天下"不是一个纯粹的地理空间的概念，而是一个历史文明的概念。"传统中国并非一个'民族—国家'，而是一个'文明—国家'。"③ 若以现代的国家认同理念来衡量，历史上的"中国"是一个外延未被严格界定的实体和概念。传统中国往往"重民"、重文化认同胜过"重土"，边界的不确定并不影响"中国"概念的完整性。内外观念、中央四方论、夷夏之辨才是这个"文明体"的核心观念。④ 邢义田先生认为，古

---

① 李欧梵：《现代性的追求》，生活·读书·新知三联书店，2000，第 178 页。
② John Hutchinson，"Cultural Nationalism and Moral Regeneration"，pp. 129 – 130，转引自张汝伦《现代中国思想研究》，上海人民出版社，2001，第 177 页。
③ 李培林：《社会学与中国社会》，社会科学文献出版社，2008，第 59 页。
④ 罗志田：《先秦的五服制与古代的天下中国观》，罗志田：《民族主义与近代中国思想》，（台北）东大图书公司，1998，第 14 页。

代中国人"将中国看成一文化体系，而不是一定的政治疆域"①，古之"中国"认同与现代"中国"之间有很大的差异。黄兴涛先生曾评论：

> 在传统中国，虽然很早就有"族"、"族民"、"族类"等词汇，甚至也有"民族"一词，但用来指称某一个具体民族、又能蕴涵其一般性现代抽象含义的"民族"概念，却是在晚清时期才得以较多出现的。它的流行使用，更是戊戌时期特别是20世纪初年之后的事情。在19世纪末和20世纪最初的几年里，中国新式知识分子正是通过使用从日本传入的现代"民族"和"民族主义"等概念，最终在较为完整的意义上确立了现代"民族"观念和意识。其中，一部分汉族知识分子因之开始鼓动"反满"民族革命，另有一些新知识人则由此看到了国内各民族分裂和内乱的危险，并自觉激发出中国境内各民族一体化融合的"大民族"情思。在后一方面，梁启超堪称时代的先觉。②

当这套庞大的古代"中国"价值体系遭遇现代社会转型、国家观念与思想建构时，必然会激荡出许多冲突、调试与改变。那个时代的思想家们所寻觅与努力的终归是如何面对古—今、中—西的价值冲突与抉择。在此视角下反思中国神话学的功能与作用，能看到除了被还原成普通历史的"上古"，还有作用于现代性认同的一面。从晚清到20世纪三四十年代，那些经历过甲午战争、八国联军入侵、中日战争、科举废除、清王朝崩溃等系列中外冲突的思想家，其神话研究绝不会仅是学科内的知识生产，而是直接或间接地参与了那个时代的思想建构。有的侧重借神话完成"国家—民族"的现代认同，如章太炎、梁启超、茅盾、闻一多等；有的侧重借"神话"达成"个体—自由"的现代认同，如周氏兄弟。仔细梳理他们内在的学理资源，简单的"集体"或"个人"维度并不能囊括。他们在研究资源、路径与旨趣、目的之间，往往呈现出矛盾或是相抵触的地方。这些面相的复杂呈现表征出现代中国文化认同与民族主义建构的不同方式与途径。我们今日既可借助西方相关理论来分析审视，同时这些理论又都无法准确定义相关现

---

① 邢义田：《天下一家——中国人的天下观》，刘岱总主编《中国文化新论·根源篇：永恒的巨流》，生活·读书·新知三联书店，1991，第425页。

② 黄兴涛：《民族自觉与符号认同："中华民族"观念萌生与确立的历史考察》，郭双林、王续添编《中国近代史读本》（下册），北京大学出版社，2006，第672页。

象，其间的缝隙与皱褶之处正是我们反思中国现代认同与现代性的有效路径。

一 现代民族主义的两种建构方式

民族主义是什么？盖尔纳说："民族主义首先是一条政治原则，它认为政治的和民族的单位应该是一致的。"[①] 凯杜里认为，作为产生于近代欧洲后来又传布到全世界的三种具有巨大影响的意识形态之一，民族主义首先是一种学说，该学说认为，人类自然地划分为不同的民族，这些民族由于某些可以证实的特性而能被人认识，政府的唯一合法形式是民族自治政府。[②] 简言之，民族主义追求民族单位与政治地位的合二为一，即诉诸建构一个民族、一个国家。在关于民族主义的界定与划分中，最有名、影响最大的当属汉斯·科恩（Hans Kohn）的"二元划分"（Dichotomy）。1944 年，科恩发表了 *The Idea of Nationalism：A Study in Its Origins and Background*，这部"堪称民族主义研究经典的著作"[③] 将民族主义做了二元划分：西方的（Western），非西方的（non-Western）或东方的（Eastern）。西方的民族主义与"好的"民族主义相对应，非西方的民族主义与"坏的"民族主义相对应。晚近的学者，一般用自由主义民族主义（Liberal Nationalism）或公民民族主义（Civic Nationalism）与族裔民族主义（Ethnic Nationalism）来概括这种二元划分。马雪峰博士在《民族主义：概念与分类》一文中对科恩思想有详细介绍。在科恩的分类中，西方的民族主义是原初性的民族主义，源自本土思想，其在智识上以 18 世纪的启蒙运动为基础，其形式是在共同法和共有领土范围内的公民理性联合，强调理性和个人自由，是着眼于未来的、向前看的，其本质是普适主义的，以世界的团结为目标。因此，西方的民族主义是一种政治现象，其先于或至少与民族构建（Nation Building）同步。与此相对，东方的民族主义，多是由西方传入的外来的思想。与西方民族主义强调理性和个人自由相比，东方民族主义更强调非理性的浪漫主义和作为集体的群体权利。在形式上，东方民族主义建立的

---

① 〔英〕厄内斯特·盖尔纳：《民族与民族主义》，韩红译，中央编译出版社，2002，第 1 页。

② 〔英〕埃里·凯杜里：《民族主义》，张明明译，中央编译出版社，2002，第 1 页。

③ 《纽约时报》的书评评价说科恩的书是有关民族主义意识形态起源"最有才气的、涉及最广和最为深刻的分析"。Schuman, Frederick L., "Review of Hans Kohn, The Idea of Nationalism", *New York Times Book Review*, 30 April, 1944.

基础是对共同文化和族群本源的信仰，其强调的是虚构的英雄和神秘的过去，是向后看的，其合法性不在于未来强调理性和个人自由的联合，而是过去共同的文化和族群本源。因此，在东方式民族主义的视野下，民族是一个有机、完整和超越个体的整体，群体成员资格以血统为基础，自出生起就被打上了永久性的民族烙印。根据沃尔夫（Ken Wolf）的总结，科恩有关两种民族主义的分类，可大致概括如下（见表3－1）。

表3－1　科恩的民族主义分类①

西方民族主义	非西方民族主义
1. 兴起于具有强大的中产阶级的地区	1. 出现于中产阶级较弱的地区
2. 在智识上建基于18世纪的启蒙运动；强调理性和个人自由为进步之基础	2. 是对启蒙运动的一种反动；强调非理性的浪漫主义和群体或集体单元为进步之基础
3. 强调未来，是向前看的	3. 强调想象的英雄和常常是神秘的过去
4. 源自本土，是原初性的发展	4. 来自西方
5. 倾向于限制国家的权力	5. 倾向于颂扬国家的权力
6. 以世界的团结为目标（普适性的得救信仰）	6. 是狭隘而排外的（民族的得救信仰）

　　与科恩的划分相映衬，罗志田先生也将近代中国的民族主义分为两大类——"内倾"和"外向"。法国民族主义以内倾为特点，与以外向为特点的德、意民族主义有相当大的区别（仅就特点而言，并不否认它们各自有"内倾"与"外向"的两面）。前者主要针对的是既存的政权，故民主（或晚清人爱说的"民权"）倾向甚强；后者主要针对的是外族的威胁、征服和占领，集体意识占上风。② 笔者将其归纳如下（见表3－2）。

表3－2　罗志田的民族主义分类

内倾的民族主义（法国）	外向的民族主义（德、意）
针对政权，强调民主（民权）、自由、解放	针对抵御外族，集体意识占上风

　　综合上述两种分类方式，大致可说民族主义建构有两种范式：（1）强

---

① 转引自马雪峰《民族主义：概念与分类》，《西北民族研究》2013年第6期。
② 罗志田：《民族主义与近代中国思想》，（台北）东大图书公司，1998，第11页。

调集体主义，重视国家权力和民族历史。（2）强调个人价值，重视民主和
自由。

晚清以降亟须建构的中国民族主义，以及要建立的新型国家形态，究竟
以什么为认同基础？是强调理性、个人自由？还是共同的历史、文化和源
头？在20世纪40年代的战争时期，又是什么能动员当时的各族各阶层人民
一致对外？在历来的研究中，"神话"往往成为被忽略的对象。但是，正是
围绕神话以及相关的问题丛进行的探讨，深刻地影响了中国一个多世纪的文
化与历史，形塑了今日的现代中国观念。有学者认为："在中国，民族不是
近代的产物，民族主义亦未必随现代化而加强。中国人的精神并不是科学、
哲学、神学或任何一种'主义'，而是一种心境。民族主义过去、现在和未
来都不可能成为大多数中国人的主要信念，不可轻视，亦不必恐慌。"① 该
观点犀利地指出了解读中国文化并不能简单地套用西学各种思潮与"主义"。
然而，具体到"民族主义"和中国神话学的建构，我们还是能看到一条诉诸
国家与民族的主线。

笔者认为，虽然五四文化运动以后，中国的知识界呼吁个人解放、个体
价值，但就神话学研究而言，无论是晚清还是五四，直至抗日战争时期，乃
至新时期的神话学研究，其所折射出来的"国家—民族"建构一直是主流。
这促使我们反思"个体""民主"等强调人权的现代认同方式于中国土壤的适
应性问题。日本思想家伊藤虎丸从鲁迅对待西方文化的特殊方法上受到启示，
进而来思索整个亚洲的问题，思考如何把造就西方近代的"个人主义"思想
变成自身的东西，如何以此为出发点，创造出富有本国特色的民族文化。两
相对照，让我们不得不反思：貌似不容置疑的西方现代性文化中的那些经典
命题，如何具有中国本土化的有效性？同时，中国本土文化理论的生命力又
如何具有普适性的张力？神话研究能为这些问题意识做些什么推进？这是我
们今日研究中国神话学需要面对的问题。

1991年，英国伦敦经济学院的教授安东尼·史密斯在其名著《民族认同》
一书中指出："民族及其认同的结构非常复杂，包含一些相互关联的组成部
分，如族群或种族（Ethnic）、文化、领土、经济和法律政治诸方面。"具体地
说，主要包括五个方面的内容：（1）历史形成的领土；（2）共同的神话传说

① 易华：《中国民族主义——从归纳到演绎的尝试》，易华：《夷夏先后说》，民族出版社，
2012，第204页。

和历史记忆；（3）共同流行的大众文化；（4）所有成员所具有的法律权利与义务；（5）共同的经济。① 在此基础上，史密斯又根据其具体组合特征，将其概括为两种认同形式：一种是"公民的"和"领土的"，另一种是"族群的"或"种族与血缘谱系的"（Genealogical），并认为在实际社会的个案中，这两个维度的内容总是以不同的比例混合在一起，有的情况是第一种比较重，有的情况是第二种比较重。中国学术界习惯于把民族主义视为西方社会的产品，认为它随着欧洲国家的全球扩张而播散到全世界。这类研究最有代表性的就是沈松侨先生的《我以我血荐轩辕——黄帝神话与晚清的国族建构》一文。② 针对这些主流论调，葛兆光教授试图以流行的"唐宋变革论"为基础，找出大量证据说明民族观念在宋代士大夫群体中已然十分普及，近代中国引入的只是"民族"这个术词，并非民族意识。③ 受上述西学理论及国人的观点争锋的启发，笔者认为中国的民族主义有鲜明的西学因素，甚至不乏套用和挪用，这从章太炎、梁启超和周氏兄弟等大家的神话研究中可见一斑。但与此同时，他们的民族主义诉求又与西方和日本不同，它纠缠在"神话—古史"的对立交织中，始终围绕国家权力、集体主义进行表述。比如清末民初的神话研究实际上杂糅了两大部分：在历史叙事上中国源头溯及了轩辕黄帝，却摒弃了黄帝纪年而代之以民国纪年；为了协调其中的矛盾，又把黄帝从汉族始祖扩大到中国境内诸民族的共同始祖。围绕这些现象，笔者将这些表述细分为以下三种类型。

第一种：神话与民族起源/文明溯源。

第二种：神话与共同文化信仰。

第三种：神话与民族精神建构。

面对百年来的研究史，下文无法详列以上这三种研究类型，仅择取颇具代表性的人物或观点做剖析。

二 神话与民族起源/文明溯源

关于梁启超、蒋观云二人对"神话"的引进和运用旨在为中国境内的不

---

① Anthony D. Smith, *National Identity*, London: University of Nevada Press, 1991. pp. 14–15。本书对安东尼·史密斯观点的摘录部分，也可参见马戎《评安东尼·史密斯关于"nation"（民族）的论述》，《中国社会科学》2001 年第 1 期。

② 沈松侨：《我以我血荐轩辕——黄帝神话与晚清的国族建构》，《台湾社会研究季刊》1997 年第 28 期。

③ 葛兆光：《宅兹中国：重建有关"中国"的历史论述》，中华书局，2011，第 41 页。

同族群寻找共同的文化渊源、建构新的中华民族之历史渊源等内容，本书的第二章已有论及，他们的相关学术实践与前文所勾勒的"集体主义"认同方式相吻合。尤其蒋观云借用拉克伯里的观点重新打造"西来说"，用新的神话叙事建构中华民族一统的源头与历史可靠性。不妨说，在清末民初，我们几乎找不到比神话更有效的资源去解构"华夷之辨"的价值观，找不到比神话研究更有效的视野去统摄上古无法确认的事件及其意义，也找不到比神话更有效的力量去构建一个延绵几千年的统一民族历史。

　　华夏认同的既定资源在近代发生了重大的变化，"血缘"的重要性日益凸显，甚至超过"文化"，成为"辨种族"首先要考虑的因素。时至1924年，孙中山在广州做"三民主义"的演讲时，仍称"血统的力是很大的"。然而，"血统"归属却很难以自然科学加以实证，追溯祖源成为实现认同的唯一方法。因此，19世纪末至20世纪初，风靡一时的"民族起源说"实为民族主义话语建构的典型表现。19世纪后半期，在沿海的租界已经有西方的传教士开始向中国信徒传授与传统的"黄帝说"不同的中国民族史。例如宣扬中国的原住民是作为蚩尤（三苗）后裔的"苗人"，而中国人（今天的"汉族人"）是后来移居中国的"挪亚"（诺亚）的后裔。1882年，一位名叫威廉臣（Williamson）的苏格兰教士，在上海出版了中文著作《古教汇参》。这本书描述了上帝创造人类、亚当与夏娃的乐园放逐、洪水淹没旧世界、诺亚子孙的繁衍、巴别塔工程和人类语言分化等，都来源于基督教世界的创世神话。[1]威廉臣将这些神话叙事（虽然在他眼里是一种具有普遍性的历史叙事）与上古历史相结合，创造出被称为旧人类的"苗人"被作为新人类的"中国人"驱逐的故事，提出了有关中国民族起源的新观点。

　　借神话传说来指向"民族"或"人种"问题，并聚焦在所谓的"创世神话"上，这股研究热潮在晚清的影响很大，将此途径体现得最充分的是苏雪林的神话研究。例如苏雪林在《〈楚辞·九歌〉与中国古代河神祭典的关系》中用神话学的方法来论证"九歌完全是宗教歌舞"，以达"溯本清源之道"。她具体用古希腊、古希伯来、印度、日本、南太平洋、墨西哥等多地神话和仪式来阐释《九歌》中涉及的人牺、禳解、谢神、赎

---

① 《古教汇参》的相关内容参见〔日〕吉开将人《民族起源学说在20世纪中国》，《复旦学报》（社会科学版）2012年第5期。

罪、河神等问题，从而归旨到世界同源，尤其同出巴比伦的观点。直至新时期，仍有很多神话聚焦于探讨文明起源和文化互动问题。具体表现在以下几方面。

（一）巴比伦说

在这方面有较大影响的是何新的《诸神的起源——中国远古太阳神崇拜》一书，此书共出三版，其影响可见一斑。何著的特点在于既探讨中华民族的观念、神话信仰和思维特点等问题，同时又希望实证中华文明的起源问题。何著的立论基础是太阳神话起源一元论，进而探讨民族文化之根，民族历史最深层的结构。在研究方法上，他运用古文献和考古资料、古语言文字做论证。例如认为伏羲的真相是太阳神羲和，伏羲的第二个名号为太昊，或称帝喾和帝俊。上古时代的太阳神，既是伏羲，又是太昊，他们是同一神即太阳神的变名。中国华夏族自称"华族"，即崇拜太阳和光明的民族。然后，何著又讨论了与伏羲交尾的女娲，认为她是月神。后起的西王母之配偶东王公，也就是太阳神伏羲或黄帝。由太阳神崇拜发展到月神崇拜，由一元崇拜到二元崇拜，也就是中国古代哲学中阴阳二元观念之原始。① 根据阴阳二元之观念，何著进一步讨论了龙和凤的起源。通过对古昆仑位置的考证，他认为儒家的根本思想"乃是生发于'生殖崇拜'观念。而崇拜生殖的观念，正是中国文化最深层的结构之一"②。在该书附录的第12篇中，他对西亚和印度文化对世界文明的贡献做了充分的评价，认为"文明起源于现今的西亚、两河流域，也就是伊拉克、叙利亚和伊朗这三块地方交界处，历史上叫做两河流域，古代叫做美索不达米亚。大约距今一万二千年"③。"中国古老的文化早就融合了来自西域的文明"④，"盘古的原型是印度的梵天和西亚的开辟神'BAU'，通过印度到东南亚的通道，于东汉末年进入中国岭南、四川和江南地域"⑤。诸此种种观点，其实重新拾回了最初的"巴比伦说"。

---

① 何新：《诸神的起源——中国远古太阳神崇拜》，光明日报出版社，1996，第91～92页。
② 何新：《诸神的起源——中国远古太阳神崇拜》，光明日报出版社，1996，第193页。
③ 何新：《诸神的起源——中国远古太阳神崇拜》，光明日报出版社，1996，第359页。
④ 何新：《诸神的起源——中国远古太阳神崇拜》，光明日报出版社，1996，第366页。
⑤ 何新：《诸神的起源——中国远古太阳神崇拜》，光明日报出版社，1996，第十二章，第235～250页。

（二）印度说

著名的神话学家丁山先生所著的《中国古代宗教与神话考》一书，虽然早在 1961 年就已由龙门联合书局出版，但真正发挥影响还是在 1988 年上海文艺出版社重新影印之后。该书多次将中国与印度相比较，认为印度古代宗教以四大种子为万物成因的理论，是由初民的自然崇拜蜕变而来。他对先秦诸子不同的五行学说做了考证，认为它们蜕变于"四大种子的崇拜，其思想源远流长"。[①] 在考证昆仑山问题时，丁著非常明确地表达了"印度起源论"。他将《山海经》《淮南子》对昆仑山的描述和印度古籍对须弥山的描述做了对比研究，共列举出 14 条来说明其相似性并得出结论："由此比勘的结果，现在我们可以论定，战国诸子所传说的昆仑山，实与印度须弥山王神话同出一源。但是须弥山王神话，传说自大史，大史颂演自《奥义书》，其思想皆有迹可循；在中国庄周、屈原以前，虽世有祭岳大典，决不见昆仑神话，因此敢再论定昆仑神话是婆罗门教徒由印度输入中国的。"[②]

（三）环太平洋文化说

继 20 世纪三四十年代的研究后，凌纯声先生在 1979 年出版的《中国边疆民族与环太平洋文化》中提出："亚洲地中海的大陆沿岸，为环太平洋古文化的起源地，中国古史称之为夷（夷即为海）的文化，故可名之为海洋文化，其民族北曰貊，南曰蛮或越。"[③] 在大陆学界，将环太平洋文化的神话研究做得最充分的是萧兵先生。萧兵先生著述颇丰，有《楚辞研究》系列七种，《中国文化的人类学破译》系列四种，《中国小说的人类学趣读》系列四种，《中国文化的精英》《傩蜡之风》《神话学引论》等近二十种。这些著作皆能体现他的"神话—古史"研究特点。萧先生早在 1987 年出版的《楚辞与神话》的"引论"《〈楚辞〉民俗神话与太平洋文化因子》开篇指出：

> 人类文化是一个广袤而又绵密的大系统，各子系统和系统诸元素之间各自独立而又互相制约。纯粹孤立和封闭的特例不是没有，只是罕见，

---

① 丁山：《中国古代宗教与神话考》，上海文艺出版社，1988，第 19 页。
② 丁山：《中国古代宗教与神话考》，上海文艺出版社，1988，第 514 页。
③ 凌纯声：《中国边疆民族与环太平洋文化》，台北联经书局，1982，第 343 页。

而且贫弱。中国上古文化和楚文化不能例外，它们不是游离于人类文化系统之外或完全封闭的孤立系统。只有把楚文化、楚辞文化放在广阔的人类文化背景之前，尤其是放在相生相克的邻近文化系统和亲缘文化的系列之中，才有可能破译它素称难解的密码，才能"显现"或表述它貌似平常，实则奇奥的"潜信息"。①

在文明的划分观念上，萧氏根据"海洋文化"概念，把世界文化界划为"地中海—大西洋"、"印度洋"、"北冰洋"和"太平洋"四大文化区间。他把中国上古文化研究放置于太平洋文化或泛太平洋文化的宏观空间，更兼顾其他文化区间的文化迹象及趋同性质，进行广泛的文化比较和参照，呈现潜隐于深层的内在密码。例如，萧氏认为《楚辞》中潜藏着一个太阳崇拜系统，这些文化迹象从《离骚》《大招》《九歌》等中均可获得确证。但它其实不是封闭的、孤立的文化现象，表现了我国东方—南方沿海地带上古文化的重要特色，更与太平洋文化区乃至上古社会人类共同的太阳崇拜情结有千丝万缕的联系。不妨说，格外注重上古文化交流和文明互动，以此考证神话故事的渊源与特色是萧氏神话学研究的特色。他的大量著作都揭示了中国上古文化与世界文化整体的紧密关联，以及大量运用文化人类学的资料做阐释，为当代的神话溯源研究提供了更广阔的知识视野和丰富材料。

三 神话与共同信仰：以闻一多的研究为例

因 20 世纪 30 年代开始的抗战需要，当"中华民族到了最危险的时候"，神话学研究也汇入了救亡图存的时代主旋律。例如以顾颉刚为代表的"古史辨派"从早先的"疑古"转入中国地理沿革史和边疆史的研究，从地理沿革上证明华夏世界的族群同一性和历史延续性。同时，随着学术机构向西南地区的转移，西南边疆少数民族的文化、风俗和神话也引起了学者的关注，闻一多、芮逸夫、马长寿、马学良、凌纯声等学者对西南、东北等边疆地区民族神话的研究，既为神话学开辟了田野研究的新视野，同时也把神话学进一步作用于现代国家认同，其中最典型的就是闻一多的神话研究。

---

① 萧兵：《楚辞与神话》，江苏古籍出版社，1987，第 1 页。

（一）神话：记述→信仰→团结

五四那批学者，最开始都认为神话与诗是没有关系的。笔者在第一章第二节论及鲁迅时，曾提到他对神话与诗之关系的看法："惟神话虽生文章，而诗人则为神话之仇敌，盖当歌颂记叙之际，每不免有所粉饰，失其本来，是以神话虽托诗歌以光大，以存留，然亦因之而改易，而销歇也。"① 茅盾对此也甚为赞同。胡适完全否认《诗经》有神话，认为甚至连"神话的遗述"也没有。他在《白话文学史》中说：

> 可见古代的中国民族是一种朴实而不富于想象力的民族。他们生在温带与寒带之间，天然的供给远没有南方民族的丰厚，他们须要时时对天然奋斗，不能像热带民族那样懒洋洋地睡在棕榈树下白日见鬼，白昼做梦。所以《三百篇》里竟没有神话的遗述。②

这三位大师都认为神话与诗歌是对立的，神话是更为原始的样貌，被诗歌改易而消亡。与他们的观念相反，闻一多却专门强调神话与诗的关系，并专门研究《诗经》的神话。学术界对闻一多的神话学研究已经很多，在此基础上，笔者要追问的是：闻氏为何要"逆水行舟"去研究《诗经》中的神话？他的研究有何思想性意义？闻一多曾对神话定义："是原始智慧的宝藏，原始生活经验的结晶，举凡与民族全体休戚相关，而足以加强他们团结意识的记忆，如人种来源、天灾经验、与夫民族仇恨等，都被象征式的糅合在这里。"③他重点要强调神话的"根苗"和"信仰"性质：

> 神话不只是一个文化力量，它显然也是一个记述。是记述便有它文学一方面。它往往包含以后成为史诗、传奇、悲剧等等的根苗，而在文明社会的自觉的艺术以内，被各民族的创作天才利用到这种方面去。有的神话只是干燥的陈述，几乎没有任何起转与戏情，另外一些则显然是戏剧性的故事。例如社会的优先权，法律的证书，系统与当地权利的保障，都不会在感情领域进行多远的，所以没有文学价值的要素。信仰，在另一方面，不管是巫术信仰或宗教信仰，则与人类深切的欲求，恐惧

---

① 鲁迅：《中国小说史略》，《鲁迅全集》（第9卷），人民文学出版社，2005，第19页。
② 胡适：《白话文学史》，郑大华整理《胡适全集》（第11册），安徽教育出版社，2003，第276页。
③ 闻一多：《伏羲考》，《闻一多全集》（第3卷），湖北人民出版社，1993，第107页。

与希望，热情与情操等等关系密切。爱与死的神话，失掉了"黄金时代"一类故事，以及乱伦与黑巫术的神话，则与悲剧、抒情诗、言情小说等历史形式所需要的质素相合。①

基于对神话的信仰性理解，闻氏可以从逻辑上根据诸多与神话记述相关的线索（而不仅仅是传说或故事）去复原先民的生活，追究民族起源等问题。《诗经》便是这些"记述"中难能可贵的材料。例如闻氏通过《商颂》中《玄鸟》的记载来探究商民族的起源和祖先。他强调神话的原始性和普遍社会属性，并寻找潜藏和凝聚于文字中的蛛丝马迹，以期还原那个时代的世界观、人生观、宗教信仰和民俗。闻氏的代表作《高唐神女传说之分析》、《姜嫄履大人迹考》、《伏羲考》、《端午考》和《神话与诗》等，从各个角度解读原始初民的生存状态和文化心理。例如他还原鲧禹治水真相，还原伏羲和龙的原型，研究隐藏在高唐神女传说中的"先妣兼神襟"原型，对古代典籍中的怪诞形象、古代地质地貌、天文历法进行还原。有学者总结其意义在于：

> 对于以文献学为基础的中国传统学术来说，这种研究是有划时代意义的。它把神话研究提升到这样一个境界——对神话时代的人类生活进行还原的境界。考古学、民族学、语言学，从此成为中国神话研究的必要手段。②

闻氏的"还原"途径使得其研究可以通过追溯一个共同的信仰源头来强化民族历史叙事，通过象征性的事物增强文明共同体的凝聚力和团结性，探究中国文化最古老的源头。在闻氏的研究中，《伏羲考》集中体现了他的研究特点，即如何把神话作为民族认同与团结的有效资源去进行学术研究。《伏羲考》一文的基本内容是：通过广义语言学（文献学和语文学）解读神话资料中透露出来的历史信息，以此教育民众，让民众知道他们有共同的文化来源；激发民众的民族意识，治疗他们没有国家观念、犹如一盘散沙的病症。闻氏通过考证，认为"黄帝、祝融、共工、夏、越人、匈奴、褒国、伏羲氏、苗族、瑶、畲等都可以追溯到龙族这一共同的源头，龙图腾家族之兴旺发达的

---

① 闻一多：《中国上古文学》，《闻一多全集》（第10卷），湖北人民出版社，1993，第43页。
② 王小盾：《〈神话求原〉序》，尹荣方：《神话求原》，上海古籍出版社，2003，第1、2页。

局面就这样形成了。既然中华民族本来就同种同源，那么相互之间团结一致、共御外侮，也就理所应当了"。① 他明确肯定女娲为中国古代各民族共同的女性始祖神，龙是华夏图腾，这些结论对于 20 世纪中国学术界的影响很大。他试图通过其神话学研究，在增强民族的文化认同基础上加强民族团结意识。

（二）集体还是个人？——闻氏的"理论旅行"

从《伏羲考》来看，闻氏的神话研究充分体现了民族性与团结性的一面。如果将视角延伸，再审视他的其他神话研究，尤其是对《诗经》中的神话研究，则又可看出其基于个体认同的理论预设。

由"神圣"返回"真相"，揭开笼罩在传统文化上的面纱，在"还原"中强调共同的信仰，这些是闻一多上古神话研究的基本目标。他坚信文化的"真相"是不同时代的人们对现实生活的反映，它不同于自然科学上的对错，而是追问历史上人们对某种现象的种种看法。但这种观念本身隐藏着"神话→历史"的进化论观，即"古代神话之存于今者，其神话色彩愈浓，其所含当时之真相愈多"，这是因为神话乃初民"活动动机之口供"，由此"更可以知其所以然，而历史不过是人类活动之记载"。② 而"知其所以然"的最佳视角就是——研究《诗经》的性欲观及生殖崇拜。

1943 年，闻一多在给臧克家的信中曾说："青岛时代起，经过了十几年，到现在，我的文章才渐渐上题了。为经过十余年故纸堆中的生活，我有了把握，看清了我们这民族，这文化的病症，我敢于开方了。方单的形式是什么——一部文学史（诗的史），或一首诗（史的诗）。"③ 深受五四文化精神影响的闻一多还说："用研究性欲的方法来研究《诗经》，自然最能了解《诗经》的真相。其实也用不着十分的研究，你打开《诗经》来，只要你肯开诚布公读去，他就在那里。自古以来苦的是开诚布公的人太少，所以总不能读到那真正的《诗经》。"④ 他认为"以生殖机能为宗教"在人类文化发展模式中具有普适性意义，根据这一进化的"客观标准"，即弗洛伊德的性文化理论就能再现古史的真相。在这种进化论理论的预设下，闻氏说：

---

① 仲林：《民族主义视域下的〈伏羲考〉》，《民俗研究》2006 年第 4 期。
② 闻一多：《〈高禖郊社祖庙通考〉跋》，《清华学报》（自然科学版）1937 年第 3 期。
③ 闻一多：《致臧克家》，《闻一多全集》（第 12 卷），湖北人民出版社，1993，第 380 页。
④ 闻一多：《诗经的性欲观》，《闻一多全集》（第 3 卷），湖北人民出版社，1993，第 170 页。

我始终没有忘记除了我们今天外，还有那二三千年的昨天，除了我们这角落外，还有整个世界。我的历史课题甚至伸到历史以前，所以我研究了神话，我的文化课题超出了文化圈外，所以我又在研究以原始社会为对象的文化人类学。①

其实，闻氏的文化人类学仅是吸纳了西方古典进化论的理论模式。在对理论的本土实践中，他将被西方古典自由主义奉为绝对价值的个性自由和个人权益理论，转化为民族—国家认同的有效资源。比如他强调"人种来源"神话的基本主题是围绕着"葫芦"这一核心展开。正如有学者评价说："闻一多最早提出葫芦是造人故事的核心，刘汉尧首先提出'葫芦文化'学说。他们共同的见解是，葫芦'乃中华民族同源共祖的共同母体的象征'。"② 汪晖先生曾评价五四学人的这种民族主义感情高于当时所倡导的"个体意识"，因为"个体意识"对于五四学人来说并没有构成如施蒂纳和尼采那样的完整学说，而只是一种"精神"或"态度"。因此形成了某种悖论："'五四'人物在表述他们的个体独立性的同时，事实上已经把个体的独立态度建立在这种个体意识和独立态度的否定性的前提——民族主义的前提上。"③ 这种对民族主义的诉求是五四新文化运动的历史特征，具有"态度的同一性"。④ 闻氏的神话学研究立足于国家民族主义立场，从考证伏羲、女娲等神话人物是中华民族的共同始祖，以及对龙图腾的崇拜两个方面来探寻民族文化源头的方式，构建同源同族的历史谱系，从而参与了现代意义上的民族国家建构。

在闻氏研究之后，萧兵《楚辞的文化破译》、赵沛霖《兴的源起——历史积淀与诗歌艺术》、徐华龙《国风与民俗研究》、叶舒宪《〈诗经〉的文化阐释——中国诗歌的发生研究》、周蒙《〈诗经〉民俗文化论》、刘毓庆《雅颂新考》、朱炳祥《中国诗歌发生史》等著作相继出版，但从某种程度上看，都是对闻一多研究的延续。然而，类似闻氏的理论张力与内在抵触却一直没有被关注与讨论。安东尼·史密斯说："一个民族的象征可以通过其所包含的客体——民族来显得与众不同，但是，同样也可以通过其符号的确切性和生动

---

① 闻一多：《致臧克家》，《闻一多全集》（第12卷），湖北人民出版社，1993，第381页。
② 陶阳、牟钟秀：《中国创世神话》，上海人民出版社，1998，第259页。
③ 汪晖：《汪晖自选集》，广西师范大学出版社，1997，第321页。
④ 这里的"同一性"借用汪晖的观点。（汪晖：《汪晖自选集》，广西师范大学出版社，1997，第321页）

性来显示。这些符号能给特定民族的所有成员们传递意味深长的力量。"① 闻氏建构民族国家源头与信仰的理论资源，其实借助了在西方本作为个体认同基石的理论装置。查尔斯·泰勒说："以往的观点认为，对于人的完满存在来说，同某种本源——例如上帝或善的理念——保持联系是至关重要的。但是现在，我们必须与之密切关联的本源却深深地植根于我们自身。这个事实是现代文化深刻的主体转向（subjective turn）的一部分。"② 尽管闻氏借助了弗洛伊德的理论，但闻氏并没有将现代人的价值认同放在"主体性"上。甚至可以说，中国的神话学界也没有过基于现代个体主义的所谓的"主体转向"话语。取而代之的是，闻氏将古人依附于"三代"理念的神圣诉求还原为"古史"真相，在一个共同的可溯性源头上去动员和团结国民。这种偏重"集体"，而非"个人"的理论旅行现象，恰恰是我们反思中国的现代认同所需要关注的。

四　神话与民族精神建构：以茅盾的研究为例

在 20 世纪初"睁眼看世界"的开放浪潮中，对神话理论首先产生兴趣的是一批掌握外语、与外界有联系的知识分子，其中有相当一部分是文学家。他们最初接触神话，只是凭着文学家的兴趣和爱好，以文学家的眼光，从文学的角度去认识神话。例如郭沫若一开始仅仅是从诗人的角度出发去欣赏"神话的世界"③，茅盾则是为了追本溯源，对 19 世纪的欧洲文学做一番系统的研究而钻研古典神话。早在 1921 年，茅盾在《近代文学体系研究》一文中就对文学的起源、文学与原始宗教的关系、神话是短篇小说的开端等问题提出了自己的见解。20 世纪二三十年代的文学家有关神话的主要言论，都是在"神话是小说的开端，文艺的萌芽"这个大前提下展开的。

不过，倘若问题如此简单，那么一些隐藏在学术观点背后的文化问题便会被一笔带过。当我们读到茅盾最为成熟的神话理论建构时，可以逆向设疑：他为什么要建构一个内在系统如此完善的中国神话大厦？他的参照物是什么？结论的逻辑性何在？我们能对此有何反思呢？

---

① 〔英〕安东尼·史密斯：《民族主义：理论、意识形态、历史》，叶江译，上海人民出版社，2006，第 9 页。

② 〔美〕查尔斯·泰勒：《承认的政治》，汪晖、陈燕谷主编《文化与公共性》，生活·读书·新知三联书店，1998，第 293 页。

③ 郭沫若：《神话的世界》，《创作周刊》1923 年 11 月 7 日。

（一）视野参照与学术资源

茅盾自 1918 年起开始研究神话，借阅大量希腊、罗马、印度、古埃及、北欧甚至 19 世纪尚处于半开化状态的民族（如北美印第安、非洲、澳洲、新几内亚、南太平洋诸岛等）的神话和传说、外国民族志、风土志、旅行游记等，广泛涉猎了 19 世纪后期欧洲人类学派神话学者的著作，对欧洲的神话理论和神话学史有较多了解。他于 1923 年到上海大学英国文学系讲授希腊神话，也曾在《小说月报》上介绍过捷克、波兰、爱尔兰民族的神话。茅盾于 1925 年开始发表神话论文。除先后发表的十多篇神话论文外，他还于 1928 年出版了《中国神话研究 ABC》（1978 年再版时易名《中国神话研究初探》）、《希腊神话》，于 1929 年出版了《神话杂论》，于 1930 年出版了《北欧神话 ABC》等专著。

与周作人、鲁迅一致的是，茅盾的理论资源也深受安德鲁·兰的影响，深刻地打上 19 世纪进化论的烙印。正如马昌仪先生所说，"他有关神话的一些基本观点主要是从欧洲人类等派神话学，特别是英国神话学家安德留·兰的理论中借鉴而来；他的某些神话论文直接取材于兰氏的著作（如《自然的神话》一文即根据兰氏《神话，习俗与宗教》一书之第五章写成）。而他神话观的局限和不足恰恰也是受人类学派影响所造成"。①

茅盾由中西神话比较研究入手，希望把中国神话置于世界神话之林，着重揭示它们的共同性。在引用了安德鲁·兰和麦根西有关神话的界说和基本观点之后，茅盾说："我们根据了这一点基本观念，然后来讨论中国神话，便有了一个范围，立了一个标准。"不难理解，在神话研究的背后，茅盾所凭借和作为衡量标准的，完全是西方的神话现象与神话定义。

1928 年，茅盾曾经对神话做过一个形象的比喻：原始人以自己的生活为骨架，以丰富的想象为衣，创造出了他们的神话。他根据人类学派的神话理论，对神话下了这样一个定义：

> 一种流行于上古民间的故事，所叙述者，是超乎人类能力以上的神们的行事，虽然荒唐无稽，但是古代人民互相传述，却信以为真。②

---

① 马昌仪：《中国神话研究初探·前言》，茅盾：《中国神话研究初探》，上海古籍出版社，2005，第 11、12 页。
② 茅盾：《神话的意义与类别》，茅盾：《中国神话研究初探》，上海古籍出版社，2005，第 152 页。

基于对"神话"内容的理解，他对神话功能的认识是："凡一民族的原始时代的生活状况、宇宙观、伦理思想、宗教思想以及最早的历史，都混合地离奇地表现在这个民族的神话和传说里。原始人民并没有今日文明人的理解力和分析力，并且没有够用的发表思想的工具，但是从他们浓厚的好奇心出发而来的想象力，却是很丰富的……故就文学的立点而言，神话实在即是原始人民的文学。"① 由于茅盾接受的神话学的理论资源是属于进化论的，所以，其研究的主要对象是原始社会的神话所流传下来的"遗形"。这里涉及他对中国神话的两大重要论断：零散化和神话历史化，以及他研究中国神话的基本思路——再造（也就是我们今日的"重构"）。这几点也成为对后世影响很大的神话学观念。

（二）文化修葺与神话再造

"进步"的观念来源于欧洲中心主义的社会科学观，也为非西方社会的"民族自觉"提供思想支持，是欧洲以外那些"没有历史的人们"迎接民族自我认同观念的凭据。西方神话的叙事模式从开天辟地，到文化制度的创造，再到文明与国家的兴起，这些令现代人振奋的"进步"过程是否也符合中国神话的发展模式呢？受进化论影响，将中国文化与古希腊神话对照后，茅盾认为中国神话研究者需要去除神话流传后的"修改藻饰"和"诡丽多姿"，在搜集"断片"的基础上还原神话的"原始形式"，即从古籍中搜集神话，并遵循理念：一是材料越古越可靠；二是不能排斥后世文人记载的材料。茅盾认为，盘古、女娲、羲和、尧、舜这些神话中的人物，经过历史家的多次修改，都变成了历史上的帝王。"尧舜之治乃我国史家所认为确是历史的，但我们尚可怀疑它是历史化的神话，然则尧舜以前，太史公所谓'其事不雅训'的三五之事，当然更有理由可说是神话的历史化了。……我们觉的谈到中国神话时最令人不高兴的是：现今所存中国神话的材料不能算少，只可惜是东鳞西爪，没有一些系统。但是我认为我们可以假定一个系统。这个假定的系统立脚在什么地方呢？我认为就可以立脚在中国古史上"②，即"中国神话的历史化"。

---

① 茅盾：《中国神话研究》，原发表于《小说月报》第 16 卷第 1 号，1925 年 1 月 10 日；《茅盾全集》（第 28 卷），人民文学出版社，1993，第 1、2 页。曾先后收入《神话杂论》（世界书局，1929）和《神话研究》（百花文艺出版社，1981）。

② 茅盾：《中国神话研究》，茅盾：《中国神话研究初探》，上海古籍出版社，2005，第 132、133 页。

在"神话的历史化"这个命题之下，茅盾一方面分析了盘古开天辟地神话的历史化过程，并论证了中国的开辟神话属于安德鲁·兰理论中的第二种模式，即"创造天地与万物的是神或超人的巨人，且谓万物乃依次渐渐造成"，与希腊和北欧相似，是"后来有伟大文化的民族的神话"。另一方面以希腊神话的体系为模本，力图把两个各自独立的盘古开天辟地神话与女娲造人补天神话连接起来，把两者之间的缺环填补起来，从而将其整合为比较完整的中国创世神话。另外，茅盾的《中国神话研究 ABC》用北欧、南欧神话的异同，来说明中国北方、中部的神话特点和原因。茅盾进行"比较"的依据是安德鲁·兰的理论，即范式有相似之处的，皆因其有统一的文化水平线；凡是不相似的，乃因地理等自然条件的不一样。其实，这种比较方法与鲁迅对中国不同地方神话的理解有方法论上的相似之处。

总之，茅盾通过神话研究想解决的是：参照西方的神话现象和神话理论，中华民族是不是一个有着深远神话传统的民族，这个民族有什么共同精神，在中国和西方之间寻找文化上的对等性。一方面，他用一个不属于上古文化的理论框架来归类上古叙事，譬如"英雄神话""创世史诗"等。另一方面，这种做法实质上受到了从西方古典人类学中衍生出来的决定论的影响。决定论是西方认识人与自然关系的方法之一，但经过不同国度的知识分子的加工，转变为非西方化的"本土观念形态"。吕微教授的《现代神话学与经今、古文说——〈尚书·吕刑〉阐释的案例研究》《传统经学与现代神话研究》两篇文章，对这种研究有很好的概括。吕教授指出了中国现代神话学在引进西方学理与继承本土传统的过程中被"建构"起来的特征。根据"中国神话历史化"的假说，中国现代神话学学者抛弃了今文家的"语境化"研究方法，延续了古文家的"文本间"研究方法。而关于"中国神话历史化"的理论命题和"文本间"的研究方法，一方面只是证明了西方理论的普遍有效，并因此在中国与世界之间建立起材料的同一性关系与文化间的不平等关系；另一方面也使本土材料丧失了参与修葺普遍性理论的机会，同时以无语境"纯文本"的建构掩盖了其真正的当代学术语境。① 这种观点，对于我们清醒地认识中国现

---

① 吕微：《现代神话学与经今、古文说——〈尚书·吕刑〉阐释的案例研究》，民间文化青年论坛第一次会议论文，收入陈泳超主编《中国民间文化的学术史观照》，黑龙江人民出版社，2004；吕微：《传统经学与现代神话研究》，《广西民族学院学报》（哲学社会科学版）2003 年第 5 期。

代神话学的学科特质，尤其是建构诉求有很好的启发意义。

有趣的现象是，在《茅盾自传》中，我们却查阅不到关于他研究神话的心得或自我评价。① 在《茅盾传》中，研究者认为他受到同去日本好友的影响，在寂寞中为了寻求慰藉而研究神话。② "1927年底，茅盾的《动摇》方始改定。……大革命的失败使自己悲痛消沉，同时又的确不知道以后革命应走怎样的路，但又不认为中国革命到此完了，中国社会的性质依然没有变，相信革命还会起来。总归要胜利。因此，茅盾转而写些文艺论文、散文、神话研究以及翻译一个中篇，借以调整自己那陷于悲观状况的思绪。"③ 也许正是因为要调整已经陷于悲观的状态，茅盾的神话研究才能格外有体系，同时，他的神话研究始终有证明"中国"和"中华民族"的强大诉求。

费孝通先生曾提出"从'自在'到'自觉'"的中华民族认识论，强调中华民族作为一个自觉的民族实体，是近百年来中国在与西方列强的对抗中出现的，但作为一个自在的民族实体，则是在几千年的历史过程中形成的。④中华民族从"自在"到"自觉"的延续过程，同时也是一个在古—今、中—西之间转化的过程。以往学术界对于中华民族的"自觉"研究不足，重在勾勒中华民族源远流长的"自在"历史。笔者对中国神话学建构的诸种面相分析旨在说明，在"神话—古史"联袂出现和话语建构下，中国现代学术才衍生出神话学、历史学、考古学。置入中华民族的"自觉"建构脉络中，它们无一不是其组成部分。而且，只有当"神话—古史"的出场处理了上古的信仰及实证问题后，考古学（以及后来的"中华文明探源工程"）才有展开的学理逻辑。按通常的学术史脉络，中国神话学虽然有"史学"与"文学"的路径之分，然而就"中国"和"中华民族"的认同而言，无论是史学的还是文学的路径，都在强化现代性转型中的民族主义诉求，它一直参与和影响着我们今日有关"中国"的理论表述，包括以探究中国文明起源为己任的"中华文明探源工程"。

---

① 参阅茅盾《茅盾自传》，江苏文艺出版社，1996。
② "由于和陈启修住在一个旅馆里，二人一起谈天，一起外出，陈启修便成了茅盾的翻译。有一次，二人去逛地摊，茅盾买了一本关于北欧神话的英文书，使茅盾的孤独有了一丝慰藉——可以借此消磨岛国的寂寞！……冬天来了，岛国的冬夜是何等的漫长，冬天的雾更令人愁肠百结，茅盾写了不少从秦女士那里听来的故事小说，也从地摊上抱回一些神话书籍，关上门研究。"（钟桂松：《茅盾传》，东方出版社，1996，第105、106页。）
③ 茅盾在这时期的情况参见钟桂松《茅盾传》，东方出版社，1996。
④ 费孝通：《中华民族多元一体格局》，中央民族学院出版社，1989，第1页。

第四章 "神话—古史"研究的方法论反思

由于不同的研究者对"方法"的认识和归纳角度不一样，故而当谈及神话学的方法论时，会有不一样的讨论方式。比如，若从理论流派来讨论，可有语言学方法、心理学方法、结构主义方法等；若从研究方式来讨论，可有归纳法、调研法等；若从研究视域和研究局面来讨论，可分为比较研究、传播研究、结构研究、类型研究、原型研究、心理研究等。台湾神话学家王孝廉先生曾精辟地概括：

> 中国古代神话传说研究兴起的原因和背景有五个：一是受了鸦片战争以来动荡不安的时代环境的影响，在现实和传统的冲突中刺激了知识分子对于传统的古史观念产生了再思考和再批判的动机。二是受清代中叶到民初的疑古学风的影响，在这种不信任古史和典籍的疑经风气的传承下，产生了"古史辨"的古史研究，由此而导致了当时和以后的神话传说研究。三是受了西洋科学治学方法和新史观输入的影响，由这些使当时的学者知道了神话学研究上的各种学说与研究方法。四是受了当时考古学的影响，出土的遗物和甲骨金文等使得古书典籍中的神话记载得到了真实的物证。五是受"古史辨"的影响，由"古史辨"对古史所作的推翻和破坏的工作而产生了神话传说的还原。①

诚如王孝廉先生所描述的，受神话学兴起的原因和背景制约，总结归纳中国神话学的研究方法也可以从以下几个维度入手：第一，在"尊古—疑古"的对峙中，双方都要用到的传统考据方法，着眼于典籍文献研究，笔者称之为"典籍梳理型"，即第一重证据；第二，随着考古学的发展，甲骨文、金文、新出土简帛等非书本文字材料，出土/传世文物成为神话研究的第二重证据和第四

---

① 王孝廉：《神话研究的开拓者》，王孝廉：《中国的神话世界——各民族的创世神话及信仰》，台湾时报出版公司，1987，第726页。

重证据;第三,受西洋和日本学术思潮的影响,当时的文化人类学,尤其是其田野调研和民族志材料成为重要的研究对象,即第三重证据。这四个维度即叶舒宪教授所提出来的"四重证据法"。① 其实,神话学研究的方法归纳乃根据审视者自定的维度。至于这个维度采用何标准并不重要,关键是通过这个维度,我们要分析和归纳出什么问题,达到什么目的。

本章首先将勾勒证据法发展的历时性过程,这与笔者五年前所写文章的观点,基本一致。然而,近年来的相关思考必然会对问题有所推进,本章后两节即呈现这些推进和思考。

大致说来,近代以后许多知识都经历了伦理价值与事实的分离。19 世纪以来强大的科学主义、现代性价值观渗透到每一个角落,人们回头去看古代(中西皆然)时会被科学主义影响而不自知。在现代学科分类下的知识生产背后,古代本来具有很强信仰、价值伦理的事件和现象逐渐被摒除。许多在今人认为是某个学科范畴的东西,在古代却未必如此,而是当时文化有机整体中的一部分。例如三皇五帝,这段"过去"既不是古史,也不是神话,而是整个中国传统社会意识形态与合法性的源泉。当出现"证据"二字,要去"证"实信仰与价值时,价值与事实之间必然有难以逾越的沟壑。作为划时代的文化巨擘,王国维的学术研究正好说明了这点。另外,科学主义仍以"观念"作为研究基石,"证据"的选择可以根据不同的观念诉求而调整,顾颉刚的古史观即说明了这点。

第一节 近现代人文学术转型中的证据法嬗变

在本书中,人文学术研究的方法论突破就是证据法之嬗变,它是保证新知新见能最后呈现出来的学术观念与必经途径。讨论"证据法"关涉究竟什么是历史以及证史观念与方法。正如陈寅恪先生所指出的:"一时代之学术,必有其新材料与新问题。取用此材料,以研究问题,则为此时代学术之新潮流。"② 就此向度而言,总结证据法嬗变不仅是史学专业人士的任务——通过这项工作来把握现代学术建构规则及发展趋势,也是所有人文学者应该重视的问题。

---

① 详见叶舒宪《神话学与国学方法更新:四重证据法》,叶舒宪:《中华文明探源的神话学研究》,社会科学文献出版社,2015,第47~88页。
② 陈寅恪:《金明馆丛稿二编》,生活·读书·新知三联书店,2011,第266页。

一 嬗变的土壤：考据学的内在危机与外部冲撞

明中叶以来，一些学者逐渐认识到要解决儒学内部的纷争，必须取证于经书，考据之风日趋形成。一方面，经过明清易代巨变，学者认识到空谈误国，考据学更深入人心。另一方面，清代文字狱的压力，使得文人士大夫不敢玩忽心性、坐而论道，只能推崇以训诂考证为主导的考据学风。相对明儒基本认为"心"才是知识最终的来源与根据，清儒认为，记载在经书之上的文献才是知识的根源，强调唯六经和三代至上的研究典范，遵从从文字到文字、从文献到文献的循环考证路径，认为文献考据能重构经典的原义以及制度器数的原貌，从而圣人的理想可付诸实行。然而，以客观还原历史和通晓圣人之理为价值诉求的考据学，果真能保证历史求知的客观性并走近圣人之义理吗？不止今人，清人早就对此有诘问和反思。

清初考据大家顾炎武就有过类似体会。顾炎武要以三代声律换今音，可是当他的友人对他大喊"汀茫久矣"时，顾氏不解。后方知"汀茫久矣"正是"天明久矣"的古音。振臂高呼重振古音的专家尚且不能学以致用地复古还原，三代古音或其他制度要在当世有用显然难以实现。即使是"术业专攻"地集中考据某个对象，也难以恢复其客观原貌，因为各家的考证结果很有可能大不一样。清人方东树就非常深刻地指出："汉学诸人，坚称义理，存乎训诂典章制度，……各自专门，亦互相驳斥，不知谁为真知定见。"[1] 方东树批判了清儒对同一个名物器数的研究往往得出互相冲突的结论，可谓正中要害。更深一层，清儒欲从考据中达到"义理"，即圣人之理，如戴震提出"执义理而后能考据"的主张。但是，方东树同样对此猛烈批判：

> 汉学家皆以高谈性命为便于空疏无补经术，争为实事求是之学，衍为笃论，万口一舌，牢不可破。以愚论之，实事求是莫如程朱，以其理信而足可推行，不误于民之兴行，然则虽虚理而乃实事矣。汉学诸人言言有据，字字有考，只向纸上与古人争训诂、形声，传注驳杂，援据群籍，证佐数百千条，反之身己心行，推之民人家国，了无益处，徒使人狂惑失守，不得所用。然则虽实事求是，而乃虚之至者也。[2]

---

[1] 方东树：《汉学商兑》，（台北）商务出版社，1978，第 165 页。
[2] 方东树：《汉学商兑》，（台北）商务出版社，1978，第 39 页。

方氏斥责考据之学的实质恰是"务虚",他认为圣人的道理是比六经更广泛的东西,其中还有一部分不在文字中,属于人的义理心性,不是文字训诂之学所能穷尽的。若以经典考证而尽圣人之道理,实则小看圣人了,机械的文字训诂根本无法真正通经之义。① 方氏的诸多抨击之论已经深刻地指出考据学作为一种方法论的内在信仰、目的和技术危机。同理,方氏之前的章学诚以"六经皆史"说来纠正清儒重经轻史的偏失,《文史通义》中有大量批评考据学的文字。方氏之后的章太炎,也对他所继承的学术传统有相当深刻的反省,批评清学考据的"琐碎识小"。② 简要概括这些反省文字,考据学在充当行逾百年的典范后,由于其自身固有的矛盾与不足被清人不断质疑和抨击,直至晚清科举制解体和西学涌进,其作为人文学术的权威证据方法效应被彻底颠覆。1905 年的科举废除表明了儒家经典与权力、真理之间的有机联系被割断,进一步加速了清王朝的覆灭,体现了以皇权为核心的中国传统制度和精神价值系统的整体塌陷。

笔者尤其强调,只有在科举制度解体和西学制度及学术的冲击下,六经文献才能被完全材料化,传统的研究对象才可能完全被"历史化",经典方可能成为求真的"知识",而非文人求善成仁之道德途径。换言之,在西方势力入侵和西学冲击之前,中国知识分子内部无论学统诉求有何不同,儒家思想作为整个意识形态核心是有信仰作用的,即熊十力先生所讲的:"盖一国之学术思想,虽极复杂,而不可无一中心。道统不过表示一中心思想而已。"③ 或者用牟宗三先生的诠释:"中国本有之学的意义以及基本精神则限于'道'一面,亦即'德性之学'。"④ 然而,一旦"道统"或"德性之学"缺乏社会意识形态的强制性约束,即科举制度解体,"德性之学"便可以从根基上不再成为规范德性的唯一途径,"学问"随之成为可以独立于信仰,甚至可以是解构信仰的武器。也只有在这种情况下,才可能存在本书所讨论的——传统人文学术转型及其证据法嬗变。保持对这一基本前提的警醒,即认识到现代已不复存在的"尊德性"之学的意识形态和制度保证,有利于我们撇开后人那些基于保守立场、质疑现代学术之证据法嬗变的言论。在人文学术研究

① 此处阐释参考王汎森《中国近代思想与学术的系谱》,(台北)联经出版社,2003,第 18~20 页。
② 章太炎:《清儒》,章炳麟著、徐复注《訄书详注》,上海古籍出版社,2000,第 138 页。
③ 熊十力:《读经示要》,(台北)明文书局,1984,第 464 页。
④ 牟宗三:《生命的学问》,(台北)三民书局,1970,第 61 页。

经历从学科分化到跨学科化的大势中，新的"德性之学"，或者说具有批判性的价值新诉求也可能从不断更新的证据法中获取。关于这点将在本节最末部分提及。

二 嬗变的内在节奏：新史学与证据法创新

在晚清"三千年未有之大变局"的社会震荡中，中国自古以来的文化观念受到诸多挑战与颠覆，这一点集中体现在如何用世界性和整体性的眼光来改造传统文化与学术方法。作为典范的考据学范式强调小学功力，在文字证据中寻求圣人思想，用这种途径不可能挖掘文字以外的新证据。金石大家王献唐批评这种治学是"古董式学术"，其"结果只造成一种古董式之学术，供人玩赏而已"。① 如何超越"古董式学术"？近代以来的几次新史学革命鲜明地体现了现代学术之"新"的内容和价值取向，具体表现在以下方面。

第一次史学革命以梁启超提倡的"新史学"为主，梁氏通过重新界定"什么是历史"来挽救清末民初的道德取向危机，回应现代国家建构诉求。第二次新史学革命以胡适提倡的"整理国故运动"，以及王国维、古史辨派发起的诸多新研究为主。他们在"如何研究历史"的问题意识下，以新证据法及求证结果回应了当时的学术转型诉求。第三次是以傅斯年在中研院历史语言所展开的史学新方向研究为中心。傅斯年、李济等通过彻底的史料化，以及与考古学等新兴学科结合，建构出更为整体和具有世界眼光的研究范式。以这些革新为前提，当下学者提出"四重证据法"及正在进行的系列实践，则是对知识全球化语境中本土知识的再审视与方法论的创新。

在这条百余年的发展轨迹中，"世界性"和"整体性"诉求不断导致传统观念所蕴含的道德情怀被消解、历史研究对象不断被史料化、研究方法不断多元化和立体化，证据法随之嬗变更新。

（一）第一阶段：信仰危机与观念转型

晚清今文经学的代表人物——廖平、康有为欲在经典阐释中恢复信仰，将孔子演绎成全知遍在的人格神，强化人们对孔子的神圣感，但建构的全知全能的孔子的本来面目却和六经一起，被不断变迁的现实境况所决定，丧失了其历时性，实际上把孔子降到了和异说平等的地位。他们以崇古作为在现

---

① 转引自王汎森《中国近代思想与学术的系谱》，河北教育出版社，2001，第346页。

代进行变法改制的手段,结果推倒了上古信史。这种隐匿的目标与实际效果相悖的现象,进一步昭示了晚清治学方法的危机,也体现出面对经典的关键所在——"经世"与"阐释"之间的关系,即如何既能符合时代诉求,又能在阐释经典中不扭曲其本来面目?解释者如何才能既观照经典,又观照他所在的时代?近现代以来,大凡涉及重新阐释经典,往往在此二者中难以两全。这间接地激励了近现代学者不断调适研究目光。当从根本上无法守住对经典的神圣信仰时,就不难理解为何素以历史文献丰富著称的中国,在晚清却发生了学人对其"有史"还是"无史"的争论。如马叙伦①、梁启超都否认传统史学是"历史",而主张历史应该是"民史"、"公史"和"社会史",是记载"群体"的历史。这其实是要颠覆旧史关注的范围和旨趣,在更为整体多元的视角中开启一个以"国民"和进化论为主体方向的历史探讨空间。

但是,中国传统学术与肇始于西方的现代学术话语有着本质区别。比如梁启超虽然通过西学视域来改造中国史学,可是他却无法超越自己在经学信仰上的抉择。处于中国社会转型时期的梁氏,其思想具有双重性:一方面受华夏文化的熏陶,对经学等传统因素笃信不移;另一方面,出于政治改良的需要,以及对民族身份的焦虑、对西学话语的推崇,他又不得不改造经学中固有的范式内容。② 余英时先生曾讲到中国20世纪初期的历史观念,"一面受到自然科学观念冲击,一面又继承了乾嘉考据传统的中国史学界所崇奉的历史观念,以及与此相关的一系列研究方法和操作规程"。③ 我们在梁氏(包括章太炎等)身上都能看到这种"突破"与"继承"的关系。梁氏的新史学诉求体现出在西学冲击下,传统学术与现代话语的不兼容性:对传统经典的绝对信奉与推崇,必须建立在一种类似于宗教性色彩的经学信仰基础上。然而矛盾又在于,以"现代"意识形态和"西学"学术生产为基础的社会,不需要如此的宗教性信仰来维系学术生产。如果这种信仰不复存在,具有宗教性神圣色彩的儒家经典必然会被还原为史料,甚至被打倒和摒弃,这时,超越经典文献以外的新证据法必然产生。

---

① 马叙伦:《中国无史辩》,《新世界学报》第5期(1902年10月31日)、第9期(1902年12月30日)

② 关于梁氏对传统史学与新史学的矛盾心态,可参考拙文《现代性转型中的"〈春秋〉学"悖论——以梁启超的观点为例》,《现代中国文化与文学》(第5辑),巴蜀书社,2008,第206~216页。

③ 余英时:《文史传统与文化重建》,生活·读书·新知三联书店,2011,第116页。

（二）第二阶段：古史反思与证据拓展

20世纪的最初三十年是中国现代思想史上尤为重要的时期，"1900年以后的30年隐含了后来中国发展的大量线索"。[①] 尤其五四运动前后是20世纪与以往历史联结和沟通的桥梁，从这里出发形成了20世纪中国思想史的问题意识和基本命题。此后以"王侯将相"和儒家传统为中心的历史思想被彻底解构。学界对"非主流"和"异端"思想的推崇与重视，使得历史学科必须按照新的范式途径，改变对传统价值的认同，去重新描述中国思想的历史脉络。胡适、傅斯年等一代史学大家在更成熟、自觉的西学范式启发下，"把历史与现实政治的关系切断"[②]，认为"六经以外，有比六经更有势力的书，更有作用的书"。[③] 那么，从康、梁等对经书的矛盾态度到胡适等完全质疑经书，将其还原至普通文献，这种颠覆性研究的证据拓展之特点是什么？

1. 西方科学主义的熏染

谈到中国现代学术建构中的西学方法熏染，首先必须提及胡适。余英时先生说胡适在史学曾经历的"革命"中，"恰好扮演着一个革命性的角色"。[④] 胡适不仅开启了五四以后学术界运用现代科学观念总结传统方法的先例，也从学术范式上改变了国人参照西方的世界眼光，为在比较和沟通的基础上构建新的史学方法论提供了依据，这从他历史研究的目的、对象、方法几方面可管窥。

胡适认为历史研究的基本目的在于明变、求因和评判。历史研究应该打破经学牢笼，将眼光扩至"过去种种，上自思想学术之大，下至一个字、一支山歌之细，都是历史"[⑤]。需要从三个方面努力："第一，用历史的眼光来扩大国学研究的范围。第二，用系统的整理来部勒国学研究的资料。第三，用

---

① 郭颖颐：《中国现代思想中的唯科学主义（1900—1950）》，雷颐译，江苏人民出版社，1989，第17页。
② 傅斯年：《历史语言研究所工作之旨趣》，《傅斯年全集》（第4册），（台北）联经出版事业有限公司，1980，第1314页。
③ 傅斯年：《论学校读经》，《傅斯年全集》（第6册），（台北）联经出版事业有限公司，1980，第2050页。
④ 余英时：《学术思想史的创建及流变——从胡适与傅斯年说起》，余英时：《文史传统与文化重建》，生活·读书·新知三联书店，2004，第415页。
⑤ 胡适：《〈国学季刊〉发刊词》，郑大华整理《胡适全集》（第2册），安徽教育出版社，2003，第9页。

比较的研究来帮助国学的材料的整理与解释。"① 在研究历史的方法问题上，他认为传统学术的研究对象总离不开书本的圈子，从而使其成就大大受限。西方科学家则以蕴有无穷实物材料的自然界为研究对象，从科学观念中发展出了灿烂的现代文明。所以胡适强调运用现代科学观念，需要有"归纳和演绎同时并用的科学方法"。②

胡适提倡的"科学方法"对古史辨的领军人物——顾颉刚影响重大。比如顾颉刚在《古史辨》第一册"自序"中明确指出"胡适的科学方法启迪"：

> 后来听了适之先生的课，知道研究历史的方法在于寻求一件事情的前后左右的关系，不把它看作突然出现的。……我先把世界上的事物看成散乱的材料，再用了这些零碎的科学方法实施于各种散乱的材料上，就喜欢分析、分类、比较、实验、寻求因果，更敢于作归纳，立假设，搜集证成假设的证据而发表新主张。如果傲慢地说，这些新主张也可以算得受过科学的洗礼了。③

需要注意的是，《古史辨》是一套讨论集，而不是单纯一派的集子，其中有多次讨论与多种观点，但其共性在于对古书、古史展开了第一次全面大反思，而其得以进行的资源是在世界性眼光下的西方科学主义话语。受五四新文化运动"赛先生"的口号影响，古史学者希望在文史研究中引进西方精密严格的科学精神、寻求客观的科学知识，彻底改造传统史学。

2. 整体性诉求中的多元观念

在"科学"的方法启迪下，中国传统的"一元"历史观念被彻底颠覆，取而代之的是在史料真伪辨别中多元史观的建构。在中国传统的历史叙事中，"一元"是至关重要的观念认同，比如三代出于一元，殷、周皆起于西土，即《史记》所讲"故禹兴于西羌，汤起于亳，周之王也以丰镐伐殷，秦之帝用雍州兴，汉之兴自蜀汉"（《史记·六国年表》）。传统儒家将各种实际多元歧出的文化现象统归到一面旗帜下，实则是强化皇权神圣和中央集权制度的稳定。在皇权和经学遭遇动荡和解体的现代语境中，新史学学者纷纷用多元化眼光

---

① 胡适：《〈国学季刊〉发刊词》，郑大华整理《胡适全集》（第2册），安徽教育出版社，2003，第17页。

② 胡适：《清代学者的治学方法》，郑大华整理《胡适全集》（第2册），安徽教育出版社，2003，第379页。

③ 顾颉刚：《古史辨自序》（上），河北教育出版社，2000，第110页。

进行研究。王国维早在 1916 年提出战国时秦用籀文，六国用古文，一东一西，便打破了由古文而籀文，由籀文而篆文，由篆文而隶书一脉相传的观点。在 1917 年发表的《殷周制度论》中，王氏也运用地理的观点将过去一脉相传的朝代加以空间化。

进一步让多元历史观深入人心的是顾颉刚的诸多论述。顾颉刚认为中国历史上的地理观、历史观、民族观及其对经典的认识，都被一种不自然的一元论支配，以至于语言风俗不同的民族却被全部划归为黄帝的后裔，作者不一、性质不同的典籍，亦被判成是孔子一手所作，本来互不相联系的地域，也被说成自古以来即遵循一元发展理路。他认为这些一元论的目的都在于方便使用"道统"来统一一切，使得古代帝王莫不传此道统，而古代所有礼制皆成了古代帝王之道的表现，孔子的"经"更顺理成章地成为这些伟大的"道"的记载。所以，这些古史记载疑点重重，漏洞百出，应该重新审视后再重新组织，这是近代史学的一个革命性的发展，此后中国上古史界的各种多元论，都或多或少地与此相关。在"古史辨"派的影响下，1929 年至 1930 年出现了多部提倡多元古史观的观点和著作，其中有代表性的是李济分析殷商的青铜器时强调殷商文化是一种多元复古文化，即不是单纯的古代中国文化，而是本土、西亚、南亚文化的复合体。[①] 傅斯年《夷夏东西说》（1934 年）、蒙文通《古史甄微》（1927 年），由古代史事在各地文献中记载的不同而归纳出古代有三大集团。徐旭生《中国古史的传说时代》（1943 年）通过对神话的分析，得出上古三集团的观点。可以说，正是在古史辨派将上古史击为碎片的前提下，古代民族处于一元的华夏"正统"观念才可能被颠覆，提倡多元古史观的观点才有出现和成立的土壤，发出"究竟谁是诸夏，谁是戎狄"[②] 的诘问，对传统中国文化的"华夏性"和"正统性"做学术清理。

3. 经典的史料化与"二重证据"

1928 年胡适在《治学的方法与材料》中提醒人们："单学得一个方法是不够的，最要紧的关头是你用什么材料。现在一般少年人跟着我们向故纸堆去乱钻，这是最可悲叹的现状。"故"文字的材料有限，钻来钻去，总不出这

① 周予同：《五十年来中国之新史学》，朱维铮主编《周予同经学史论著选集》，上海人民出版社，1996，第 552 页。
② 傅斯年：《与顾颉刚论古史书》，《傅斯年全集》（第 4 册），（台北）联经出版事业有限公司，1980，第 1535 页。

故纸堆的范围；故三百年的中国学术的最大成绩不过是两大部《皇清经解》而已。实物的材料无穷，……"① 这些主张的提出和运用，使时人耳目一新。蔡元培便称其书所用"证明的方法"为后来的学者开数法门。新的证明材料和方法，成为新史学革命中的精华。

同年，傅斯年发表了阐述其史学主张的代表作《历史语言研究所工作之旨趣》，指出史语所的治学宗旨，"第一条，是保持亭林、百诗（指顾炎武和阎若璩。——引者）的遗训"，"他们的历史学和语言学，都是照着材料的分量出货的。他们搜寻金石刻文以考证史事，亲看地势以察古地名……本这精神，因行动扩充材料，因时代扩充工具，便是唯一的正当路径"。"第二条，是扩张研究的材料"，只有"上穷碧落下黄泉，动手动脚找东西"，才能不断有新发现。"第三条，是扩张研究的工具"，即自觉运用现代自然科学和其他科学的知识、研究成果和方法。观其精神，不外重视新史料的发掘梳理和方法手段的更新两方面。相比胡适而言，傅斯年不仅批判传统的故纸堆材料，更主张实践"动手动脚找材料"，要无限扩充史料。傅氏早年在英、德的求学生涯中，主要的精力是了解西方学术整体发展的情形，他不曾得到任何学位，但可以运用各种工具治史。回国后，他的治学以"史学就是史料学"观念闻名，"史料"及其使用方法在他提倡的新史学中占据着核心地位。"能利用各时各地的直接材料，大如地方志书，小如私人的日记，远如石器时代的挖掘，近如某个洋行的贸易册"，他立志"近代史学所达到的范域，自地质学以至目下新闻纸"。② 傅氏的史料观催生了新的证据法的产生，在傅氏的研究中，古物、风俗等才真正成为重要的历史文献被采用。

不过，早于傅斯年，王国维已经周详地提出新的证据法及实践效果：

> 吾辈生于今日，幸于纸上之材料之外更得地下之新材料。由此种材料，我辈固得据以补正纸上之材料，亦得证明古书之某部分全为实录，即百家不雅驯之言亦不无表示一面之事实。此二重证据法，惟在今日始得为之。虽古书之未得证明者，不能加以否定，而其已得证明者，不能

① 胡适：《治学的方法与材料》，郑大华整理《胡适全集》（第 3 册），安徽教育出版社，2003，第 137 页。
② 傅斯年：《历史语言研究所工作之旨趣》，《傅斯年全集》（第 4 册），（台北）联经出版事业有限公司，1980，第 1314、1315 页。

不加以肯定可以断言也。①

二重证据法之新，在于将出土文物上之文字记录，若甲、金、简、帛等作为史料研究，沟通了出土文献、传世文献之间的关系，建构更为整体的证据法。1934 年陈寅恪先生在《王静安先生遗书序》中将"二重证据法"的创新特点及王氏学术的研究内容、治学方法等概括为"三目"：

> 一曰取地下之实物与纸上之遗文互相释证，凡属于考古学及上古史之作，如《殷卜辞中所见先公先王考》及《鬼方昆吾猃狁考》等是也。二曰取异族之故书与吾国之旧籍互相补正，凡属于辽金元史事及边疆地理之作，如《萌古考》及《元朝秘史之主因亦儿坚考》等是也。三曰取外来之观念，与固有之材料互相参证。凡属于文艺批评及小说戏曲之作，如《红楼梦评论》及《宋元戏曲考》等是也。此三类之著作，其学术性质固有异同，所用方法亦不尽符会，要皆足以转移一时之风气，而未来者以轨则。②

顾颉刚在看了王国维考古史的文章以及罗振玉关于古器物的图谱后说："知道他们对于古史已在实物上作过种种的研究，我的眼界从此更得一广……知道要建设真正的古史，只有从实物上着手一条大路，我的现在的研究仅仅在破坏伪古史的系统上而致力。"③ 可以说，"二重证据法"的提出从事实上推进了证据法的世界性与整体性更新。

4. 整体观诉求："二重证据法"的深化

在王国维之后，傅斯年并不满足于二重证据法带给他的启发和成果，他认为二重证据法仅限于地下史料与文字文献，尚缺乏"整个的观点"。④ 所谓"整个"，是一种充分运用现代"一切自然科学的工具"，以为"凡一种学问能扩充他作研究时应用的工具"，即地质、地理、考古、生物、气象、天文等各种科学的知识及研究方法。1928 年，针对董氏认为殷墟所存甲骨不多，没有进一步研究的价值的来信，傅氏回信说："我等此次工作的目的，求文字其

---

① 王国维：《古史新证》，清华大学出版社，1994，第 1~3 页。
② 陈寅恪：《王静安先生遗书序》，陈寅恪：《金明馆丛稿二编》，生活·读书·新知三联书店，2011，第 247、248 页。
③ 顾颉刚：《古史辨自序》（上），上海古籍出版社，1982，第 73 页。
④ 傅斯年：《考古学的新方法》，《傅斯年全集》（第 4 册），（台北）联经出版事业有限公司，1980，第 1337 页。

次,求得地下知识其上也。盖文字固极可贵,然文字未必包新知识。"① 傅斯年在《考古学的新方法》中又说:

> 中国人考古的旧方法,都是用文字做基本,就一物一物的研究。文字以外,所得的非常少。外国人以世界文化眼光去观察,以人类文化作标准,故能得整体的文化意义。②

傅斯年明确提出要重视"文字"以外的考古实物和"整体"的文化意义,这无疑是对王国维强调出土文献观点的深化。傅氏主持史语所在安阳殷墟的发掘及研究中对人类学、地质学和天文历法等的综合运用,在语言学研究中采用实验科学方法,都为这方面提供了成功的实例。其实,傅氏早年倾向于疑古,直到1924年,他在《与顾颉刚论古史书》中仍认为尧、舜、黄帝是传说。但是,受安阳殷墟考古成果的震动,从1928年起,他开始不满意于怀疑,取而代之"重建古史"。在1930年写的《〈新获卜辞写本后记〉跋》中,他说:

> 然而一经安阳之出土,王君之考释,则《史记》、《山海经》、《天问》及其颛顼的此一般材料,登时变活了。③

到20世纪40年代,傅氏已从出土文物能证明的年代开始推及未知年代,他根据已出土的殷商遗物相信夏代的存在是可信的:

> 差幸而今日可略知"周因于殷礼"者如何,则"殷因于夏礼"者,不特不能断其必无,且更当以殷之可借考古学自"神话"中入于历史为例,设定其为有矣。夏代之政治社会已演进至如何阶段,非本文所能试论,然夏后氏一代之必然存在,其文化必颇高,而非殷人所承之诸系文化最要一派,则可就殷商文化之高度而推知之。④

---

① 傅斯年:《历史语言研究所报告书第一期》,《傅斯年全集》(第4册),(台北)联经出版事业有限公司,1980,第1356页。
② 傅斯年:《考古学的新方法》,《傅斯年全集》(第4册),(台北)联经出版事业有限公司,1980,第1314页。
③ 傅斯年:《〈新获卜辞写本后记〉跋》,《傅斯年全集》(第3册),(台北)联经出版事业有限公司,1980,第961页。
④ 傅斯年:《性命古训辩证》,《傅斯年全集》(第2册),(台北)联经出版事业有限公司,1980,第633页。

据王汎森先生查阅傅斯年逝世后所遗的藏书，看到他在《殷周制度论》的"中国政治与文化之变革，莫剧于殷、周之际"上眉批"此盖民族代兴之故"①，可见傅斯年接受并认同王国维的观点。② 他自己也认为：

> 或者殷、周之际，中国的大启文化，也有点种族关系正未可知。要之中国历史与中国人种之关系是很可研究的。③

受西学和王国维的影响，傅斯年的《夷夏东西说》把当时的考古发现、种族考察、地理考察结合起来进行整体论证。李济在《现代考古学与殷墟发掘》中也反复声明沉溺于文字史料的过时，强调整体知识的重要，并且必须要知道一切自然科学的基本知识、人类史的大节目、一地方史或一时期历史的专门研究。傅、李二人所提倡的整体观，对于当时的中国学术界来说是相当大的突破，使得中国现代史学不再偏守一隅，而是进行更世界性和整体性的学术实践。比如胡适早期更倾向于顾颉刚的研究——疑古，钱穆在《师友杂忆》中将胡适的古史观变化概括为：

> 适之于史学，则似徘徊颉刚、孟真两人之间。先为《中国大史家崔东壁》一文，仅成半篇，然于颉刚《古史辨》则备致称许。此下则转近孟真一边。④

面对傅斯年更为整体的论证，尤其是面对出土文物，胡适也不得不心悦诚服，1929年，胡适已完全宣称："现在我的思想变了，我不疑古了，要信古了！"⑤ 以胡适在当时全中国思想学术界的领袖地位，他的这个变化——由疑古转为信古，由解构走向重建、接受上古多元史观，对中国学术界有着深刻影响。

可见，在新史学的再次转型中，从书本文献走向出土文献，进而结合西方的考古学知识来理解历史，成为现代学术建构的突破口。不过当时的"西

---

① 王汎森：《中国近代思想与学术的系谱》，（台北）联经出版事业有限公司，2003，第309页。

② 傅斯年对王国维的推崇，还见于《〈殷历谱〉序》："若夫综合研究，上下贯穿，旁通而适合，则明明有四个阶段可寻，其一为王国维君之考证殷先公先王，与其殷墟文字考释之一书。"〔傅斯年：《傅斯年全集》（第3册），（台北）联经出版事业有限公司，1980，第953页〕

③ 傅斯年：《历史人物与地理的关系》，《傅斯年全集》（第4册），（台北）联经出版事业有限公司，1980，第309页。

④ 钱穆：《八十忆双亲·师友杂忆》，生活·读书·新知三联书店，1999，第147页。

⑤ 这是顾颉刚在20世纪80年代初追述胡适于1929年对自己说过的话。（顾潮：《顾颉刚年谱》，中国社会科学出版社，1993，第171页）

方"的考古学和史学观念有其自身不足。例如受当时德国史学界种族史观点的影响，傅氏思想就有浓厚的种族主义倾向：

> 研究一过历史，不得不先辨其种族，诚以历史一物，不过种族与土地相乘之积，种族有其种族性，或曰种族色者（Racial Colour），具有主宰一切之能力，种族一经变化，历史必顿然改观。①

不难看出，傅氏所强调的"以世界文化眼光去观察，以人类文化作标准，故能得整体的文化意义"，这个"世界文化眼光"实则是以西方近代自然科学、种族主义为前提。如果西方近代自然科学本身正在遭遇反省，那么，我们又如何继续开创学术研究的世界性和整体性眼光？尤其在当下新知识语境中，每个文明的传统都在自我更新中重新被检视，知识全球化和知识社会学检讨下的新证据法之嬗变方向在何处？这是现代学术建构成型以后必须面对和探索的问题。

（三）第三阶段：从三重到四重证据

近代学术转型中的西学参照和建构，在梁启超、胡适、傅斯年、李济等人的尝试中不断深入。然而，"西学"，尤其是新史学革命者倚重的西方现代史学本身已是危机重重，现代史学的历史主义精神和科学主义方法论，在人类学、知识社会学等新兴学科的冲击下不断遭受范式危机。

早在20世纪初期，"历史主义危机"的呼声便此起彼伏，并由专家学者蔓延到社会群众，形成"历史无用论"的流行论调。有学者甚至形容说："西方史学在学术战场节节败退，溃不成军之际，而由游兵三勇组成的中国志愿军却前来摇旗呐喊，大呼万岁。"② 到了20世纪中期以后，后现代解构浪潮下的各式人文新理念，诸如福科、德里达、罗兰·巴特、吉尔兹、怀特……众多大家的思想纷纷登场。史学与人类学、文学、艺术学等学科的纠缠更为复杂，跨学科研究日益成为人文领域的必然突破路径。这时，曾经在现代学术转型和建构中起到积极作用的"新史学"及不断更新的史料观，在新的知识语境中出现理念困境，人文学术的证据法革新呼之欲出。

---

① 傅斯年：《中国历史之分期研究》，《傅斯年全集》（第4册），（台北）联经出版事业有限公司，1980，第1225页。

② 黄进兴：《中国近代史学的双重危机：试论"新史学"的诞生及其所面临的困境》，康乐、彭明辉主编《史学方法与历史解释》，中国大百科全书出版社，2005，第40页。

1. 第三重证据：人类学的视域及实践

从字面意义而言，现代学术界有两层意义上的"三重证据"，分别由饶宗颐和叶舒宪先生提出来，前者侧重考古学，后者则侧重人类学资源。

1982 年，饶宗颐先生提出将田野考古、文献记载和甲骨文研究相结合来研究夏文化的"三重证据法"，比如饶先生在甲骨文中考证出江水之神"帝江"、长江上游的"邛方"，解决殷商统治范围等问题。在《谈"十干"与"立主"——殷因夏礼十二例证》一文中，他指出：

> 我认为探索夏文化必须将田野考古、文献记载和甲骨文的研究三个方面结合起来。即用"三重证据法"进行研究，互相抉发和证明。①

这里的"三重证据法"在"二重证据"的基础上将考古材料又分为两部分：考古资料和古文字资料。实际上，饶先生的"第三重证据"与傅斯年、李济等人的史料理念并无根本区别，正如李学勤先生评价所说："这第三重证据就是考古发现的古文字资料，像楚简就是第三类。"② 考古发现的文字资料毕竟是少数，饶先生的"三重证据"在方法论意义上仍处于笔者前文所归纳的第二个阶段，即从"二重证据"走向"实物"证据。

有别于此，另一种"第三重证据"则是由叶舒宪先生提出的。叶氏"第三重证据"指传世和出土文献以外的人类学资源参照，比如民间的、地方的口传叙事和仪式礼俗，以及少数民族乃至域外民族的材料等。这不仅可看作对上阶段新史学革命的继承发展，更应视为在现阶段学术语境中对以往学术范式反思和突破的结果。对此，我们不禁要追问：从"实在"的文字证据转向相对"抽象"的人类学资源，其合理性在哪里？

本节开篇已强调，在清末民初的近现代学术转型和建构中，"史学"以及几次史学革命的意义绝不仅仅是历史学科内的变化，它承载和反映了整个人文学术的嬗变轨迹和方向。到了 20 世纪中期，正如史学对传统学术的冲击一般，另外一门学科——人类学开始对现代人文学术的建构起着至关重要的作用。而它，就是人文学术研究中的"第三重证据"资源。从语源学上讲，人类学是研究人的科学，它直到 19 世纪后期才成熟并进入社会科学的研究视域

---

① 饶宗颐：《谈三重法证据——十干与立主》，饶宗颐：《饶宗颐二十世纪学术文集》（卷一），（台北）新文丰出版社，2003，第 12～17 页。

② 李学勤、郭志坤：《中国古史寻证》，上海科技教育出版社，2002，第 56 页。

中。这门学科试图依据人类的生物特征和文化特征，综合地研究人和人类社会，并且特别强调人类的差异性以及对文化的理解。其特点可概括为：

> 人类学与以往的社会科学的贵族化倾向针锋相对，更加关注所谓"精英文化"的对立面即"俗民文化"、"大众文化"和形形色色的"亚文化"群体，……这种平民化的知识取向对于解构文史哲各学科的精英主义偏向，在帝王将相和杰出人物之外去挖掘历史和文化真相，具有充分的示范意义。这就给全球范围内的只是构架的重组和学科之间的科际整合提供了有益的借鉴。[1]

由于文化人类学的产生和发展，历史学在远古史和史前史研究方面都得到了很大的拓展。第一次世界大战后，世界学术出现了两个发展倾向：一是对古代文化的研究热，二是对"历史的世界的叙述热"[2]。这两种倾向的出现都与人类学这一学科的兴起和发展有直接关系，时人希望从人类学的角度去研究世界上人类文化发展的历史，用一种世界的眼光来看待人类的进化史。针对世界史学发展的新趋势，何炳松提醒国内史学界同人：

> 应该急起直追，去利用新科学里面的新学说才好。所谓新科学，就是人类学、古生物学、社会心理学同比较宗教的研究。
>
> 普通以为未有记载以前的历史，可以不必研究的。谁知道未有记载以前，早有人类；而且非记载的史料，有时比记载的还要可靠。所以研究历史的人不研究原人学等，就失去一种正确的历史眼光了。有人说现在的蛮族，无异我们同时的祖先；那么我们要明白古代人类的状况，就不能不研究现在的人类学。[3]

1918 年，就"五四"学人倡议征集歌谣的同时，第一本由中国人撰写的《人类学》专著出版，而作者陈映璜不久就在蔡元培任校长的北大开设了"人类学和民俗学"课程。蔡元培离开北大后在南京组建了中央研究院，在其组织领导下，该院的人类学机构对中国多民族的歌谣、民俗进行了更为全面深

---

① 叶舒宪：《文学与人类学——知识全球化时代的文学研究》，社会科学文献出版社，2003，第 9、10 页。
② 刘叔琴：《新的文化史观》，《民铎》第 8 卷第 4 期 1927 年 3 月。
③ 何炳松：《新史学·导言》，《史地丛刊》第 2 卷第 1 期 1922 年 6 月。

入的考察研究，这些活动深刻地影响了同时期的史学研究。顾颉刚"古史层累说"的形成就直接得益于他在戏曲、歌谣和民俗学方面的研究。1920 年，顾颉刚将其在家乡搜集来的吴歌发表在《晨报》"歌谣"专栏，从此与民间文艺结缘。1925 年 4 月 30 日至 5 月 2 日，顾颉刚还参与了北大国学门风俗调查会所组织的"妙峰山香会调查"。在《读书笔记》中他还具体谈到了歌谣的演变方式可通于古史，而具体的认识则通过对"孟姜女"的研究得出。顾先生自己不无感叹地说："老实说，我所以敢大胆怀疑古史，实因从前看了二年戏，聚了一年歌谣，得到一点民俗学的意味的缘故。"① 周予同在 20 年代便指出顾颉刚古史研究的这一特点是"用研究故事转变的方式来研究古史，也就是颉刚所要著作的'层累地造成的中国古史'"。② 刘起釪亦认为顾颉刚从戏剧、歌谣、唱本、宗教及民间传说种种方面都发现了问题。③

看来，顾颉刚的"民俗转向"更偏向民间歌谣、故事和传说。顾氏将这些从戏曲、歌谣和民俗学中总结出的治学之道，归结为故事的演变方式，并将其应用到整理古史中，拓展了关注"民间"的范围，并在阐释历史方面取得突破性进展。与顾颉刚一样，当时一批学者共同关注民间、民俗，用人类学资源来研究历史。伴随着人类学学科在现代中国学界建制中的日益繁盛，从 20 世纪 80 年代开始，中国文学人类学的研究不断发展壮大，尤其体现在对"第三重证据"的深入挖掘上，其理论阐释和学术实践日益成熟。④ 对此，笔者将在后面两节论及。

2. "物"之再反思与突破：第四重证据

重视"物"的传统源远流长，不过现代考古学意义上的"物证"是在古史辨派的影响下日益壮大的。即使是疑古的顾颉刚，也受到考古成果的强烈

---

① 顾颉刚：《我的研究古史的计划》，顾颉刚编著《古史辨》（第 1 册下编），上海古籍出版社，1982，第 214 页。

② 周予同：《顾著古史辨的读后感》，顾颉刚编著《古史辨》（第 2 册下编），上海古籍出版社，1982，第 327 页。

③ 刘起釪：《顾颉刚先生学述》，中华书局，1986，第 45、46 页。

④ 进入 90 年代，有关第三重证据的实践更多。《文艺争鸣》、《上海文论》、《中国比较文学》、《东方丛刊》和《民族艺术》等期刊先后开辟专栏登载相关文章。专著方面，有萧兵、叶舒宪、臧克和等的"中国文化的人类学破译"丛书（1991～2004），尝试从人类学的视野对中国上古经典进行重新解读，先后出版了对《楚辞》、《诗经》、《老子》、《庄子》和《山海经》等经典文献的三重证据阐释，在学界产生了重要引导作用。详细梳理可参见叶舒宪《人类学"三重证据法"与考据学的更新》，叶舒宪：《〈诗经〉的文化阐释·自序》，陕西人民出版社，2005，第 1～16 页。

震撼。1923 年 8 月，顾颉刚到北京参观地质调查所陈列室，始见石器时代遗物，从而知道古代玉器、铜器原由石器演化而成，不禁感叹自己"对于周代以前的中国文化作了许多冥想"。① 1923 年 12 月，顾颉刚在开封见到出土古物时，对于考古学所透露出的信息大为吃惊：

> 器物的丰富，雕镂的精工，使我看了十分惊诧，心想掘到一个古墓就有这许多，若能再发见若干，从器物的铭文里漏出古代的事迹，从器物的图画里漏出古人的想像，在古史的研究上真不知道可以获得多少的裨益。②

顾颉刚根据新郑出土物的报告，在《淞上读书记》中对彝器的用处和古物的花纹进行了分类和记载。这也促使顾氏领悟到要从考古文物方面进一步推动对古代真相的新认识，并促使他更坚定疑古辨伪的决心。

历史变迁近百年，中国历史学与考古学各自繁盛发展，又盘根交错、日趋汇合。③ 仅古史研究而言，我们甚至可以说，"由于近年考古学的飞跃发展，中国上古史已经面目全非，远远超过传统文献历史的范围之外。"④ 尤其自 20 世纪 60 年代开始，考古学更强调对"物"的意义的解释，对"物"的象征意义和意识形态的关注。⑤ 这类转型与文化人类学的"写文化"趋势、后现代历史观一起，激发出更全面立体的人文证据法。同样是基于对古史的研究、对"物证"的强调，"第四重证据"的提出正是这种新兴人文证据法的体现。

叶舒宪先生于 2004 年开始提出"第四重证据"，他所提倡的"实物"既希望超越古史辨派的"物"观念与求证方法，又希望对新考古学的物质文化研究有回应和实践。所谓"第四重证据"是指考古发掘或者传世的古代文物及其图像，包括今人所称"美术考古"的各种对象和资料。"第四重证据"旨在借助实物和图像叙事的巨大潜能，使文字材料的线性叙事和平面记忆变成多维生动的立体叙事，重构相对完整的、失传已久的远古文化的记忆链线索。

---

① 顾颉刚编著《古史辨》（第 1 册），上海古籍出版社，1982，"自序"，第 57 页。
② 顾颉刚编著《古史辨》（第 1 册），上海古籍出版社，1982，"自序"，第 57 页。
③ 相关探讨颇具代表性的著作，可参阅臧振华主编《中国考古学与历史学之整合研究》，（台北）"中央研究院"历史语言研究所，1997。
④ 张光直：《对中国先秦史新结构的一个建议》，臧振华主编《中国考古学与历史学之整合研究》，（台北）"中央研究院"历史语言研究所，1997，第 1 页。
⑤ 详细可参见〔美〕罗伯特·沙雷尔、温迪·阿什莫尔《考古学：发现我们的过去》，余西云等译，上海人民出版社，2009。

关于第三重证据和第四重证据的内涵、彼此之间的关系等问题，叶舒宪先生已有多篇文章论述，笔者不再重复。① 我们要讨论的是：倘若将叶氏的主张纳入我们讨论的证据法嬗变框架，一个问题便会自然凸显：其实从王国维开始，尤其傅斯年、李济等大家都在强调证据中的"实物"价值，叶氏提出的第四重证据实则也是由"物"组成——无论是古代文物，还是图像的承载体（图片、画像、雕塑等），都是区别于书面文字的"物"。那么，第四重证据之"物"与傅斯年等的"实物证据"之继承与突破在哪里？为何要将"图像"在诸"物"中凸显出来？

前文已讲到，近代以来的几次新史学革命在根本理念上是对现代西方文明的拥抱和追赶，在方法上突出表现为把历史学与科学联系起来，为史学研究提供了新的角度和视野。胡适在向国内介绍美国实用主义哲学时，对西方近代科学发展引起的思想方法变革进行了论述。他说："十九世纪乃是科学史上最光荣的时代，不但科学的范围更扩大了，器械更完备了，方法更精密了；最重要的是科学的基本观念都经过了一番自觉的评判，受了一番根本的大变迁。"② 科学的方法对于史学来说有两重含义，一是指作为自然科学的方法和精神，二是指在西方以朗克为代表的客观主义史学所强调的科学的态度和方法。这两点直接催生了学术界对"史料"的观念从书面文献考据扩展到考古实物，近现代学术转型中的学者无不企图把握被证明的"历史"之客观本身。

然而，后现代思潮下的批判主义早已将不证自明的"历史"本质主义解构，不仅如此，连科学主义赖以生存的现代性文明的合法性，也正日益被质疑。作为对现代性的反思或反动，后现代思潮的一种普遍倾向旨在质疑现代文明，揭示其作为"神话"的虚构性和修辞性。戴维·哈维在《后现代的状况——对文化变迁之缘起的探究》中揭示出现代文明旨在发展客观的科学、普遍的道德和法律，这个方案的实质是想告诉我们"知识的目的不仅是丰富

---

① 详细学理论证参见叶舒宪《第四重证据：比较图像学的视觉说服力》，《文学评论》2006年第5期；《大禹的熊旗解谜》，《民族艺术》2008年第1期；《二里头铜牌饰与夏代神话研究——再论"第四重证据"》，《民族艺术》2008年第4期；《"轩辕"和"有熊"——兼论人类学的中国话语及四重证据阐释》，《广西民族大学学报》（哲学社会科学版）2008年第5期；《〈容成氏〉夏禹建鼓神话通释——五论"四重证据法"的知识考古范式》，《民族艺术》2009年第1期。

② 胡适：《实验主义·引论》，郑大华整理《胡适全集》（第1册），安徽教育出版社，2003，第278页。

我们的日常生活，而且也是为了人类的解放。但这些是值得质疑的方案"。①
现代性采用理论暴力的方式将极为多样和开放的历史锤打成为一个单一叙事
的整体。② 无论是否认同后现代主义的解构旨趣，中外学界对现代性及其历史
观念的反思无疑都是理论界的新热点。从 18 世纪的欧洲才进入人类视野的
"现代性"和其本身难以动摇的进化、科学、解放等价值理念和话语形式，理
应受到清理、反思和检讨，这已是学界共识。在史学界，余英时先生曾精辟
地论述史学上追求所谓"客观性"的局限：

> 他们假使历史事实是百分之百的客观的，可以通过科学的考证而还
> 原到"本来面目"。如果一切事实都考证清楚了，那么全部的历史真相自
> 然会显现出来。因此我们可以乐观地等待着"最后的历史"（ultimate his-
> tory）的出现。

> 我们承认，有些所谓历史考证工作，其具体结论的正确与否的确不
> 受时代的影响的，如名物制度、训诂校勘、地理沿革、人物生卒种种方
> 面的具体问题，一旦获得了了解，便再也不会随着时代而更动。但是这
> 一类的考证虽然都涉及史学家所必备的基本事实（basic facts），却不足以
> 当"历史事实"（historical facts）之称，因为这些事实只不过给历史提供
> 了一套外在的架构。③

余先生所说的"外在的架构"，其实是要强调究竟用什么眼光来看待其内
在本质。纯粹的史料化研究将主旨寄托在寻求精确性和客观性上，但是"客
观"本身的模糊不足以支撑对待历史的态度。因为纯粹的史料考证和还原诉
求是从自然科学方面移植过来的，强调"规律"和"模式"。"在自然科学的
领域，用精严的方法来确定事实最后是要导向规律的发现的，所以事实与规
律本身不可分割。但在史学上，我们能否通过事实的考订而获得历史发展的
规律，则迄未有定论。"④ 在文学理论领域，新历史主义、历史诗学等流派早

---

① 〔美〕戴维·哈维：《后现代的状况——对文化变迁之缘起的探究》，阎嘉译，商务印书馆，
2003，第 4 页。

② 〔英〕特里·伊格尔顿：《后现代主义的幻象》，华明译，商务印书馆，2002，第 56 页。

③ 余英时：《中国史学的现阶段：反省与展望》，康乐、彭明辉主编《史学方法与历史解释》，
中国大百科全书出版社，2005，第 2 页。

④ 余英时：《中国史学的现阶段：反省与展望》，康乐、彭明辉主编《史学方法与历史解释》，
中国大百科全书出版社，2005，第 9 页。

把历史叙事从所谓的"历史科学"中解放出来，不再屈从于权力叙事，剥去"客观"的光环，一切既定的真/伪价值观都需要在新的知识社会学中得到再检讨，一切以书写文献为主的"历史"传承方式和价值观念需要被反思。可以这样说，用新证据来判断历史事实的真伪，仅是现代学术成型的表现之一，而非唯一方式。我们如何不断调适看待"历史"的眼光，构建阐释历史的立场和途径永远是有待探究的任务。

在这个意义上，第四重证据强调用物质文化及其图像作为证据，其根本目的是要超越现代学科建制中的诸多历史本质主义观念，在更为广阔的世界性、整体性视域中阐释被文字叙事所遮蔽和遗忘的深远传统，重新阐释中国文化渊源。例如叶舒宪先生本人对大禹事迹的研究。关于自尧至禹的虞夏两代历史，顾颉刚先生是采取"疑"的态度。"四重证据法"的立体阐释则是要从貌似虚构的神话叙事中探寻古史信息，从书面文献（第一重证据），到《上海博物馆藏战国楚竹书》中的《容成氏》等出土文献（第二重证据），参照20世纪后期以来民族学和国际上口传文化研究大潮所积累的经验和成果（第三重证据），再借助文物的证明力量，例如神鼓图像和新出土实物（第四重证据），综合讨论夏禹建鼓神话的可信性问题，说明华夏神鼓传统由来的轨迹，并着重诠释神鼓神话和萨满—巫术观念的本源性联系。这种研究的根本目的不在于辨认夏朝是不是中国的第一个王朝，而是对"四重证据法"观照下的实物原型和文化意蕴加以深入探析；也是对唯文字至上和文献至上的情结，以及华夏正统主义情结做批判和清理。① 显然，这时的古史研究已经不再局限于"信"或"疑"的判断问题，如何超越有限的文字记载，通过"实物"，尤其是充分利用史前物质文化（如神像、图腾、陶器图形、玉器形象等）的实物来分析上古文化观念，在人类学资源的参照中将上古文明纳入世界文明格局，从而更好地理解本土文明的起源和特性，这才是"四重证据法"的倚重所在。或者说，它是一套更具有世界性和整体性的阐释方法。这时，所谓科学的、实证的眼光便会黯淡下去。因为科学和实证无法走近没有"科学"的上古，阐释不了那些"物证"背后的神话思维和叙事内蕴。"四重证据法"及其实践无疑是对现代性话语下的史学观及方法论的再次突破。

---

① 参见叶舒宪《二里头铜牌饰与夏代神话研究——再论"第四重证据"》，《民族艺术》2008年第4期；《〈容成氏〉夏禹建鼓神话通释——五论"四重证据法"的知识考古范式》，《民族艺术》2009年第1期。

1937 年冯友兰在为《古史辨》第六册所做的"序"中说："我曾说过，中国现在之史学界有三种趋势，即信古、疑古及释古。"① 如果说作为传统典范一重证据之知识话语旨在信古，顾颉刚等古史辨派旨在疑古，二重证据及其诸多考古发现走出"疑古"重新释古；那么，第三重和第四重证据在新的"释古"中又回到"信古"。但这次"信古"，不是宗教情怀性的笃信情结，而是"自信"地面对本土知识——剥去现代性学科话语的藩篱、悬置科学主义的切割、反思"古"之文化背景与现实意义，重新走近中国古史。

第二节 古史实证的材料拓展及其观念矛盾

从单一文献之间的互证，即从一重证据到二重、三重、四重的扩展是不是必然的？继第一节从"整体观"和"世界性"的角度论述后，笔者陆续有过一些反思。"整体观"和"世界性"的研究诉求可以放在任何一个研究者、任何一项研究内容之中，甚至可以用来剖析所有的跨文化研究。按此理路，四重证据还可以无限扩展到 N 重。那么，从一到四甚至到 N 的内在逻辑是什么？是简单的数字叠加吗？人文学术的逻辑思辨不是简单的数字游戏，一个命题的基本原理及其延伸部分，应该有内在的学理依据。证据之间的递进关系究竟是由什么产生的？除了目前已有的研究成果②，笔者认为，"证据"依次拓展的逻辑也应关涉材料的功能与证明的方式，而不仅仅是材料本身的种类。换句话说，如果材料的功能是一致的，那么种类再丰富也是相同性质的"证据"。如果研究者证明的方式是一样的，那么再多的证据也是在叠加而非发生质变。比如在王国维的"证据"使用中，第四重证据早已登场，但事实上却发挥着与第二重证据相同的功能。

一 实证材料的拓展与整合

王国维曾说："虽谬悠缘饰之书，如《山海经》《楚辞·天问》；成于后世之书，如《晏子春秋》《墨子》《吕氏春秋》；晚出之书，如《竹书纪年》，其所言古事亦有一部分之确实性。然则经典所记上古之事，今日虽有未得二重

---

① 罗根泽编著《古史辨》（第 6 册），上海古籍出版社，1982，"冯序"，第 1 页。
② 具有代表性的研究可参阅唐启翠《认知、证成与呈现——论人类学"四重证据法"》，《社会科学战线》2010 年第 3 期；孟华：《真实关联度、证据间性与意指定律——谈证据符号学的三个基本概念》，《证据科学》2011 年第 1 期。

证明者，固未可以完全抹杀也。"① 王氏所言甚是。在他那个年代，完全可靠的"纸上之史料"恐不出十余种：《尚书》、《诗》、《易》、《五帝德》及《帝系姓》、《春秋》、《左氏传》及《国语》、《世本》、《竹书纪年》、《战国策》、《史记》等。当时的"地下材料"也只有甲骨文和金文。王氏的"二重证据法"，其"二重"的内涵是指史料的来源不同，研究者观察的角度不同。从这个层面出发，除了原来的甲骨文、金文与文献记载的互证外，也可以包括文献与考古发掘的实物的互证，因为实物反映的内容需要研究者的解释，而这种解释与前人的记载属于不同的观察点。比如，1911 年王氏写的《隋唐兵符图录附说》就是典型的用古器物走进史学研究的例子。此外，他还利用玺印封泥、兵符、唐尺等出土的古物考证经史，进行实物与文献的互证。所以，第一节所勾勒的"四重证据"中的第二重与第四重（地下材料与考古/传世实物），其被观察和使用的维度是基本相同的。

回顾中国神话学史，二重证据与四重证据结合使用，即文献和考古互动的例子，在 20 世纪上半期的研究中就已经出现，例如较早涉足这方面内容的鲁迅。鲁迅谈及《天问》时讲："是知此种故事，当时不特流传人口，且用为庙堂文饰矣。其流风至汉不绝，今在墟墓间犹见有石刻神祇怪物圣哲士女之图。晋既得汲冢书，郭璞为《穆天子传》作注，又注《山海经》，作图赞，其后江灌亦有图赞，盖神异之说，晋以后尚为人士所深爱。"② 在神话学的早期研究中，像鲁迅这样直接将墓刻作为研究材料是具有开创性的做法，这也就是后人所说的"整合"路径。张光直先生在《对中国先秦史新结构的一个建议》中曾说："文献史学者、古文字学者、考古学者，经常是各干各的，没有把这整个的局面检讨一下，看看这些新资料、新工具，与新看法，应当如何整合起来。"③ 随着考古发掘和大批出土文献及文物的发现，现在的"整合"又上了一个新台阶。下文从出土文献和文物两方面进行简单介绍。

在出土文献方面，诸如简牍，郭店简、上博简、清华简等大批简牍中都有新材料出现，给上古史和神话研究的多重证据运用带来新的契机。例如《鹖冠子》过去被认为是伪书，但在马王堆帛书《老子》乙本卷前古佚书中有不见于他书，却与《鹖冠子》相同的文句。《六韬》《尉缭子》《晏子春秋》

---

① 王国维：《古史新证》，清华大学出版社，1994，第 52、53 页。

② 鲁迅：《中国小说史略》，《鲁迅全集》（第 20 卷），人民文学出版社，1981，第 8 页。

③ 张光直：《对中国先秦史新结构的一个建议》，张光直：《中国考古学论文集》，生活·读书·新知三联书店，1999，第 40、41 页。

三书曾被人疑为非先秦之书，银雀山汉墓出土了这些书的部分篇章，文字与今本大体相合，所以这些书的撰写时代当不晚于战国，今本基本上可以判定为先秦典籍。再如郭店一号楚墓出土竹简《老子》，该墓葬年代被判定为战国中期偏晚，所以《老子》的成书当不晚于战国早期。该墓还出土《唐虞之道》，全篇内容讲述尧、舜禅让之道，"对禅让的推崇到了无以复加的地步"。①类似材料还有很多，不再赘述。在出土和传世古物方面，铭文同样给古史和神话研究带来全新视野。比如在香港古董市场上偶然发现的遂公盨，当时盨盖已失，只存器身，且大半为土锈所掩，显露出的部分铭文深奥难懂。后经专家解读，铭文讲天命禹平治水土，与《尚书·禹贡》有相似之处。裘锡圭先生指出："虽然遂公盨恰好是西周中期器，但是这却并不能成为支持顾氏'禹是西周中期起来的'说法的证据。在此盨铸造的时代，禹的传说无疑已经是相当古老的被人们当作历史的一个传说了。"②遂公盨的铭文是西周中期被记录下来的，可见在西周初期，甚至更早就有禹的传说流传。

以上这些例子说明：第一、第二、第四重证据的拓展，即从地下文字材料拓展"实物"（考古挖掘或传世实物，包括画像等），只要这些实物可以和文献记载相映衬（证明或者反证），作为证据或史料都是没有问题的。从这个角度来讲，甚至可以说它们都是功能相同的证据。但是，如果这些实物和文献记载无法呼应呢？进而，出土或传世古物是文献记载中不曾出现过的呢？我们需要什么眼光去解读？也许，"四重证据法"的意义正在于此，即从"神话—古史"维度来考察，若没有各种传世文献或出土器物文字的支持或映衬，我们如何面对"物"来做文化研究？"二重证据"的维度，并不能提供解释途径。而且，这些被作为材料的上古各种典籍、器物是否能通过实证研究带给研究者客观答案呢？从王国维与顾颉刚的研究中，我们都看到了研究与观念不兼容的现象。

二 "尊德性"与"道学问"：以王国维为讨论中心

1927年6月2日，王国维自沉于北京颐和园昆明湖鱼藻轩。

陈寅恪为此悲呈挽联："敢将私谊哭斯人，文化神州丧一身。越甲未应公独耻，湘累宁与俗同尘。……"吴宓也怆然："离宫犹是前朝，主辱臣忧，汨

---

① 裘锡圭：《新出土先秦文献与古史传说》，裘锡圭：《中国出土古文献十讲》，复旦大学出版社，2004，第18页。

② 裘锡圭：《新出土先秦文献与古史传说》，裘锡圭：《中国出土古文献十讲》，复旦大学出版社，2004，第22页。

罗异代沉屈子；浩劫正逢此日，人亡国瘁，海宇同声哭郑君。"

陈、吴都将王氏自沉视为信仰破灭和文化殉道。也许，王氏的学术造诣恰恰是他信仰破灭之利刃。梁任公在吊祭挽联中，认为王氏最有学术成就的是"创通龟契"的甲骨研究。确实，当王氏提出"二重证据法"，把甲骨文视为和六经同样重要的文献时，已彻底解构了六经的神圣性，宣告了经典作为文献只是众多考据材料之一。"尊德性"与"道学问"的南辕北辙，神圣经典的史料化日渐成为不可阻挡的学术大势。从这个阶段开始，中国近现代学术始终在与西方的参照中焦虑和形塑。王国维天才般地提出了现代学术建构中必需的世界眼光与整体诉求，故将传统文化塞进"历史"学科做对象化处理，用"科学的态度"甄别经典文献，用实证的方式接近曾经是信仰对象的上古文化。他的研究成就代表了近代学术转型的高峰，这些成就从逻辑上却进一步强化了新学术建构下无处安放的士人信仰危机。自此，随着传统学问自身范式的危机和西学的冲击，关于什么是学问、知识的最后标准、治学的理念与方法等问题已经不可逆转地发生了范式变化，学问研究中的"证据"观念和途径也在被不断调适更新。

傅斯年先生在《历史语言研究所工作之旨趣》中说："把些传统的或自造的'仁义礼智'和其他主观，同历史学和语言学混在一起的人，绝对不是我们的同志。"[1] 19世纪以来的学术发展的最大特色，就是各种学问与道德、伦理的分离。这句话也概括了以胡适、傅斯年为代表的史料学派所走的路，即强调史料的客观性，强调史学与道德、伦理分开。更激烈者如钱玄同："现在我自己可以先表明一句。我绝非耶教信徒。且我绝对以为今后世界只有科学真理。彼宗教神话，断无存留之价值。如国人以此为太骇俗。或仍用民国纪元。其民国前一年辛亥、至用共和元年庚戌。"[2] 与之相对立，还有将历史与道德结合的研究途径。事实上，在历史与道德问题上，王国维所走的恰恰就是要将二者重新结合在一起的路径。他认识到上古文化的特点就是神话与史实"混而不分"，但他并不排斥，而是紧跟最新材料、证据去判别二者。郭沫若曾说王国维是"新史学的开山"，王氏的"开山"之功，除了给我们留下大量的史学著作外，其史学研究方法，即"二重证据法"也是其中最重要的内

---

① 傅斯年：《历史语言研究所工作之旨趣》，《傅斯年全集》（第4册），（台北）联经出版事业有限公司，1980，第1314页。
② 钱玄同：《钱玄同致独秀》，《新青年》第3卷第5期（1917年7月1日）。

容。然而,他的学问与他的个体心性被慢慢分隔,实证式的研究方法与回归传统的文化理想之间的紧张,始终浸润于王国维的古史研究之中。我们今日大谈王国维开辟了"二重证据法"的时候,不可忽略他在研究中所呈现出来的焦虑、悖论。

(一) 上古的实证化处理

陈梦家曾把王国维与罗振玉进行对比,在对比中分析罗振玉注重卜辞句的读识和分类;王国维则大部分结合卜辞所反映的史地和古代礼制加以研究,是一种历史研究。① 王国维的"历史研究"源于他对清初及乾嘉学者实证精神的重视,即所谓的"先正成法"。王氏认为学术可随时势而变迁,但"实事求是"的治学精神不能变,"当以事实决事实,而不当以后世之理论决事实"。② 这种"实事求是",期望将古史做实证化处理的研究特点集中体现在《古史新证》中。

《古史新证》,顾名思义就是用新的材料和新的方法对古史加以证明。它既是王国维治学经验的总结,也是他一生学业的辉煌结晶,其方法论核心在于用新材料——金石、甲骨文来证明古史。此书得到当时学术界的一致好评。考古学者唐兰在为该书写"序"时评价:"夫考据之学,必虚己以待证,搜集材料而不徒聘辞说,新证既出,材料既富,不需穿凿新奇而自有创获,则王先生《古史新证》其选也。"③ 唐兰突出强调王氏重材料、轻臆想,不图新奇而追求科学性。梁启超带学生在王国维的墓上祭奠并发表长篇讲演,评价王氏的学问"通方知类",评价《观堂集林》"几乎篇篇都是新发明,只因他能用最科学而合理的方法,所以他的成就极大"。④《古史新证·总论》中说:

> 研究中国古史,为最纠纷之问题,上古之事,传说与史实混而不分,史实之中,固不免有所缘饰,与传说无异,而传说之中,亦往往有史实为之素地,二者不易区别,此世界各国之所同也。在中国古代已注意此事。……至于近世,乃知孔安国本《尚书》之伪,《纪年》之不可信,而

① 转引自钱剑平《一代学人王国维》,上海人民出版社,2002,第340页。
② 王国维:《再与林博士论洛诰书》,王国维:《王国维遗书》(第1册),上海书店出版社,2011,第64页。
③ 唐兰:《古史新证·序》,清华大学出版社,1994,第3页。
④ 梁启超:《王静安先生墓前悼辞》,谢维扬、房鑫亮编《王国维全集》(第20册),浙江教育出版社,2009,第200页。

疑古之过，乃并尧、舜、禹之人物而亦疑之。其余怀疑之态度及批评之精神，不可无取。然昔于古史材料，未尝为充分之处理也。①

王国维深刻地洞察到上古的最大特点在于"传说与史实混而不分"，今人不能一味"疑"之，而是要结合地下的新材料进行研究，从而"古书之未得证明者，不能加以否定，而其已得证明者，不能不加以肯定，可断言也"。于笔者看来，王氏欲以"二重证据法"——"地下之新材料"及"纸上之材料"纠正学界过分怀疑并解构古书的学风。例如他对大禹的分析（见《古史新证》第二章"禹"），通过钟铭二器上的文字和古籍史料来证实禹是真实不疑的历史存在人物。② 他又于第四章"商诸臣"文末呼应前三章考证，肯定古史论述，"藉以破解目下观念"。③ 那么，什么是"证明"的学理基石呢？其实就是近代以来的科学实证主义。王国维深受近代科学实证精神的熏陶，他的学术论著大都恪守"价值中立"的原则。笔者查阅到，国人最早注意和提到兰克的史学研究并见诸文字的恰是王国维。

早在 1900 年，王国维在为《东洋史要》《欧罗巴通史》所做的"序"中也反复强调历史的本质在于"关系""系统"："日本理学士箕作元八及峰山米造两君所著《西洋史纲》，盖模德人兰克 Ranke 氏之作，以供中学教科之用者。"他还写道：

> 历史有二，有国史，有世界史。国史者，述关系于一国之事实；世界史者，述世界诸国历史上互相关系之事实。二者其界截然，然其不可无系统则一也。抑古来西洋各国各为一历史团体，以为今日西洋之文化。我东洋诸国亦自为一历史团体，以为东方数千年来固有之文化。至二者相受相拒，有密接之关系，不过最近世事耳。故欲为完全之世界史，今日尚不可能，于是大别世界史为东洋史、西洋史之二者，皆主研究历史上诸国相关系之事实，而与国史异其宗旨者也。又曩之所谓西洋史者，亦大抵不过西洋各国国史之集合者，不得称西洋史。其称东洋史、西洋

---

① 王国维：《古史新证》，谢维扬、房鑫亮编《王国维全集》（第 11 册），浙江教育出版社，2010，第 244 页。

② 王国维：《古史新证》，谢维扬、房鑫亮编《王国维全集》（第 11 册），浙江教育出版社，2010，第 244、245 页。

③ 王国维：《古史新证》，谢维扬、房鑫亮编《王国维全集》（第 11 册），浙江教育出版社，2010，第 278 页。

史者，必自国史杂沓之事实中，取其影响及他国之事变，以说明现时之历史团体者也。①

王国维的这种史学思想直接受其师藤田丰八的影响。藤田丰八曾为《泰西通史》做过一篇序文，后发表在1902年9月的《政艺通报》上，该文简述了他对"历史"的理解：

> 古来历史如帝王起居注，又如英雄列传，职是故也。虽然历史非帝王之起居注，有非英雄之列传，其集合帝王起居注、英雄列传者，仍唯起居注、列传已耳，仍起居注、列传之集合者耳，是犹木材土石杂然叠积，而不可谓为室宇也。史上之现象，非由帝王起，非由英雄其，非由众人其，亦非由此等杂然集合者起，乃由此等一定之关系而起。申言之，实由此等之一有机团体翕应相维系而起也，历史最宜致意者唯此耳。既知集合帝王起居注、英雄列传者，不可称为一国之历史，则彼称世界各国历史之集合者为世界史，西洋各国历史之集合者为西洋史，固当知其无谓矣。人与人无关系，则无人群之历史，国与国无关系，则无国群之历史，于世界各国间有密切之关系，始可为世界史，于西洋各国间有密切之关系，始可谓西洋史。若夫胪列各国历史，而漫言此世界史也，此西洋史也，犹胪列国人之传记，而谓为一国之历史，实属无谓之甚者。②

藤田将历史视为"有机团体"，尤其强调彼此的关系的影响。王国维将之进一步理解为"系统"，强调"事实"。再往前追溯，藤田丰八的史学观又起源于德国史学的影响。德意志是一个由小邦林立而逐步建立起来的统一国家，所以在德国史学家的研究中，对于各团体之间以及"种族"和"文化"之间的关系非常注意。傅斯年同样受此影响，倾向于以东、西两个种族集团，即著名的"夷夏东西说"来解释这一现象。可是王国维认为殷、周并非两个种族，两者都是帝喾的后代，不过殷周在制度上进行了极大的变革，因此有差异。王氏在给友人容庚的信里，明确地批评了钱玄同和顾颉刚

---

① 王国维：《东洋史要序》，谢维扬、房鑫亮主编《王国维全集》（第14册），浙江教育出版社，2009，第2页。

② 转引自李孝迁《西方史学在中国的传播（1882～1949）》，华东师范大学出版社，2007，第36页。

的疑古工作。他说："今人勇于疑古，与昔人之勇于信古，其不合论理正复相同，此弟所不敢赞同者也。"① 《殷周制度论》中论述了周代如何将政治与道德合为一体，用宗法制度使整个王朝成为一个"道德团体"。他认为一切都是由"立嫡长子"和"父死子继"开始，这一切都是由天定的，所以人们不必因为权力、政治来争夺。周公制礼乐最大的用意就在这里，而周与商最大的不同也在这里。这些研究，折射出王氏对商周文化的追慕情怀，这也体现了他与傅斯年、胡适等不一样的文化情结，即对"古"的挥之不去的情结与信仰。

（二）对"古"之精神寄托与向往

1917年，王国维完成《殷周制度论》一文，自认为"实近世经史二学上第一篇大文字"。② 写成当日，他致信罗振玉说："其大意谓周改商制一出于尊尊之统者，为嫡庶之制。……周世一切典礼皆由此制度出，而一切制度典礼皆所以纳天子、诸侯、卿、大夫、士、庶人于道德，而合之以成一道德之团体。政治上之理想，殆未有尚于此者。文凡十九页，此文于考据之中，寓经世之意，可几亭林先生。"③ 王氏有心仿顾炎武的《日知录》，寓经世于考据之中，在重建周代社会政治制度的同时，隐晦地表露了自己的政治倾向，幻想后世重新拾起儒家推崇的"家国同构"式的周代礼制。傅斯年极为敏感地抓住了王氏的弦外之音，批评他有违史家客观的立场。傅氏说："殷周之际有一大变迁，事甚明显，然必引《礼记》为材料以成所谓周公之圣德，则非历史学矣。"④ 在致罗氏的另一封信中，王氏进一步把回归中国传统作为摆脱世界苦难的唯一良方。他说："时局如此，乃西人数百年讲求富强之结果，恐我辈之言将验。若世界人民将来尚有孑遗，则非采用东方之道德及政治不可也。"⑤ 1923年是王国维学术生命中至关重要的转折点。就学术而言，荟萃其古史论

① 王国维：《致容庚》，谢维扬、房鑫亮编《王国维全集》（第15册），浙江教育出版社，2010，第886页。
② 抗父：《最近二十年间中国旧学之进步》，《东方杂志》第19卷第3号。
③ 王庆祥、萧立文校注《罗振玉王国维往来书信》，东方出版社，2000，第290页。
④ 王汎森：《王国维与傅斯年——以〈殷周制度论〉与〈夷夏东西说〉为主的讨论》"附录"，傅斯年藏书眉批，孙敦恒、钱竞编《纪念王国维先生诞辰120周年学术论文集》，广东教育出版社，1999，第30页。白寿彝也注意到《殷周制度论》"有不少理想的成分"（白寿彝：《中国史学史论集》，中华书局，1999，第317页）。
⑤ 王庆祥、萧立文校注《罗振玉王国维往来书信》，东方出版社，2000，第447页。

述的《观堂集林》正式刊行，一举奠定其新史学开山的地位；就个人命运而言，王氏奉诏进京，入直南书房，接受清逊帝溥仪赐予的五品官衔。入京不久，王氏撰写了一篇长折呈送溥仪，最鲜明地反映了王氏自己的文化诉求，相关内容可以归纳为以下三方面。①

第一，当下的"堕落"源于欧洲："自欧战以后，欧洲诸强国情见势绌，道德堕落，本业衰微，货币低降，物价腾涌，工资之争斗日烈，危险之思想日多，甚者如俄罗斯赤地数万里，饿死千万人，生民以来未有此酷。而中国此十二年中，纲纪扫地，争夺相仍，财政穷蹙，国几不国者，其源亦半出于此。"

第二，指出西方近代文明的两大弊病：其一，西人鼓励竞争，追求富强，激发人性的贪欲，结果是"国与国相争，上与下相争，贫与富相争，凡昔之所以致富强者，今适为其自毙之具"。其二，西人迷信科学万能，"西人处事皆欲以科学之法驭之，夫科学之所能驭者，空间也，时间也，物质也，人类与动植物之躯体也。然其结构愈复杂，则科学之律令愈不确实。至于人心之灵及人类所构成之社会国家，则有民族之特性，数千年之历史，与其周围之一切际遇，万不能以科学方法治之。而西人往往见其一，而忘其他"。

第三，承认西方自然科学和历史科学的进步，但认为"研究物理，考证事实，琢磨心思"，不过是少数学问家"消遣岁月"罢了，科学并不是解决国家、社会问题的无上法门。由此他得出的结论是，救中国的良药，只能是回归传统，别无他法，"盖与民休息之术，莫尚于黄老，而长治久安之道，莫备于周孔"。

王氏看到了西方科学和历史学的进步，承认为中国传统学问所不及，但他从根本上批判西方的文明观念，而且将清末以来的政治乱象归结于国人追随西方而放弃了中国传统文化观念，反其道而为之。陈寅恪在《王观堂先生挽词》的"序言"里对当时的情形做了一番评论：

> 近数十年来，自道光之季，迄乎今日，社会经济之制度，以外族之侵迫，致剧疾之变迁；纲纪之说，无所凭依，不待外来学说之掊击，而已销沉沦丧于不知觉之间；虽有人焉，强恬而力持，亦终归于不可救药之局。盖今日之赤县神州值数千年未有之巨劫奇变；劫竟变穷，则此文

---

① 所列举三方面参阅钱剑平《一代学人王国维》，上海人民出版社，2002，第394~397页。

化精神所凝聚之人，安得不与之共命运而同尽？此观堂先生所以不得不死，遂为天下后世所极哀而深惜者也。①

此番议论从政治、经济、文化等方面概括出那个时代的特点，总结出了以精神生活为生命的文人学者在当时形势下的命运。雷海宗曾说："传统的中国，在制度方面可以帝制为象征，在文化方面可以科举为象征……帝制先取消了科举，象征传统文化大崩溃的开始；然后帝制自己也被取消，象征传统制度大崩溃的开始。所余的是一个在政治文化各方面都失去重心的中国，只有一个外表上全新的面孔聊以自慰自娱。积弱不堪的民族文化从此要在新旧的指针一并缺乏之下盲目地改换方向，乱寻方向，前途茫茫，一切都在不可知的数中。"②王国维有一句名言："可爱者不可信，可信者不可爱。""可爱"与"可信"，构成了王氏二元的精神世界。他的学术论著，绝大多数是按照可信的原则，遵循"实事求是"的精神，但试图延续传统士人的"经世致用"思想，在实证式的学术研究中贯彻儒家的政治道德理想。然而，王氏的研究并不能承载其文化价值的诉求。"二重证据法"打开了现代史学研究的新视野，在某种程度上，也关上了叩问上古神圣与价值的大门。当古史辨派大举旗帜疑古辨伪时，世人几乎可以预料，顾颉刚、钱玄同、童书业等人心中早已无古之神圣的价值情怀。然而，学术史的吊诡在于，在疑古与尚古之间，在毁史与信史之间，学术观念是可以两极变化的。尤以顾颉刚的研究为例，反映出实证材料终归服务于意识形态和观念诉求。

三　疑古与尚古：顾颉刚的观念矛盾

（一）疑古和毁史

顾颉刚在《古史辨》第1册《自序》里写道："自从读了《孔子改制考》的第一篇之后，经过了五六年的酝酿，到这时始有推翻古史的明了的意识和清楚的计划。"③顾氏的"推翻古史"就是"毁史"，其途径为"疑古辨伪"。

① 陈寅恪：《王观堂先生挽词并序》，谢维扬、房鑫亮主编《王国维全集》（第20册），浙江教育出版社，2009，第203页。
② 雷海宗：《中国通史选读》，北京大学出版社，2006，第702页。
③ 顾颉刚编著《古史辨》（第1册上编），上海古籍出版社，1982，"自序"，第43页。

"疑"乃怀疑,然后去辨析、证实那些虚假成分。这些"虚假成分"可分三方面:"一是伪理,二是伪事,三是伪书。"① 具体而言,顾氏通过"层累说"与"演进史"的方法来"疑"与"辨"。

1. 找到"伪"的规律:层累说和"造伪"

顾氏曾解释了何谓"层累说":

> 我很想做一篇《层累地造成的中国古史》,把传说中的古史的经历详细一说。这有三个意思。第一,可以说明"时代愈后,传说的古史期愈长"。……周代人心目中最古的人是禹,到孔子时有尧舜,到战国时有黄帝、神农,到秦有三皇,到汉以后有盘古等。第二,可以说明"时代愈后,传说中的中心人物愈放愈大"。如舜,在孔子时只是一个"无为而治"的圣君,到《尧典》就成了一个"家齐而后国治"的圣人,到孟子时就成了一个孝子的模范了。第三,我们在这上,即不能知道某一事件的真确的状况,但可以知道某一事件在传说中的最早的状况。②

"层累说"的根本点是"时代愈后,传说的古史期愈长";或曰:"时代越后,知道的古史越前;文籍越无征,知道的古史越多"。③ 例如他研究的核心——禹,他认为最早见于西周,春秋时又出现了尧舜,战国时又出现了黄帝、神农,秦时又出现了三皇,汉代又出现了盘古。越是后出现的人神,他们的辈分越高或资格越老。而古史的顺序则恰恰反过来:盘古最晚出现却辈分最高,资格最老(创世始祖),三皇(天皇、地皇、泰皇)次之,黄帝、神农再次,尧舜更次,禹的辈分最小。用顾氏的话总结,"我就建立了一个假设:古史是层累地造成的,发生的次序和排列的系统恰是一个反背"。④ "层累说"让之前作为神圣信仰的神话传说被彻底解构,揭示了顾氏自己总结出的"造伪"现象。他在《战国秦汉间人的造伪与辨伪》(1934)一文中对古人(特别是战国秦汉间人)的造伪运动有一句总结性的断语:"战国秦汉之间,

---

① 顾颉刚:《答编录〈辨伪丛刊〉》,顾颉刚编著《古史辨》(第1册上编),上海古籍出版社,1982,第32页。

② 顾颉刚:《与钱玄同先生论古史书》,顾颉刚编著《古史辨》(第1册上编),上海古籍出版社,1982,第60页。

③ 顾颉刚:《与钱玄同先生论古史书》,顾颉刚编著《古史辨》(第1册中编),上海古籍出版社,1982,第60页。

④ 顾颉刚编著《古史辨》(第1册上编),上海古籍出版社,1982,"自序",第52页。

造成了两个大偶像：种族的偶像是黄帝，疆域的偶像是禹。"①"造伪"就是把神话传说说成历史，把神话中的神人说成人王——帝王或英雄。找到这个规律，便可以通过"演进法"走进真实可信的古史。

2. 走进信史："演进法"

"尧舜禹的地位问题"最能代表顾氏的"演进"研究，它们也是顾氏最早对古史产生疑窦的问题，是他辨伪的第一项实验性工作，影响也最大。顾氏从《尧典》与《诗经》的内容冲突中找到中枢物——禹，并对禹在传说中的地位加以梳理辨析，"不期然而然在我的意想中理出了一个古史成立的系统"。② 他把禹的"演进史"分为三个时期：（1）南方民族的祖先神禹传入中原的时期。（2）尧舜禹的故事粘连在一起的时期。（3）禹与后稷发生关联的时期。顾氏说："我以为禹或是九鼎上铸的一种动物，当时铸鼎象物，奇怪的形状一定很多，禹是鼎上动物的最有力者，或者有敷土的样子，所以就算是开天辟地的人。（伯祥云，禹或即是龙，大禹治水的传说与水神祀龙王事恐相类）流传到后来，就成了真的人王了。"③ 顾氏认为在古史演进的过程中出现了"人化"现象：第一，把神话中的古神和古人"王化"；第二，把神话中的动物神"人化"。胡适把上述研究称为"历史演进"法。他概括说："这种见解重在每一种传说的'经历'与演进。这是用历史演进的见解来观察历史上的传说"，"顾先生的主要观点在于研究传说的经历"。他把顾颉刚的方法具体地概括为四种方式：

（1）把每一件史事的种种传说，依先后出现的次序，排列起来。

（2）研究这件史事在每一个时代有什么样子的传说。

（3）研究这件史事的渐渐演进，由简单变为复杂，由陋野变为雅驯，由地方的（局部的）变为全国的，由神变为人，由神话变为史事，由寓言变为事实。

（4）遇可能时，解释每一次演变的原因。④

---

① 顾颉刚：《战国秦汉间人的造伪与辨伪》，吕思勉、童书业编著《古史辨》（第 7 册上编），上海古籍出版社，1982，第 23 页。

② 顾颉刚：《答柳翼谋先生》，顾颉刚编著《古史辨》（第 1 册下编），上海古籍出版社，1982，第 223 页。

③ 顾颉刚：《与钱玄同先生论古史书》，顾颉刚编著《古史辨》（第 1 册中编），上海古籍出版社，1982，第 63 页。

④ 胡适：《古史讨论的读后感》，顾颉刚编著《古史辨》（第 1 册中编），上海古籍出版社，1982，第 193 页。

胡适认为顾氏的"根本方法是愈用愈见功效的"。其实这种功效的核心在于指出了古史的"伪"及其所以然,即成功地"毁史"并试图还原真实的古史。顾氏自己曾说:"即不能知道某一事件的真确的状况,但可以知道某一事件在传说中的最早的状况。"① 他一方面根据神话传说的演化去审视和判断史实,另一方面又反过来根据历史演进去分析神话传说。反复被推敲的是积淀、传承下来的"伪史",决定我们今日世界的也是这些"伪史"。至于古史的本来面貌,那是一个神话观念的世界:

> 古人对于神和人原没有界限,所谓历史差不多完全是神话。人与神混的,如后土原是地神,却也是共工氏之子。人与兽混的,如夔本是九鼎上的罔两,又是做乐正的官;饕餮本是鼎上图案画中的兽,又是缙云氏的不才子。兽与神混的,如秦文公梦见了一条黄蛇,就作祠祭白帝;鲧化为黄熊而为夏郊。此类之事,举不胜举。……自春秋末期以后,诸子奋兴,人性发达,于是把神话中的古神古人都"人化"了。人化固是好事,但在历史上又多了一层的作伪,而反淆乱前人的想像祭祀之实,这是不容掩饰的。②

鉴于传统古史观推崇先圣和三代之治违背了进化史观的规律,顾氏曾在给胡适写的一封信中这样写道:"中国号称有四千年(有的说五千年)的历史,大家从《纲鉴》上得来的知识,一闭目就有一个完备的三皇五帝的统系,三皇五帝又各有各的事实,这里边真不知藏垢纳污到怎样!若能仔细地同他考一考,教他们涣然消释这个观念,从四千年的历史跌到二千年的历史,这真是一大改造呢!"③ 胡适对顾颉刚的这种大胆的疑古思想颇为欣赏,他在回信里说明他的古史观,"大概我的古史观是:现在先把古史压缩二三千年,从《诗三百篇》做起。将来等到金石学、考古学发达上了科学轨道以后,然后用地底下掘出的史料,慢慢地拉长东周以前的古史。至于东周以下的史料,亦需严密评判,'宁疑古而失之,不可信古而失之'"④。吕微先生曾从现象学角

---

① 顾颉刚:《与钱玄同先生论古史书》,顾颉刚编著《古史辨》(第1册中编),上海古籍出版社,1982,第60页。

② 顾颉刚:《讨论古史答刘胡两先生书》,顾颉刚编著《古史辨》(第1册中编),上海古籍出版社,1982,第100、101页。

③ 顾颉刚:《告拟作〈伪书考〉考文书》,顾颉刚编著《古史辨》(第1册上编),上海古籍出版社,1982,第13、14页。

④ 胡适:《自述古史观书》,顾颉刚编著《古史辨》(第1册上编),上海古籍出版社,1982,第22、23页。

度来表明顾氏的神话分析值得借鉴。他说：

> 康德区分现象界与本体界，认为我们所能认识的只是现象，而对于本体，我们一无所知，但康德还不至于完全否定本体界的存在。到了胡塞尔那里，胡氏不仅主张回到面对现象的意识本身（这就是"实事"），甚至对本体的存在都采取了"不设定"的不置可否、不予表态的悬置立场。
>
> 顾颉刚的"层累造成的中国史"假说也是基于与上述相似的认知态度。也就是说，在顾氏看来，所谓古史的真实本体是我们根本就无法真正了解的，我们所能切实把握的其实只是后人关于历史的诸种"造说"——传说和故事，后人的造说不断地被累积起来，于是我们才有了关于古史的系统知识。
>
> ……
>
> 经过此一番现象学知识论的视角转换，历史本体是否真的客观存在就变成了一个信仰的问题。①

针对吕先生对顾氏的称赞，笔者持保留态度。因为当我们把目光拉长到抗战时期的顾氏思想，便能看到他从否定古史转向对中国历史的肯定与拥护。一方面，这种转变是当时的战争形势所需。正如王晴佳教授所说的，民族危机的加深，使得自"古史辨"以来所掀起的历史研究法的热潮，逐渐冷却下来。原来站在胡适、顾颉刚等"疑古派"对立面的钱穆、柳诒徵等人，以其对中国文化传统的坚定信仰，开始壮大声势。② 但另一方面也说明，顾颉刚在"疑古辨伪"阶段竭力推翻古史后所"演进"出来的"信史"，却不能支撑其"中国"的信念，而这正是笔者所说的实证与观念之间的矛盾之处。

（二）尚古和"信"史

"信史"在许多著述中被经常使用，指可信的、非虚构的历史。笔者在此用"'信'史"一词，欲说明顾颉刚对古史采取的尊重和信任态度，与之前的"毁"对立。章太炎曾认为1924年的史学界弊端丛生，他要纠正的五点治史弊病是："取文舍事，详上古略近代，详域外略内政，详文化略政治，以及疑

---

① 吕微：《顾颉刚：作为现象学者的神话学家》，《民间文化论坛》2005年第4期。
② 王晴佳：《论二十世纪中国史学的方向性转折》，钱伯城、李国章主编《中华文史论丛》（第62辑），上海古籍出版社，2000，第56页。

古太甚。"① 其最后一点就是专门针对古史辨派的疑史思潮,否定当时流行的疑古风气,认为此风将使国人暴弃学术,酿成束书不观之弊,故提出古史不应随便疑弃之观点:

> 古人往矣,不但尧舜之有无不可知,若充其致疑之极,则清光绪帝之有无,亦非吾侪所能定……古事致疑,本为学者态度,然若以一二疏漏而遽认为伪造,欲学者辈束书不观,则未免太过耳。②

章氏认为国内学者在日本学界的影响下"信谬作真",对本国历史"疑所不当疑"。国内疑古人士被他严厉地斥责为不加深思的"妄人""浅人",他们的治史方法也被斥为"数典忘祖",疑古史学则被他判为"魔道"。"夫讲学而入于魔道,不如不讲。昔之讲阴阳五行,今乃有空谈之哲学、疑古之史学,皆魔道也。必须扫除此种魔道,而后可与言学。"③ 陈寅恪曾赋诗:群趋东邻受国史,神州士夫羞欲死。④ 此语深刻地批判了20世纪20年代中国史学界跟随、效仿东洋史家科学史观而行的现状。在跟随和效仿日本中,疑古的"魔道"借日本学界的研究而大行其道⑤,不料却也因日本的入侵而改变了"疑"之轨迹,转向"信"。

在全民抗战呼声日隆时,顾颉刚从中华民族认同的民族主义立场出发,开始了自己的尚古和"信"史工作。这段时期,他从疑古重镇走向抗衡白鸟库吉言论的西北史地考证工作。他曾亲率"禹贡学会"门生后学远赴边疆考察民族史、地理、方志、文物,"力求从学术研究中为振兴中华民族尽些力

---

① 章太炎:《劝治史学并论史学利弊》,马勇编《章太炎讲演集》,河北人民出版社,2004,第85页。

② 章太炎:《劝治史学并论史学利弊》,马勇编《章太炎讲演集》,河北人民出版社,2004,第88页。

③ 章太炎:《历史之重要》,马勇编《章太炎讲演集》,河北人民出版社,2004,第153页。

④ 陈寅恪:《北大学己巳级史学系毕业生赠言》(1929年5月3日),浦江清:《清华园日记西行日记》,生活·读书·新知三联书店,1999,第36页。

⑤ 从章太炎开始到当下,一直不乏学者认为顾颉刚抄袭了日本学界的相关理论。例如章培恒、廖名春、王小林等质疑他抄袭白鸟库吉的"尧舜禹抹杀论"、内藤湖南的"加上原则"。尽管也有学者认为二者之间不存在抄袭关系,但有学者认为:"维护者实际上也未能提出任何有效论点证明古史辨与日本不存在任何关系。"详细可参阅陈学然《中日学术交流与古史辨运动:从章太炎的批判说起》,《中华文史论丛》2012年第3期。对此争论,笔者认为"古史辨"无论是在方法上还是在内容上,甚至是在某些关键词上均与明治日本的疑古辨伪思潮存在惊人的相似之处。

量"①，由此显示出对中华民族及其历史的笃信与拥护。在这个阶段，顾氏对古史的笃信与他之前的毁史灭古工作形成学理上的矛盾与冲突。一般而言，研究古史辨派的学者将顾氏抗战后的学术实践视为时代形势使然。时势肯定是无法否认的重要因素，除此之外，这也提供了从实证与观念的矛盾角度来思考的可能性，从而反思材料及其实证能否带来清晰无疑的上古面貌。

顾颉刚于1943年依附蒋介石嫡系，并向蒋氏上献《九鼎铭》以彰其帝王功德，实则承认了"禹作九鼎"的史实，与"禹是一条虫"的著名疑史论断自相矛盾，以致遭到学者名流的齐声讨伐。② 他曾说自己办《禹贡》的学术工作是出于"予不忍民族之覆亡"。③ 在"不忍"之心中，1937年1月2日，顾颉刚在《申报·星期论坛》上发表《中华民族的团结》一文宣称"种族和民族不同"，"血统相同的集团，叫做种族。有共同的历史背景、生活方式，而又有团结一致的民族情绪的集团，叫做民族"。虽然中国境内存在许多种族，"但我们确实认定，在中国的版图里只有一个中华民族"。④ 在此文中，顾氏还特别强调中国历史上各种族血统混杂的事实，指出在清代以前，"迁徙和同化，血统已不知混合了多少次，区域也不知迁动了多少次。所以汉族里早已加入了其他各族的血液，而其他各族之中也都有汉族的血液，纯粹的种族是找不到了"。⑤ 此后，顾氏又多次申说这些观点。对于"民族"，他反复强调"共同的民族意识"，认为"'民族'乃是具有共同民族意识的情绪的人群"，"这种情绪能把宗教信仰、经济利益、社会地位各不同的人们团结在一个民族意识之下"。⑥

对中华民族的多族群融化问题，顾氏认为主要表现在文化方面，"文化原是生活的方式，应当随时制宜，又随地制宜的"，"这种文化融化工作至今也不曾停止"。⑦ 为了中华民族的进一步融合，他还特别主张"表彰并推广各族优良文化"，"搜集并创作各族共有的中国通史"⑧，尤其是应"把我们祖先冒着千辛万苦而结合成的中华民族的经过探索出来，使得国内各个种族领会得

---

① 顾颉刚：《走在历史的路上：顾颉刚自述》，（台北）远流出版社，1989，第200页。

② 顾颉刚：《顾颉刚日记》（第5册），（台北）联经出版社，2000，第72页。

③ 顾颉刚：《顾颉刚日记》（第3册），（台北）联经出版社，2000，第518页。

④ 顾潮：《顾颉刚年谱》，中国社会科学出版社，1993，第265、266页。

⑤ 顾潮：《顾颉刚年谱》，中国社会科学出版社，1993，第266页。

⑥ 顾潮：《顾颉刚年谱》，中国社会科学出版社，1993，第281页。

⑦ 顾潮：《顾颉刚年谱》，中国社会科学出版社，1993，第280页。

⑧ 顾潮：《顾颉刚年谱》，中国社会科学出版社，1993，第280页。

大家可合而不可离的历史背景和时代使命,……团结为一个最坚强的民族"。①
1939 年 2 月 9 日,顾氏发表《中华民族是一个》一文,对上述观念做了更为
明确的集中阐发。在他看来,中华民族并不是一个多民族组成的"大民族"
共同体,而是由历史上许多种族不断融合而成的一个民族,其血统宗绪复杂,
文化也没有清楚的界限。所谓汉、满、蒙、回、藏"五大民族"之说,实在
是"中国人自己作茧自缚",从而给那些别有用心者和敌对势力造成了可乘之
机。现在是必须正视这一历史错误的时候了。文章还分析了"五大民族"一
词出现的原因和导致的"恶果",并以史实来论证中华民族是自战国秦汉以来
就逐步形成的伟大民族。此文刊出后,各地报纸转载者甚多,影响甚大。

顾氏对中华民族历史的认同犹如他对古史的推翻一般,产生了巨大影响。
细究认同中华民族、认同民族的历史,与前文所描述的"疑古毁史"显然相
悖。首先,这种"相悖"是由顾氏前期研究的方法论特点所奠定的。徐旭生
先生在《我们怎样来治传说时代的历史》中专门指出以顾颉刚为代表的古史
辨派的治学方法"很有问题"。其中,最主要的问题就是"太无限度地使用默
证"。这种方法"因某书或今存某时代之书无某事之称述遂断定某时代无此观
念"。除此以外,"看见了不合他们意见的证论,并不能常常地谨慎处理,有
不少次悍然决然宣布反对论证的伪造,可是他们的理巾是脆弱的,不能成立
的"。② 笔者认为,"默证法"在很大程度上是由其观念所形塑的,顾氏从文献
到文献的方式,貌似实证,但其"默证法"完全由他内心的价值观所形塑。
顾氏曾把自己求"真"的方法概括为:

> 我的工作,无论用新式的话说为分析、归纳、分类、比较、科学方
> 法,或者用旧式的话说为考据、思辨、博贯、综核、实事求是。③

换言之,"求真"即"求真的精神,客观的态度,丰富的材料,博洽的论
辨"。④ 然而,顾氏的"科学"方法却并没有给古史一个"真实"。陈寅恪先
生曾说:

---

① 顾潮:《顾颉刚年谱》,中国社会科学出版社,1993,第 269 页。
② 徐旭生:《中国古史的传说时代》,文物出版社,1985,第 23、24 页。
③ 顾颉刚:《孟姜女故事研究的第二次开头》,见顾颉刚、钟敬文等《孟姜女故事研究集》,
中国民间文艺出版社,1983,第 54 页。
④ 顾颉刚编著《古史辨》(第 1 册上编),上海古籍出版社,1982,"自序",第 51 页。

近年中国古代及近代史料发见虽多，而具有统系与不涉傅会之整理，犹待今后之努力。今日全国大学未必有人焉，能授本国通史，或一代专史，而胜任愉快者。东洲邻国以三十年来学术锐进之故，其关于吾国历史之著作，非复国人所能追步。昔元裕之、危太朴、钱受之、万季野诸人，其品格之隆污，学术之歧异，不可以一概论；然其心意中有一共同观念，即国可亡，而史不可灭。今日国虽幸存，而国史已失其正统，若起先民于地下，其感慨如何？①

确实，国可亡，史不可灭，国史不可失其正统。章太炎批孔的目的"不是要人尊信孔教"，只是要人"爱惜我们汉种的历史"，"晓得中国的长处"，"增进爱国的热肠"。② 可见章太炎本人也是疑古的，"巫史"和"六经的神话性质"便是最佳的例子。但章氏"疑古"的最终目的是要显明历史的意义，发扬传统文化的价值，在当世有效弘扬"国粹"以激发国人的种性，进而保护中国历史文化的独特性。顾氏在"国破山河在"的战争激荡岁月，选择去"信史"，有其情感的正义与价值诉求的必然。"疑"与"信"并没有截然二分的对立性。也许，对立的仅是不同时空下的选择性策略。

四　在观念与现实诉求之中的"实证"

不论是章太炎、顾颉刚的政治诉求，还是民国政府的权力话语，从学理上讲，任何个体或政权都有诉诸"历史传统"的需求。以民国政府建立之初为例：在被称为"中华民国一件文字狱"的顾颉刚所编的《现代初中教科书·本国史》被弹劾案中，戴季陶如此表示："中国所以能团结为一体，全由于人民共信自己出于一个祖先；如今说没有三皇、五帝，就是把全国人民团结为一体的要求解散了。……民族问题是一个大问题，学者们随意讨论是许可的，至于书店出版教科书，大量发行，那就是犯罪，应该严办。"③ 1928 年国民党在形式上统一全国的局面，对于"中华民族"观念的整体认同来说，

---

① 陈寅恪：《吾国学术之现状及清华之职责》，陈寅恪：《金明馆丛稿二编》，生活·读书·新知三联书店，2011，第 361、362 页。
② 章太炎：《东京留学生欢迎会演辞》，《章太炎政论选集》（上），中华书局，1977，第 276、272 页。
③ 顾颉刚：《我与古史辨》，上海文艺出版社，2001，第 205 页。该书及该案的详细情况可参阅王红霞《〈现代初中教产书·本国史〉与顾颉刚的史学思想》，《史学月刊》2014 年第 8 期。

客观上曾起了一定的推动作用。这一年,常乃德《中华民族小史》和张其昀《中国民族志》出版。前者是最早以"中华民族"命名的著作,它强调现今中华民族的活动领域当在"中华民国"的领土之内,与历史上的活动范围是有差异的。中华民族发源于黄河流域,"西来说"并不正确。同时明确认同中华民族多元起源论,指出"中国民族向称皆源出于黄帝,其实并不尽然,……故中华民族之出于多元非一元亦可断言也"。此外,他还将"中华民族"分为"九系",并对中华民族在各个时期、各个不同地域的民族文化"同化"与融合的进程,对西方列强入侵造成的"中华民族之危机"等问题,做了简单的论述。① 可以说在梁启超等人的基础上,该书进一步丰富和推进了关于"中华民族"的系统化历史知识。

在抗战时期,"中华民族"的认同得到进一步加强。例如,1941 年张大东在《中华民族发展史大纲》一书中,就曾明确指出:

> 中华民族者,非吾族以往历史上之名词,乃中华民国以内之数个民族,结合而成为一个民族之总名词,关于此总名词含义之揭示,约有二义,分述于后:
>
> 一派主张,中华民族内之若干支,自古实同一祖先;经过五千年之流转迁徙,种种演变,固曾分为若干不同之名称,迄今尚有一部分各异之痕迹,但追溯有史以来之血统,仍为一元的。——(汉满蒙回藏苗等)皆为黄帝子孙。此一派以熊十力氏主张最力。熊氏著有《中国历史讲话》,其立说之根据,大抵择取我国史家之记载,一部分加以推论。拥护斯说者,近来颇不乏人,文字散见于杂志及通讯小册中,不复一一征引矣。
>
> 另一派主张,则谓今日之中华民族,系由有史以来,若干不同之民族,互相接触之结果,逐渐循着自然之趋势,陶熔结合而成为今日之一个庞大民族。在过去中国历史上之若干民族中,当然以华夏系(即后之汉族)之文化为最高,故同化工作上,亦以华夏系为主干,逐渐将华夏之文化,向东西南北四面发展,最后从语言文字,风俗习惯,宗教信仰,以及生活血统各方面,将四围之外族,同化吸收,使之加入华夏系之中,而消弭民族之界限差别于无形。故今日之中华民族,实积历史上若干不同之民族血统,混合凝结而成者。此一说,一般史学家,及稍有常识之

---

① 常乃德:《中华民族小史》,爱文书局,1928,第7、8页。

人，大致均无异义。①

张大东在介绍了"多元"和"一元"两种不同观点后这样写道："以上二说，孰是孰非？吾人不必遽下断语。惟当知前一主张，对于中华民族之统一与团结上，颇有良好之影响。后一主张，对于民族之奋斗发展，与同化结合之迹象，易作明显之说明。……亦足以振奋民族精神也。"② 在民国时代，要想分辨中华民族的整体结构究竟是"多元一体"还是"一元多流"，其学术条件和现实环境都还不够成熟。在这层意义下，今日的"中华文明探源工程"，同样在为这种现代国族观念诉求服务。

最注重"上穷碧落下黄泉，动手动脚找东西"的傅斯年先生，一生追求"新材料"与"新方法"。然而，我们难道不应该进一步追问，究竟这些诉诸"实证"的开拓者在找些什么（哪些东西可以被称为"材料"）？他们具体又是往哪些地方找？是什么诉求或者动力驱使他们进行这些"寻找"？答案也许一直都在。仍然回到傅斯年在 1928 年所写的《历史语言研究所工作之旨趣》一文。他在该文中写道："我们最要注意的是求新材料，第一步想沿京汉路……第二步是洛阳一带"，"广州的四方是最富于语言学和人类学的材料的"。③ 于是，当时"史语所"的一些人员被派遣到华北，以"考古学"的方法探寻中华民族文明的源头。应当说，他们成功了，因为他们找到了闻名世界的安阳殷墟。另一组人员被派至中国西南与南部，以"语言学"与"民族学"的方法探寻中华民族的构成与边缘。换言之，中华民族的起源与边界问题，是当时历史学、考古学、民族学、人类学、神话学的关注焦点。我们在关注新方法、新材料的同时，不能忘记这些政治诉求与关注焦点从根本上决定了实证材料的构成与性质。例如，当时在中原地区的"寻找"主要以历史学与考古学为理论支撑，以此寻找民族之"起源"；而西南等边疆要塞的材料则多用民族学和语言学的资源来处理，即用以寻找各民族的"边缘"。也就是说，当时中国知识分子心中的"中华民族"观念、国族诉求可以从根本上决定学术实践能找到哪些材料、运用什么方法。"观念"决定材料与方法的这类

---

① 见此书第二章第二节《中华民族释义》，第21、22页，该书于1941年2月初版，由军训部西南游击干训班印，此书于1942年又在桂林由文化供应社发行再版，署名张旭光。

② 张大东：《中华民族发展史大纲》，文化供应社，1942，第22、23页。

③ 傅斯年：《历史语言研究所工作之旨趣》，"中央研究院"历史语言研究所：《"国立中央研究院"历史语言研究所集刊》（第1本），第一分册，中华书局，1987，1928，第9页。

学术现象，倘若我们去台北"中央研究院"史语所、民族所的陈列室参观，去感受当年那批历史学、人类学、民族学学者的学术经历，他们的"发现"与贡献，以及陈列馆中所展出的各类器物，便会有非常直观和强烈的反思与认识。

再以"文明探源工程"中的寻找夏都为例。本书的"绪论"部分论述过，在三代的考古探究中，对夏王朝的争议最大。在巨大的争议面前，诸多的出土材料究竟能否证明夏朝存在呢？陈梦家先生曾在《夏世即商世说》中列举了当时的学界如何证"夏"，即从地理文化、继统制度、神话传说、祭祀、诗歌、帝王名这几方面归纳。这也代表了考古学兴盛之前的"探夏"路径。① 考古学发展以后，梁思永的一个主要观点长期以来被人忽视：他认为龙山和殷墟并非两个连续的文化，它们之间有其他文化插入。如果这个结论得到适当重视的话，此后十年间中国历史学者可能会在夏文化问题上保持应有的冷静。但令人遗憾的是，大多数学者仍然坚持认为夏是一个历史实体，而龙山是当时唯一的选择。② 既然如此，我们如何理解"神话—古史"中那些被视为实证的材料，去证明夏朝的学术实践呢？

徐坚教授根据国外学术界对夏王朝的争论，将从民国考古至当下的"夏商周断代工程""中华文明探源工程"概括为"国家主义考古学"。所谓"国家主义"，是考古学在强烈的意识形态影响下的一种表现形式。国家主义考古学的基本关怀和具体课题都直接回应特定的意识形态的"学术"诉求，其中，最常见的课题是论证特定民族或国家的文化特质及原创性。因此，虽然在不同民族或国家的国家主义考古学的关注对象各有不同，但有一个共同的特点是国家的萌生阶段，即区域文化特质的生成阶段，受到普遍关注。③ 考古学中的"国家主义"其实就是学术研究中的意识形态与民族主义诉求的混合体。无论是顾颉刚的疑古或信古研究，还是中国神话学中的民族主义诉求，或是考古学的"三代"确认工作，都是这种大观念下的具体表现形态。把眼光扩展到国外考古学界，同样不乏对考古材料之"客观性"的质疑。"一般认为，考古学资料比书写文本信息更客观，但是，伊恩·霍德对物质文化的检查揭

----

① 陈梦家：《夏世即商世说》，吕思勉、童书业编著《古史辨》（第 7 册下编），上海古籍出版社，1982，第 380～383 页。

② 徐坚：《追寻夏文化：二十世纪初的中国国家主义考古学》，《汉学研究》2000 年第 18 卷第 1 期。

③ 徐坚：《追寻夏文化：二十世纪初的中国国家主义考古学》，《汉学研究》2000 年第 18 卷第 1 期。

示了考古学资料本身的客观性问题和偏见。例如20世纪60年代对早期文明的研究主要受制于强调生计模式、手工生产、交换、聚落形式和政治组织的唯物主义取向。现在，对宗教信仰和不同文化造成的理念的兴趣不断高涨，它们不仅自身是令人感兴趣的对象，同时也是社会政治和经济行为的显著决定因素。对于以往的唯物主义倾向而言，众多现代研究的唯心主义取向看起来有些奇怪，但是，两种取向是互补的，只有结合在一起才能产生对早期文明更丰富、更细致的内在洞察，这是单一取向所无法企及的。"[1]

王国维在1911年撰写《〈国学丛刊〉序》时，从宏观学术视野批评学界凭恃科学的理由来疑古、蔑古，其中之评议自有针对当时日本汉学界疑古之风而发，他认为"蔑古"或"尚古"均无益于建立学术价值：

> 今之君子，非一切蔑古，即一切尚古。蔑古者，出于科学上之见地而不知有史学；尚古者，出于史学上之见地而不知有科学。即为调停之说者，亦未能知取舍之所以然。[2]

王静安认为中国学术转型中呈现出来的极端"蔑古"，或国家主义推崇下的"尚古"均无真正的学术意义，我们如何建构"调停"之说呢？仍以夏文化为例，"夏文化虽有若干条史料可资利用，文字材料的阙如迫使研究不得不倾向实物材料。因此，如何描述和阐释这些材料成为确认夏文化的关键。古文字的阙如深刻地影响了研究方法：夏文化由发现的过程转变成阐释的过程"。[3] 如何"阐释"呢？这是我们必须不断面对和探索的关键所在。下节将围绕这个问题进行讨论。

第三节　神话学视域的合理性及其限度问题

一　被运用或质疑的神话学资源

虽然"古史辨"派将神话驱逐出实证领域，强化了神话与信史的对立关

① 〔加〕布鲁斯·G.崔格尔：《理解早期文明：比较研究》，徐坚译，北京大学出版社，2014，第45页。
② 王国维：《〈国学丛刊〉序》，《王国维全集》（第14册），浙江教育出版社，2010，第131页。
③ 徐坚：《追寻夏文化：二十世纪初的中国国家主义考古学》，《汉学研究》2000年第18卷第1期。

系，但是，神话及神话学却不可能被史学家、考古学家摒弃，只是他们执着于在史学立场对神话进行理解与运用（与之相对应的，理应还有从神话学立场去理解历史的路径，比如历史人类学，只是在中国学界鲜有针对本土历史的相关著述）。为了论述的方便，笔者把民俗学、人类学、民族学等与神话学相关的内容称为神话学资源，从实证角度，这些资源也可以统称为"第三重证据"（相关勾勒可见本章第一节）。早在 20 世纪 30 年代末，学术界就出现了一批用神话传说来阐释古史，或以神话为视角进行不同文明比较的学术实践。其中，影响较大的是卫聚贤的《中国神话考》，他的研究体现出神话、历史、考古相结合的一种可能性。

被学界称为"史学怪杰"的卫聚贤，著有《古史研究》（三集）、《中国考古小史》、《中国考古学史》等。卫氏的《古史研究》在当时是引人注目的史学新锐之作，其最大的特点在于用统计学研究上古史。他认为中国文明起源于东南，即殷族，然后向黄河流域传播。卫氏深受王国维的影响，同时也吸收"古史辨"的观点，但他认为仅"二重证据"还不够，主张要搞清人类的历史，必须做好三个工作：第一步，古籍整理；第二步，从考古学上着手；第三步，考古遗迹不能尽数遗留下来，再要从考察现存的野蛮民族上着手。[①]因此他在论证殷民族是由南方沿海北上时，提出了十类证据：①殷族与苗族的关系；②名称；③断发文身；④图腾崇拜；⑤铜器中的锡含量；⑥使用的舟车；⑦甲骨文；⑧东阳地名；⑨神话传说；⑩江南地名。这十类证据鲜明地体现了卫氏的知识资源特点：历史学、考古学、人类学、神话学和统计学。其中通过断发文身、图腾崇拜、神话传说等"蛮族情形"来进行探索，已经是很典型的"第三重证据"的使用。

具体到"十类证据"之一的"神话传说"研究，卫聚贤认为《山海经》是印度人随巢子所作。他甚至曾否认屈原的存在，认为墨子、老子均为印度人。1934 年，卫氏的《中国神话考》用印度古代的搅海神话来说明中国的"巨鳌负山"神话、"蟾蜍食月"关于月食的传说，并认为中印二者有共通之处，这些神话属于同一系统。在论证中，卫氏尤其擅长通过文献中的词汇比对和出现早晚来说明问题：

> 我以为"月中蟾蜍"的神话，或系由印度的 Rahn 追逐日月的神话脱

---

① 卫聚贤：《古史研究》（第 1 集），新月书店，1928，"自序"，第 2 页。

化而来；"月中有兔"的神话，或与印度 Sasa 形象的传说，为同一系统。但是，由它们的时代观察，中国所传的，较早印度为后，似可认为前者系后者的输入。①

……

中国古代所传的神话，仅以中国现存的材料，终不能解释它们的意义，但是，我们若将其和印度神话比较；彼此之间，颇有共通之处，然各民族因其民族的心理和周围的状态，也有不少差异。……若非视外来之物，终不能解释。……而中国的神话，多不能溯至《楚辞》以前。我们不得不求其源于印度及其他国的。②

卫氏认为"中国的神话，多不能溯至《楚辞》以前"。显然，这个结论让人质疑。由于受当时"神话"观念的羁绊，即仅将文字记载的故事性传说视为神话，以及受当时流行的"巴比伦说"的影响，卫氏在研究中主题先行的烙印很明显。这说明神话互释或用之阐释上古文明，倘若没有内在的学理逻辑，仅进行简单的多重证据互证，恐也难有相对夯实的结论。

1937 年，芮逸夫的《苗族的洪水故事与伏羲女娲的传说》通过列举、比较东南亚各民族神话以及法国和中国台湾、云南等地区的神话来说明，"兄妹配偶遗传人类的洪水故事"并非苗族所有。他得出结论：这种形式的洪水故事的地理分布：北自中国北部，南至南洋群岛，西起印度中部，东迄台湾岛，以此讨论"东南亚洲文化区的'文化特质'问题"。20 世纪 40 年代初，马长寿的《苗瑶之起源神话》通过比较西南苗族和瑶族的起源神话，即"开辟神话"、洪水传说、盘古和槃瓠等，来推断苗族和瑶族最初的起源之地。岑家梧的《槃瓠传说与瑶畲的图腾制度》用瑶族的槃瓠神话、狗王传说与海南黎族的狗祖传说相比较，以此来推论海南苗人出于广西瑶人。③ 另外，闻一多从民俗学比较视野求证《诗经》《楚辞》之难题；李玄伯从西方图腾理论入手重述上古帝王系谱；凌纯声从民族学旁证出发破解古代礼制风俗；郑振铎借人类

---

① 卫聚贤：《中国神话考》，卫聚贤：《古史研究》（第二集上册），商务印书馆，1934，第596 页。

② 卫聚贤：《中国神话考》，卫聚贤：《古史研究》（第二集上册），商务印书馆，1934，第603 页。

③ 马长寿：《苗瑶之起源神话》，岑家梧：《槃瓠传说与瑶畲的图腾制度》、芮逸夫：《苗族的洪水故事与伏羲女娲的传说》，见马昌仪选编《中国神话学百年文论选》（上册），陕西师范大学出版社，2013。

学视野透析汤祷传说等。这些研究尽管对象复杂不一,但方法论的共性在于:通过采用神话,尤其是民间地方流传的口头传说、民俗礼制等人类学资源来与古书上的孤立记录相互印证。

20世纪80年代以后的类似研究中,较为著名的有巫鸿先生在《武梁祠》"山墙:神仙的世界"部分的研究。作者运用大量的祠堂画像与神话资源,集中讨论了西王母的地位如何在汉代神仙体系中的前后不同阶段发生变化,无疑,这也是一种神话学阐释的路径。例如他将西王母作为"阴"的象征,认为西王母传说与昆仑神话有错综复杂的关系,作者希望通过研究西王母如何成为一位受民众崇拜的神祇,从而揭示西王母以宗教崇拜的"偶像"样式如何在中国早期艺术中出现。① 巫鸿教授虽然专攻美术史和图像学,但其图像叙事与神话学的相互阐释,为中国神话及上古文化的研究开拓出新路。在中国大陆,陆思贤《神话考古》②、扎拉嘎《展开4000年前折叠的历史——共工传说与良渚文化平行关系研究》③ 两部著作都特别关注考古学,通过神话学文献与考古学的互证互释来研究上古文化。陆著根据考古实物资料和文献记载,对中国古代神话的起源进行探索,从普遍存在于世界上不同民族中的图腾崇拜现象、祭祀和岁时观测活动着眼,探讨上古神话内容。比如探讨华山玫瑰与伏羲氏诞生的神话,红山女神庙的发现和女娲神话,羊角图腾柱用为立杆测影的诸神起源等。扎拉嘎的著作主要依靠对文献的重新解读和20世纪以来的考古学成果来立论。作者自云:"没有20世纪以来考古学成果,特别是20世纪后半叶以来考古学成果,本书对相关神话传说的重新解读,就很难避免孤立独自的状态。"④ 作者希望证明"中国有一支来自良渚文化和原始稻作农业文化的共工神话传说谱系","中国有两个农业起源神:社是稻作农业起源神,稷是旱地农业起源神"等基本观点。

稍微熟悉中国神话学学术史的学者都明白,类似探寻社、稷原型,诸神起源,昆仑考证,《山海经》揭秘,"玄鸟生商"考证等内容,一直是中国神话研究的系列经典命题,各类观点纷争,相关著作和会议呈现不断。在某种程度上,

---

① 〔美〕巫鸿:《武梁祠——中国古代画像艺术的思想性》,生活·读书·新知三联书店,2006。
② 陆思贤:《神话考古》,文物出版社,1995。
③ 扎拉嘎:《展开4000年前折叠的历史——共工传说与良渚文化平行关系研究》,中央民族大学出版社,2009。
④ 户晓辉:《关于文学人类学的批评与自我批评》,《广西民族学院学报》(哲学社会科学版)2003年第5期。

我们甚至可以将之类比于猜谜语。古人留下的这些"谜面"，究竟谁猜得对？谁猜得错？裁判是谁？衡量标准是什么？毋宁说，这已经不是几重证据的问题。因为各执一词的学者中不乏注重考古学或实物证据者，证据本身的维度和层次并不能确保客观的准确性。上述神话学的内容，即基于文化现象（而非实验数据、定理命题等）的实证或阐释诉求，究竟利弊如何？对这些内容，学术界已经在反思。例如户晓辉教授认为，这类方法的逻辑前提是西方早期的民族学和人类学在古今民族之间发现了文化上的相似性。研究者基于进化论的背景将不同文化属性与历史背景的事物做横向比较，相互阐释和证明。① 格丽特·霍金在《16 和 17 世纪早期人类学》一书中所说的表演文献魔术就是针对此而阐发，霍金将之称为"历史平行论"（historical parallels）。② 她认为，古今民族之间文化上的相似性，可以为要比较的每一组同时代的文化赋予文献属性，使之成为某些更早的文化条件在现时的一种投射。16～17 世纪，文化相似性还被用来解决其他一些带有历史性质的问题：用文化对应关系为所有相似的特性都赋予某种文化。例如，在一个当代的却可能是完全没有历史的文化和另一个古代的却有丰富文献记录的文化之间，发现了一组相似的特征，那么，古代特征的年代和证明的含义就会赋予无历史的同时代的特征身上，并允许它作为同时代的文献使用，尽管它是最近的和无历史的。这种程序曾用来解决大量的历史学、社会学和民族学问题，后来，又未经检验而成为比较法（the Comparative Method）的主干，被社会学家和人类学家用于"证明"文化的"原始"根源。一旦文化相似性被赋予文献的意义，通过发现相似性，并把它们用作历史证据，时间关系就可以建立起来，历史的或发生学的序列就被确定下来。③ 表面上的文化相似性，是否可以成为跨地域、跨时间对象之间的互证依据？我们是否有必要限制其相互阐释、证明的有限性？

　　荷兰人类学家约翰尼斯·费边在《时间与他者：人类学如何创造其对象》一书中④，对人类学如何在其话语中用时间来构造其对象——他者——做了精

---

① 扎拉嘎：《展开4000 年前折叠的历史——共工传说与良渚文化平行关系研究》，中央民族大学出版社，2009，"前言"，第 1 页。

② Margaret T. Hodgen, *Early Anthropology in the Sixteenth and Seventeenth Centuries*, Philadephia: University of Pennsylvania Press, 1964.

③ 转引自户晓辉《民间文学研究综述（2002 年）》，杨义主编《中国文学年鉴（2003）》，中国文学年鉴社，2004，第 351、352 页。

④ Johannes Fabian, *Time and the Other: How Anthropology Makes Its Object*, Columiba University Press, 1983.

彩的分析。他指出，人类学用时间手段构建与他者的关系，实际上暗含了对差异就是距离的肯定。费边认为，人类学话语的"时间语法"（grammar of time）的一个重要特征是"否认同时性"（denial of coevalness），即"把人类学的所指放在与人类学话语生产者所处的现在不同的一个时间里的一种持续的和系统化的倾向"。一种使用"原始的"、"野蛮的"、"部落的"、"传统的"和"第三世界"之类术词的话语并没有思考、观察或者批判性地研究"原始人"（primitive）；它在用原始人进行思考、观察、研究。"原始人"本质上是一个时间概念，是西方思维的一个范畴而不是它的一个对象。西方不仅需要空间来完成资本主义和帝国主义的扩张，也需要时间来调解其单线历史（a one-way history）图式：进步、发展、现代性（其反面的镜像是停滞、发展不足、传统）。总之，地缘政治（geopolitics）在时间政治（chronopolitics）中有其意识形态基础。① 其实，费边对人类学的理解还是有些狭隘，或者说，他将19世纪的文化人类学视为全部人类学的话语模式。② 下文将以费孝通先生、张光直先生以及当下叶舒宪教授、王明珂教授的研究为例，试讨论在古史研究中神话学视域的合理性及其限度问题。

二 神话学资源的意义及限度

要通过神话学本身，或者通过第三重证据进行实证是比较困难的。因为文化人类学、神话学、民俗学等资源都是在对研究对象做阐释，阐释活动难以完全避免主观发挥和牵强附会。然而，不妨换个角度设问：作为20世纪、21世纪的研究者，我们如何走进和感知古史世界？相比其他学科，神话学的诸多资源能在很大程度上帮助我们接近研究对象所处的语境与特点。下文将通过费孝通先生的《乡土中国》中的观点来说明这点。这是因为，即使同样是在中国，"乡土社会"与"西洋社会"（或者当下的城市世界）也有着鲜明差异。在保证基本文化语境有相似性的情况下，不同时间、不同地域的民族志材料、神话传说理应成为我们阐释古史、古文化的有益依据。举个例子，钟阿城先生在《洛书河图——文明的造型探源》中，大量运用苗族的服饰图案与玉器、青铜器的纹饰

---

① 转引自户晓辉《民间文学研究综述（2002年）》，杨义主编《中国文学年鉴（2003）》，中国文学年鉴社，2004，第352页。
② 作为对照，吕微《史诗与神话——纳吉论"荷马传统中的神话范例"》（《民俗研究》2009年第4期）一文，讨论了人类学的民族志如何可能改造传统古典学，可参阅。

对照来说明先秦先民的宇宙观及信仰如何与天象发生关系。① 当然，此著的研究诉求在于探究中国造型的来龙去脉。但苗族服饰图案何以印证先秦文化观念？这其中的学理性正在于苗族世代生存繁衍传承的那些文化因子及表现形式，比今日的都市文明更接近古代社会，故更具有参照性。

（一）神话学资源的意义：接近研究对象的文化语境

在笔者有限的阅读经验中，当代没有哪部学术著作像费孝通先生的《乡土中国》那样，在五六万字的规模下容纳了一系列至今仍然富有生命力、启发性的概念。而且，这几万字仅是费老在"年轻时代"，由"那股闯劲"写成的"不成熟的果实"。② 尽管如此，《乡土中国》早已超越了社会科学界，甚至构成理解传统中国的基础性视角。《乡土中国》把中国乡土社会的特征与其他社会体系特征，特别是西洋社会的特征加以比较，提出了刻画中国乡土社会的概念（见表 4 – 1）。

表 4 – 1   《乡土中国》中的"乡土中国"与"西洋社会"对比

乡土中国	西洋社会
礼俗社会	法理社会
面对面的文盲社会	借助文字的社会
差异格局	团体格局
维系私人的道德	团体道德
小家族	家庭
男女有别	两性恋爱
无　　讼	司法诉讼体系
无为政治	有为政治
教化权力	横暴权力、同意权力
长老统治	民主、专制
血缘社会	地缘社会
名实分离	名实一致

上述乡土特质促使我们反思：如何面对与现代都市社会几乎异质的"乡

---

① 钟阿城：《洛书河图：文明的造型探源》，中华书局，2014。
② 费孝通：《旧著〈乡土中国〉重刊序言》，费孝通：《乡土中国》，人民出版社，2008，第 4 页。

土"与"古代"？我们的研究如何尽可能地语境化？此处提出的"语境化"，是指如何理解上古社会，如何尽量感受到那个社会的天时、地利、人之行为，以及文化现象。显然，今日的工业、后工业社会根本无法为我们提供那个时期的镜像，一切是靠想象还是有可参照性的设想？下面根据《乡土中国》中的相关理论，试举例说明几个方面。

第一，传统中国是个礼俗社会、面对面的文盲社会，"中国社会从基层上看去是乡土性，中国的文字并不是在基层上发生。最早的文字就是庙堂性的，不是我们乡下人的东西"。[①] 要研究上古的文字和叙事功能，必须将文字的产生与意义放在祭祀性的语境中。而古今民族生活具有场景化的祭祀性仪式，自然可成为理解古代仪式及相关文本的材料。例如郑振铎发表于1933年的《汤祷篇》，运用《金枝》中的巫术理论透视中国古史面貌，试图还原古史记载中的"以身祷于桑林"的"人牲"为祷现象，以及国王兼具祭司的宗教责任等上古生活图景，在"古史辨伪"之外走出另一条新路。《汤祷篇》的方法论精髓就在于把巫术纳为神话研究的重要资源，回到上古文化和文本的功能语境，既为神话在古史中的作用正名，也较为可信地接近上古文化样态。但在当时，这种方法并没有引起如"古史辨"派一样的重大影响，和者甚稀。后来，闻一多的研究不仅运用了人类学的图腾学说和精神分析等理论，更注重从语源学角度阐述，以及与西南少数民族地区遗存的活标本进行比较，为中国神话及《诗经》《楚辞》研究开辟出一条新的文化阐释之路。虽然其结论有待商榷，其方法也可再反思，但闻氏研究《诗经》的"语境化"路径应该与单纯的文献考证一样，成为研究《诗经》的可行视角。

第二，研究传统中国，尤其是无文字社会的"知识传播"需要放入"口传"的大语境中，而不全是文献（纸面或地下）的视域。当研究者聚焦当今其他口传社会的情况与材料时，从其现象提炼出的"知识"生产情况显然比从文献记载中截取的只言片语更有启发性。在这方面，媒介理论大家麦克卢汉的研究能为我们提供有益视角。麦克卢汉提供了一种观察从口传部落社会到信息媒介社会的大视角。他是从知识传播、感知系统模式的角度进行论述，其并非人类学家和神话学家，问题意识与结论也与笔者的关注点不搭界。但是，口传社会的知识生产与传播，应该与后世社会有某种内在的结构性关联。如果不试图找到这种关联或影响，仅是还原性地研究口传社会，或是用尚有

---

① 费孝通：《乡土中国》，人民出版社，2008，第20页。

口传因子的文化材料作为可比性证据，那么，我们研究的有效性就难以确定。

第三，"维系私人的道德"方面。"维系私人的道德"这个概念是费孝通从"差序格局"中引申出来的。他认为在差序格局中，社会关系是逐渐从一个一个人推出去的，是私人联系的增加，社会是由私人联系而成的网络，因此，传统社会里所有的社会道德也只在私人联系中发生意义。在差序格局中，没有一个超乎私人关系的道德观念。一切普遍的标准并不发生作用，一定要问清了，对象是谁，和自己什么关系之后，才能决定拿出什么标准来。在这样的道德系统中，没有一种不分差序的、如同基督教中那样的兼爱。而在"团体格局"中，道德的基本观念建筑在团体和个人的关系上。团体是超乎个人的"实在"，不是有形的东西。它是一束人和人的关系，是一种控制各个人行为的力量，是一个组成分子生活所依赖的对象，是先于任何个人而又不能脱离个人的共同意志，这种"实在"只能用有形的东西去象征它、表示它。在"团体格局"的社会中才发生笼罩万象的神的观念。所以，"我们如果要了解西洋的'团体格局'，社会中的道德体系，决不能离开他们的宗教观念的"①。根据这点，笔者在第一章就分析过，中西方对"天"的不同思维方式、对"神"的不同理解是中西文化的关键所在。中国人的神圣性诉求不是一元的人格神，而是由祖先、四季、经书、仪式等组成的综合体。一部分晚明士人在回应西学信仰时，感受最强烈的就是中西对"天"与"神"的不同理解。中国之"天"不是单一至上的神性世界，更不是唯一的、形象的至上神，而是与历象、人伦、物理相对应的，由天地、日月星辰、山川社稷、祖先考妣等元素构成的结构体。沿波讨源，我们能看到周氏兄弟对中国乡土文化的研究、对神话精神的强调具有很强的"神话中国"特点，而非西学话语中的"迷信"或"民俗"那么简单。反之，我们今日对民间传统的重视、对第三重证据的使用，一旦不再拘泥于还原或"证实"，也许能成为揭开"维系私人的道德"社会之所以然的必要组成部分。

（二）神话学资源的限度

神话学资源在囊括古今中外的神话现象时，却又有其限度。按费孝通之说，中国的乡土社会是礼治社会。"礼"并不能靠外在的权力来推行，而是从教化中养成个人的敬畏之感，使人服膺。人服礼是主动的。这和法律不同，

① 费孝通：《乡土中国》，人民出版社，2008，第28~34页。

甚至不同于普通的所谓道德。这种"礼治社会"能被现代人文学科知识理念理解吗？

　　包括现代人文学科在内的现代学术研究，都是现代特定社会语境下的某类研究统合。比如社会学的社会理论多数建立在现代性的专门研究之上，即对工业化社会的研究，其多数论述围绕现代性的兴起过程展开。人类学从所谓广义的"前现代"社会中寻找纯然的、无国家的社会（部落或村落）存在方式。当然，20 世纪以来的文化人类学研究反对单线/复线进化论，认为这些"前现代"社会不是历史意义上的，而是空间意义上的。宗教学重视神学的文本分析与信仰分析，从涂尔干开始对宗教神圣性有所反思，趋向研究人们充满感情的社会相依性。哲学源于古希腊，是对知识的一种把握方式。西方的人类学、社会学和宗教学规定了一种世界范围内的历史"理性化"发展叙述，即非理性→理性、神话→历史、宗教化→理性化的线性发展描述，这构成了对社会历史发展规律的宏观叙事、对现代社会发展的判断基点。其中最有代表性的是马克斯·韦伯的观点。韦伯用"理性化"来描述欧洲宗教世界观解体并走向世俗文化的"祛魅"过程，涵盖了他对人类社会变迁过程与特征的理解，并把理性和理性化作为描述和诊断中国社会问题的基本规范。[①] 对韦伯而言，只能在西方产生的理性化形态成为具有普遍意义的发展过程，他把不同文化的现代性问题统统置于基督教传统中来理解。与此相关的还有"轴心时代"和"哲学突破"等西方理论表述。[②] 因此，我们必须追问：这些借助人类学、社会学重新走进中国仪式与文化的研究，与上古和传统礼乐社会的契合度究竟怎样？人类学的"仪式"等于中国的"礼仪"吗？举个例子，《周礼·地官·师氏》曰："以三德教国子。一曰至德以为道本，二曰敏德以为行本，三曰孝德以知逆恶。"这句话已经把简单的"孝顺"以及与之相关的仪式深化为人伦道德→修身养性→通天地境界，这三个层次不再是简单的仪式活动。因此，当我们使用其他部落的仪式、神话等来研究中国传统社会，尤其是上古文化时，此"礼"与彼"礼"的契合度何在？费孝通在提炼刻画中国乡土社会的概念时充满想象力，但对于这些概念的适用范围却态度谨慎。值得注意的是，费教授至少就其中的某些概念指出过，它们所定义的现象并非

---

① 〔德〕马克斯·韦伯：《儒教与道教》，王容芬译，商务印书馆，1995。
② 〔德〕卡尔·雅斯贝斯：《论历史的意义》，张文杰编《历史的话语：现代西方历史哲学译文集》，广西师范大学出版社，2002，第58、59 页。

中国乡土社会所特有，而在西洋现代社会中不存在，差异只在于其重要性。①
顺其推演，"中国乡土社会—西洋现代社会"并非二元对立，那么，对使用
"第三重证据"者的更大挑战还在于，如何在阐释上古中权衡"地方性"与
"普遍性"的问题。

再换个思考的角度，从对传统社会研究的学术史看，费孝通、拉德克里
夫—布朗（Aifred R. Radcliffe Brown）、吴文藻、弗思（Raymond Firth）等大
家都主张，传统中国的基本研究单位是村落——由血缘、地缘关系结成的村
落。它在中国乡土社区是一个人民所公认的事实上的相对独立的社会单位。
相对于此，汉学家施坚雅（G. W. Skinner）、黄宗智、杜赞奇等尽管各有差
异但无疑属于另一派。在他们的分析框架中，施坚雅认为以集市为中心的农
村经济社会网络才是打开理解中国农村社会结构之门的钥匙，才是传统中国
的基本研究单位，黄、杜二人则钟情于其间的国家与社会经济或权力关系。
概括之，以费孝通先生为代表的"村落派"，偏向于关注传统中国村落社会
自成一体的稳定性和封闭性。以黄宗智为代表的另一派，则偏向于注重传统
中国经济社会联系的外部网络边界以及以城市和市场为中心的文化经济互
动。② 这两条路径也促使我们反思："第三重证据"使用的最终目的是要接
近古代的文化语境，阐释当时的文化现象（包括文字叙事），那么，是否只
有与城市文明，与现代文化相对立的种种风俗、现象才构成理解的途径？

陈寅恪先生在评价"以外国的社会科学理论整理中国的材料"的"新派"
的文化研究时说："这一类外国社会科学理论之所以会对中国的材料有适用之
处，是因为既然同为人类的社会活动，其中必有共同之处。但是另一方面，
这些由研究西洋历史、政治、社会的材料，归纳而得的结论，也会因为中国
的材料有时在其范围之外而不适用。盖此种比较研究方法，必须具有历史演
变及系统异同之观念。"③ 英国人类学大师拉德克利夫·布朗所提倡的"比较
社会学"也能提供一些思路。拉德克利夫·布朗接受法国涂尔干的社会学观，
强调将文化作为一个整体进行解释，是要"对该民族的所有道德习俗进行分

---

① 详细例子可参阅刘世定《〈乡土中国〉与"乡土"世界》，《北京大学学报》（哲学社会科
学版）2007 年第 5 期。

② 刘小峰：《〈乡土中国〉之再检视》，《读书》2013 年第 6 期。

③ 陈寅恪：《金明馆丛稿二编》，生活·读书·新知三联书店，2011，第 223、224 页。

析，并说明它们彼此之间的关系以及它们与社会的基本组织基础之间的关系"①。他不赞成从社会事实中抽取出若干价值观念的比较，而主张应对这些礼仪习俗在整体社会中的意义给予解释，在此基础上进行比较。以布朗对安达曼岛人的研究为例，"不是将一个社会的某个孤立的习俗与另一个社会的类似习俗进行比较，而是将一个社会的整个制度、习俗和信仰体系与另一个社会的整个制度、习俗和信仰体系进行比较。总之，我们需要比较的不是制度，而是社会的体系或社会的类型"②。布朗的这些观点，让笔者一度认为，没有田野调查就不能做任何文化阐释。不过，这种疑虑很快被打消，因为，在相对合理的方法自觉中，神话可以作为阐释的最佳途径。这类探索至今仍在进行与建构中，下文仅列举三位比较有代表性的学者的研究，来说明可能的三条途径。

三　神话阐释的可靠性与可行性

（一）以张光直的研究为例

如果神话学的阐释性仅基于预设"进化论"链条上的某点相似性，那不管"平行"还是"偶然"都是可能的。相反，就神话研究而言，有没有跨文化视域阐释的夯实路径呢？笔者认为张光直先生的研究能为我们提供一些思路。张光直先生的这方面研究以《商周神话之分类》③《中国创世神话之分析与古史研究》④ 为代表。这两篇文章分别从观念与方法论角度，给予今人不少启示。

在神话观念上，张先生一直诉诸神话的跨学科视角，反对"单面性"的神话研究。然而，面对众说纷纭的神话概念，张先生显示出足够的理论自觉，即先框定自己的神话概念，再严格按照此概念去阐释对象。在《商周神话之

---

① 〔英〕拉德克利夫·布朗：《安达曼岛人》，梁粤译，广西师范大学出版社，2005，第299页。
② 〔英〕拉德克利夫·布朗：《安达曼岛人》，梁粤译，广西师范大学出版社，2005，第173、174页。
③ 张光直：《商周神话之分类》，张光直：《中国青铜时代》，生活·读书·新知三联书店，2013。
④ 张光直：《中国创世神话之分析与古史研究》，马昌仪编《中国神话学文论选萃》，中国广播电视出版社，1994。此文原载《中央研究院民族学研究所集刊》1959年第8期，第47~79页。

分类》一文中，他仅将符合以下三条标准的商周材料称为"神话"。①

（1）必须包含一个或一个以上的"故事"。故事必定有个主角，主角必定有行动。就中国古代神话的材料来说，一个神话至少得包含一个句子，其中要有个句主，有个谓词，而谓词又非得是动词。

（2）神话的材料必须要牵扯"非常"的人物或事件或世界——所谓超自然的，神圣的，或者是神秘的。

（3）神话从说故事的人或他的同一个文化社会的人来看却决然不是谎话。他们不但坚信这些"假"的神话为"真"的史实——至少就社会行为的标准而言——而且以神话为其日常生活社会行动仪式行为的基础。

在这里，我们看到了结构主义的影子，以及历史人类学的思想精华。结构主义方面关涉的方法论问题，在《中国创世神话之分析与古史研究》一文中体现得更充分，对此后文再展开，先说何谓"历史人类学的精华"。当我们把"神话"作为材料来阐释或还原历史的时候，必然面对真与假、历史学与神话学的价值二元对立。基于此，才会有不同的关乎神话与历史的观念态度及研究方法（本书在"绪论"部分陈述了此问题）。上古"神话"产生在与后世不同的文化秩序之中，有其自身独特的历史生产方式。张先生对"神话"概念的界定，其实已经最大可能地确保了"神话"于时人的有效性，从理念和文化结构上打破了"神话—历史"的对立模式，试图对文本叙事与历史结构做沟通，建构人类学意义上的"历史是神话"，即用神话来阐释历史。

在方法论方面，《中国创世神话之分析与古史研究》并不以研究创世神话为目的，而是以此为例子，提出了比较不同材料何以可能、有何意义的问题。甚至不妨说，有关神话学的材料使用之合理性问题的讨论，至今很难出现与这篇文章并驾齐驱的论述。

张先生认为神话研究的入手工作是"分单位与分类"。他所引用的列维的这句话意味深长："一个神话的真正的总构成单位不是孤立的关系而是一丛丛的此种关系，而且此种关系只有成丛存在才能拿来使用与结合而造成意义。属于同一丛的诸关系可能出现于不同的时代，但如果能把它们集中在一起，则我们就把我们的神话依一种新的时间尺度重新组织起来，即一种既同时代（synchronic）又异时代（diachronic）的尺度……用更语言学的术语来说，就如同一个语位永

---

① 张光直：《商周神话之分类》，张光直：《中国青铜时代》，生活·读书·新知三联书店，2013，第373、374页。

远由其各变态所组织起来的情形一样。"① 在此基础上，张先生认为汤普森的
"母题"更有特点，只是汤普森"没有使用结构分析的观念而已"。汤普森
"将所有简单与复杂的故事分析成构成母题（constituent motifs）并据此以做世
界性的分类"。他将所有民间故事的成分分为两类：原型（Type）与母题
（Motif）。"原型"为一"有独立存在性的传承故事"，虽然有时"可与其他故
事一起讲述"。"母题"则为"故事中有延续传承下去之力量的最小因素"。张
先生认为汤普森似乎没有使用语言学的名词来使他的分类系统"摩登化"，但
他的分析比列维的更符合语言学上的结构分析的原则。因为列维的分析方法
忽略了一个他自己曾指出的基本事实："不论我们怎样不懂一个神话起源民族
的语言与文化，一个神话在全世界任何一个读者都会觉得是一个神话；其本
质不在其风格、不在其原来的音乐，也不在其句法，而在其所讲的故事。"所
以，张先生认为，神话之最小的有意义的单位，似乎不是列维的句子级的总
构成单位，而是类似汤普森的故事原型（但非其母题）。

至此，张先生强调"非基本单位，则二者就不能互相比较"。比如，女娲
补天在中国神话中为一个基本单位，倘若英雄神祇补天之事在另一个民族
（譬如埃及）中也有，但非基本单位，则二者就不能互相比较。因为在埃及这
一段故事仅作为一个基本单位之部分，它能不能有独立的生命，我们并不知
道。所以，张先生鲜明地主张"基本单位的发现是作为比较研究的起码条
件"。换言之，张先生很明白"可比性"必须建立在"发现基本单位"上，即
一个神话，或一个故事有其独立的生命，而非断章取义，或随意抽取。由此，
他择取的不同典籍的创世神话（共十则），都有其"独立生命"，可以被分析。
在接下来的分析中，"神话之历史与比较民族史"部分，张先生强调在观念
上，神话学在比较研究时应持有的进步（也可视为必须谨慎的地方）：

1. 当要对不同民族间的相似神话进行归纳或比较时，尤其作为文化
接触之证明时，必须对各民族地理关系及文化历史关系有论证。尤其重
要的是把神话资料的历史的前后与地理分布结合起来考察。

2. 对神话在本族与不同民族间的变化，主要立足于对神话与文化其
他方面之关联的考虑。神话并不能当做一虚无缥缈的个体而自由变化。

3. 不同时代不同民族之神话之比较以 Enic 单位为准，故比较的结果

---

① 马昌仪编《中国神话学文论选萃》，中国广播电视出版社，1994，第28页。

亦有历史上的真实性。①

很显然，张先生始终将神话视为一种史学研究资料，并提供了如何在看似虚渺的研究对象——神话中做真正有意义的研究的方法。而他所提到的"齐头并进"的方式——考古学、比较民族学、比较语言学、历史学，正是"第三重证据"所触及的学科领域。不过，张先生于反思后的开拓还是定位在"主题"上，只是用结构主义给予约束，并没有提及这些材料与古史之间的互证问题。但这并不妨碍我们反思，在引用不同地域、不同文化的相似性材料时，如何在更为可靠的背景下进行阐释。笔者认为张先生提到的"必须对各民族地理关系及文化历史关系有论证"是最为重要的。不妨以神话学著名学者萧兵先生的研究为例，说明第三重证据在"可比性"和阐释性上的得失。

萧氏提出了神话学研究的"三原则"——"整体对应原则、多重平行原则、细节密合原则"，并运用它们对世界各地数十位神话传说中的神和英雄做了"求同比较"，"暗示东西方文化在上古时期可能有某种水平的交流"，为上古文化史的研究提供了新的线索。②"三原则"讲的是具体操作步骤，其"比较"的最大特色在于"趋同性"，即将与太平洋文化因子有类似性或趋同性的古希腊、欧洲其他国家的神话都包括在内，进行各民族之间文化的比较。例如将所搜集的我国各民族多日多月的神话做比较，得出"九阳"神话属南方少数民族子神话系统，认为"九"是他们的神秘数字，而"十日"则属于多日多月神话系统的另一子神话系统。汉帛画绘有"九阳"，正说明《楚辞》包含了明显的南方少数民族的文化因子。除了国内少数民族，萧氏还将世界上的古老民族的多日多月神话进行比较，将这些神话置入"泛太平洋文化"背景下加以考察，通过排比大量资料，最后说明被比较对象的趋同性和可比性。不过，"趋同性"心理也会导致为了论证其"同"而大量铺陈类比。比如在《〈楚辞〉民俗神话与太平洋文化因子》一文中③，作者从"鸟神崇拜"及更广泛的点面着眼，证明美洲和中国都有五行观念，"都有四方风神""月兔神话"。在民俗方面，提出二者共有巫术"解体埋尸"、"猎头"、"虎神崇拜"

---

① 张光直：《中国创世神话之分析与古史研究》，马昌仪编《中国神话学文论选萃》，中国广播电视出版社，1994，第 25 页。
② 萧兵：《三十年自学生涯》，《文史哲》1984 年第 1 期。
③ 萧兵：《〈楚辞〉民俗神话与太平洋文化因子》，《淮阴师专学报》1985 年第 1 期。

及"神犬崇拜"。而"巨龟载地"、"洪水遗民"、"息壤式神土"、"蛙蟾形人象"和"海神形象"等故事和造型，都横跨太平洋而流传于两岸。但是，此文在列举了"标本"间的广泛相似之后，没有得出进一步的结论。这种论述特色也受到同行的反思与质疑：

> 有时不适当地夸大了类比法的作用，简单地通过类比便下结论，影响了结论的可靠性。如《九歌·礼魂》"传芭兮代舞"中的"芭"即巫所持之香花芳草（指后面所说的春兰秋菊），萧兵在《〈楚辞·九歌·礼魂〉新解》中仅仅通过一些少数民族抛彩球的材料，便断言"传芭"与"抛彩球有相似之处"，似失之轻率。另外，有时类比的材料用得较滥，把一些不同性质、不同范畴的事物放在一起进行类比，缺乏严谨性和科学性。[①]

萧氏的研究直接以文化还原的原型追索为目标，揭示了楚辞文化乃至中国上古神话体系及其与世界上古文化相类似的原型形态，这实际上运用了神话—原型批评范式（例如《楚辞研究》系列发掘出众多神话原型）。萧先生称自己的研究方法为"新还原论"，属于所谓"新文化史学派"，其目的是"使神话真正成为'中国文化'的开篇。……我们都是努力在尽可能广阔的世界文化或'总体文学'的背景之前，用综合证据来破译神话故事表层、基层和深层的涵义，并且借以考释中国上古历史文化的某些疑难"。[②] 萧氏的上古文化研究虽然从《楚辞》着眼，但从本质上，不妨说是一种有关《楚辞》所承载的神话—原型研究。这种神话—原型的研究先预设了"环太平洋文化"的同质性，以及"太阳英雄神话"的共同原型。在此之下就是如何进行类比和阐释的工作，而无论如何阐释和类比，其最后要归于的也必然是这两大主旨。故而，会被认为用各地民族志材料或文化现象作为证据，缺乏引文中所谓的"严谨性和科学性"。其实，这关涉另一个问题："预设性"是否可靠？究竟用什么来检验这个预设？从梁启超到近人的研究，实则都是依靠神话故事中的主题、母题或神话叙事中的情节等做横向联系和阐释。这种常见的研究方法是否能有所突破？

---

① 赵沛霖：《评萧兵〈楚辞〉研究》，《文艺研究》1985 年第 6 期。
② 萧兵：《王孝廉〈中国神话诸相〉序——写在"神话热"冷却之后》，《读书》1987 年第 10 期。

（二）以叶舒宪的研究为例

笔者认为，叶舒宪先生在"中国文化的人类学破译"阶段①，即运用"三重证据"阶段仍有萧兵先生的方法论特征。然而，到了近十年来将史学、神话学、考古学相整合阶段，叶氏的"四重证据法"试图在实证与阐释之间找到调试之路，其研究给学术界提供了诸多探索新途径。尤其综观叶氏近十年来的"玉"文化研究，其实质是以玉为核心的中国神话研究，其主旨是探寻中华文明的起源特色，挖掘比文字文明更源远流长的中华"大传统"问题。叶氏在这些方面的探索集中体现在其"玉教"理论中。

第一，研究上古文化的神圣性及影响：揭示在文明形成期，玉石在东亚（而且只在东亚）的广大地域范围内获得相对普遍的认同，以及上古先民对玉的崇拜、玉的神圣性面貌。

第二，研究区系文明的互动融合：从"玉石之路"的新视角探讨玉石崇拜及其观念、物质的传播和认同，如何超越具体的地域界限和族群界限，拓展出一整套以祭祀礼乐为基石的价值观和世界观，并对后来的中华认同的形成，自夏商周到秦汉的国家统一起到关键的奠基性作用。

第三，研究"中国"的形成，尤其是观念方面的核心驱动力：重点通过研究白玉崇拜的历史性出现，揭示在玉石崇拜的传播中"多元"的区域文明如何最后"一统"为以中原文明为主导的华夏礼乐文明。

以上研究内容有着极强的跨学科性：社会学、考古学、历史学、文献学、人类学、神话学等。不仅如此，如何"跨"和形成独树一帜的理论体系是很大的学术挑战。这种挑战的意义既在于整合与传承，也在于突破。下文试结合考古学界最有影响的两位大师——张光直先生与苏秉琦先生的理论来说明。

首先，张光直先生与苏秉琦先生的学术理论基本上否定了"中国"形成模式中的"中原—汉族中心"一元论，强调区系文明的独特性与相互作用。

---

① "中国文化的人类学破译"是一套丛书，由萧兵、叶舒宪、臧克和等学者参与（1991～2004年）。他们尝试用人类学视野对中国上古经典进行重新解读，先后出版了对《楚辞》、《诗经》、《老子》、《庄子》、《山海经》、《中庸》、《史记》和《说文解字》等的跨文化和跨学科新解释，在学界产生了重要引导作用，为21世纪兴起的国学研究热潮开了先河。这方面的研究理念及诉求，可参阅叶舒宪《人类学"三重证据法"与考据学的更新》，见叶舒宪《诗经的文化阐释——中国诗歌的发生研究》，陕西人民出版社，2005。

其次，两位先生都注重对文明起源时期的物质文化的提炼与研究。张光直先生更是从"萨满政治"角度去解释中国文明"连续性"的渊源、成因，以及史前的精神信仰面貌。"玉教"理论也正是在这些方面与两位先生的研究形成对话与衔接。具体表现在以下两个方面。

（1）"玉教"旨在探讨最初中国的"交互作用圈"与"碰撞—裂变—熔合"如何具体发生，为"物"的阐释提炼出更为核心的研究对象及方法。

张光直先生认为到了公元前5000年左右，中国境内各地区均出现了具有独立特征的考古学文化。在公元前7000～前5000年，这些考古文化以相互隔绝独立的方式形成与发展，彼此之间没有接触影响的迹象。到了公元前4000～前3000年，随着各地区文化范围的日益扩大，各地区文化之间的接触开始变得密集，走向文明。而各地区文化彼此之间的密集接触，导致一个"交互作用圈"（space of interaction）的形成："到此一时期，我们看出这些文化为何被放在一起描述：不仅因为它们位于今日中国的范围内，而且因为它们是最初的中国"（the initial China）。

> 我们要如何命名这个在4000BC时已经开始形成的北起辽河流域，南到台湾和珠江三角洲，东起东部海岸，西到甘肃、青海、四川的交互作用圈呢？我们可以选一个中性的名字，称之为中国或原型中国交互作用圈（chinese or proto-Chinese sphere of interaction），因为这个史前圈构成了那个历史性中国（the historical China）的空间核心，也因为所有的地区文化必定都在那种历史性中国文明（the historical Chinese civilization）的形成中起了一份作用，这种历史性中国文明后来在秦、汉王朝之下获得统一。①

和张光直先生的"交互作用圈"一样，苏秉琦先生的"区系类型学说"也强调：最初的中国不是由单一地区的社群所创造，然后向外扩散到其他地区，而是由多个地区文化之间的互动融合形成。苏先生关于"最初的中国"的论述，大致可以归纳为四个部分：①"考古学文化区、系、类型学说"（以下简称"区系类型学说"）；②考古学意义上之"最初的中国"的文化特点；③关于"中国"范围内最初国家的产生方式；④上古时期的中国境内，大致可

---

① 张光直：《古代中国考古学》，印群译，辽宁教育出版社，2002，第96页。

以区分出六大区系文化。① 区系文化本身及其互动融合历程的重建，能说明一个统一的多民族国家两千多年前在中国境内的形成方式。若再把中国区系观点扩大为世界区系观点，考古学家可以研究中国区系和世界区系之间的互动关系。② 针对此，苏先生提出了"裂变—撞击—熔合"的三阶段理论。他认为最初"中国文化"的形成过程，是在中原区系和北方区系之间的一个"Y字形文化带"中发生的，此地带在史前"曾是一个最活跃的民族大熔炉"。③"玉教"理论所要接榫的内容之一，就是聚焦区系文明，探讨它们在上古的发生、发展情况。"玉石之路"通过研究物资传送的通道来探索文化传播和信仰交流的通道，尤其最后形成白玉崇拜的"一统"演变过程。有别于张先生与苏先生，"玉教"理论对齐家文化以及不久前才挖掘问世的石峁文化的关注与强调，对红山文化的重视等都自成一家，说明了更为多元的区系文明互动、统一情况。

在物质文化方面，张先生认为考古学意义上的"中国"最初是在公元前4000 年开始萌芽，是一种在多个地区文化的基础上形成的共同的（或相似的）物质文化。张先生认为这种"物质文化"的明显特征是：红铜、陶器进入轮制时代、夯土技术与筑城需要的结合、制度化暴力开始出现、仪式文化开始成形、玉琮的出现与特定宇宙观的成形、骨卜的普遍使用、政治/经济/社会的尖锐分化等。与此相似，苏先生也认为各区系文化的互动融合形成了最初"中国"的物质文化内容。最初中国在上古时期是经由不同文化与族群的接触和融合而成，而不是由中原区系的文化类型独立演化出来。与此衔接，在诸多种物质文化的呈现中，"玉教"研究提炼出最为关键、最具有决定性的物质因素——玉，并对之做全面的文化论证。例如通过"玉石之路"的研究，揭示"它既是物资传送的通道，也是文化传播和信仰交流的通道，兼及社会物

---

① 这六大区系文化是：以燕山南北与长城地带为中心的北方区系文化；以山东为中心的东方区系文化；以陕西、山西南部、河南西部为中心的中原区系文化；以环太湖地区为中心的东南区系文化；以环洞庭湖与四川盆地为中心的西南区系文化；以鄱阳湖—珠江三角洲一线为中轴的南方区系文化。（苏秉琦：《中国文明起源新探》，生活·读书·新知三联书店，1999，第87页）

② 具体而言，苏先生认为：中国北方区系的大西北和中亚与南亚相联系，其大东北与东北亚相联系，中国的东南沿海和中、西南地区则与环太平洋和东南亚、印度次大陆有广泛联系。（苏秉琦：《中国文明起源新探》，生活·读书·新知三联书店，1999，第103页）

③ 这个地带具体从关中西部起，由渭河进入黄河，经汾水通过山西全境，在晋北分叉，向西与内蒙古河曲地区连接，向东北与辽西老哈河、大凌河流域连接。（苏秉琦：《中国文明起源新探》，生活·读书·新知三联书店，1999，第104页）

质生产与精神价值建构的互动关系方面，还关系到中国文明史发生期的远距离资源调动及再配置，关系到华夏王权与华夏认同的形成及符号象征等。最近对世界几大古文明的比较考古学研究发现，玉石神话信仰及其交流，是所有伟大古文明起源与发展进程中普遍存在的观念性动力要素，对先民的思想、行为具有支配作用，驱动着跨国跨地区的远程贸易和文化交流传播"。① 这些研究内容无疑是苏先生"研究中国区系和世界区系之间的互动关系"之外的一个新视角，并有较大的理论贡献。

（2）描述、分析上古文化精神与意识形态层面的决定性作用。

张光直先生认为中国文明的起源是和某种宇宙观及仪式文化结合在一起的，即关于"萨满政治"的论述。"萨满政治"最完整的论述集中在 1983 年出版的 *Art, Myth and Ritual—The Path to Political Authority* 一书，以及 1990 年结集出版的论文集中。"萨满政治"模式的提出欲说明：萨满和政治领袖的结合（也就是王与巫的结合），乃是"中国"内部出现的最初国家的政治形态。② 政治权威使政治领袖能够支配更多的人力进行生产，财富便经由这种人力密集的方式被生产与累积，如此累积的财富可用于制作政治权威象征物。政治权威象征物有两类，一类是用青铜及玉等各种珍稀物资经过精巧工艺制成的各种礼器或宝器，它们基本上都是萨满通灵时所使用的法器；另一类是用青铜制成的武器（如戈、钺、战车等），这些武器的用途在于对内行使惩罚性暴力手段，对外进行战争。③ "萨满政治"的论点也是张先生关于古代中国文明形成模式的最重要主张：在萨满宇宙观的支配下，经由政治权威的兴起促使中国文明的出现。与之相对照，两河流域模式则是萨满宇宙观发生变化，即经由技术革命与商业贸易导致文明出现。他认为前一种模式"很可能是全世界向文明转进的主要形态"，而后一种模式"实在是一个例外"。④ 由于两河流域模式过去一直被西方学界奉为古代文明起源的常态与准则，因此将之运用到中国或其他古代文明的起源问题时不见得具有解释力。相反，经由对于古代中国"萨满政治"的研究，中国古代考古学将可提出更具普遍解释力的

---

① 叶舒宪：《"玉器时代"的国际视野与文明起源研究——唯中国人爱玉说献疑》，《民族艺术》2011 年第 2 期。

② 张光直：《古代中国考古学》，印群译，辽宁教育出版社，2002，第 414 页。

③ 张光直：《古代中国考古学》，印群译，辽宁教育出版社，2002，第 415~418 页。

④ 张光直：《古代中国考古学》，印群译，辽宁教育出版社，2002，第 108、109 页。

古代文明起源模式，从而可以"拟定新的社会科学法则"。①

张先生是难得的能横跨历史学、考古学、人类学、神话学的大师，基于实证材料能提炼出具有文化阐释性的理论体系，继"萨满政治"之后，鲜有类似理论框架来弥补实证与阐释、物质与文化之间的沟壑。以此为背景，"玉教"理论既在一定程度上丰富、修正了张先生关于"物质文化"的论述（比如张先生仅关注到玉琮所代表的宇宙观念），同时也关注到了张先生没有涉及，但又不可或缺和无法回避的问题：以玉为代表的物质文化如何具体影响了后世的儒、道文化内核，如何具体形塑了后世的礼乐文化。与张先生的诉求一致，"玉教"理论欲揭示出上古文化究竟是一种什么信仰状态，并且由此构成了中国文明的独特性、连续性因子，这种状态该用什么样的学术资源去研究？从概念的提出到实际研究中，"玉教"的称谓以及对上古文化的"神圣性"理解等方面，还有可商榷之处。在文明探源与神话学的整合研究中，叶氏提出的"玉石之路"及"玉教"问题，应该是目前所看到的比较理想的几重证据互用互补的例子，且在一定程度上超越了他早期的"经典阐释"工作。当下，面对各种争论，不要再纠缠于辩"名"，而应关注"玉教"及"四重证据法"背后的研究背景，以及理论提出者的整体研究意图与探索经验，这可能是我们更应做的工作。

（三）以王明珂的研究为例

张光直先生曾说："对历史变迁有兴趣有心得的学者，以及对社会环境功能有兴趣有心得的学者，都可以在神话的研究上找到他们有关的材料与发挥各自特殊的心得。"② 事实上，张先生的高足王明珂教授，就是在这方面取得卓越成就的学者。作为张光直先生的弟子，王明珂先生的研究对象聚焦在人类学、考古学、史学等领域，但又与张先生的上古研究方式有所不同。王教授对西南少数民族，尤其是川西北羌族做了多年的考察和研究，以丰富的民族志田野经验为基础，在史学和人类学的互证研究、神话传说、表征、文类、历史心性等方面有独到见解。他为我们展现了一条与传统神话学、史学研究的理论模型有别的思考途径，尤其他如何将田野调查（第三重证据）与神话传说联系在一起研

① 张光直：《古代中国考古学》，印群译，辽宁教育出版社，2002，第418~422页。
② 张光直：《商周神话之分类》，张光直：《中国青铜时代》，生活·读书·新知三联书店，2013，第374页。

究历史，与我们常见的"神话—古史"话语有一定区别。

首先来看王氏对"古史"的理解方式。他早期的一篇英文论文 *Western Zhou Remembering and Forgetting*（《西周的记忆与遗忘》）集中代表了相关见解。这篇文章批判、检讨了传统的西周研究。传统的西周研究主要是依赖西周金文和先秦文献。人们常认为这两种材料中都保存了很多的历史事实，可以建构对整个西周的认识。然而他认为，如果从社会记忆的角度来看这段历史会是怎样的呢？西周金文是西周时期的人把他们当时认为重要的事或重要的过去记录下来，所形成的一种记忆。而先秦文献中的西周，则是从战国到汉初时的人对西周的记忆或回忆。这两种材料是不同性质的东西，而最有意义的其实是这两种材料之间的断裂。[1] 也就是说，他认为文献记载是一种特定社会情境下的叙事和表征方式，通过文献去寻找古史，能寻找到的只是一种历史记忆。我们在此看到了与实证和还原派研究大相径庭的旨趣。在一篇学术访谈录中，王氏以钱穆先生的研究为例来说明这方面的观点：

> 钱穆在其著名的《西周地理考》一文中，根据《史记》里的《周本纪》，说周人的祖先后稷（谷神），他们世代为掌农事的官，后来因为帝王不注重农业，所以他们就失了官职，辗转流离在戎狄之间，后来到了他们的祖先公刘的时候，又恢复了农业，公刘之后，他们又不务农了，又开始流离迁徙，到了古公亶父时又恢复农业，这个时候戎狄攻打他们，古公亶父爱和平，所以避到岐山的周原，周人便在此定居行农业而发达起来。钱穆在《西周地理考》里非常精致地去分析每一个地名，重建周人的迁移路线。从文本分析角度而言，我不用去否认钱大师所重建的历史。但将《周本纪》中这一段记载视为文本或社会历史记忆而言，此文本一直在强调几个对立——行农业跟不行农业，定居与迁徙，爱好和平与嗜好武力。这些叙事符号上的对立，表现着早期华夏认同中的自我界定——定居、行农业、爱和平——透过这样的书写，我们可看出史记作者如何藉"族源历史"来强调周人的华夏身份。产生这种文本的社会现实本相则是，我在《华夏边缘》这本书中所说的，考古资料所见公元前 2000 年以来冀晋陕之北畜牧化、移动化、武力化的人群的出现，如此考古资料所见之"情境本相"与《史记·周本纪》所见之"文本表征"可以互证。

---

① "Western Zhou Remembering and Forgetting", *Journal of East Asian Archaeology* (Leiden). Inaugural Issue Vol. 1, 1–4: 231–250. 1999.

……

一个文本存在于这个时代里面，它是某种 social reality（社会现实）下所产生的文本表征，我们能透过文本去分析它背后的情景（社会现实本相），我觉得这是一种更可信的历史。这种分析方式跟传统的历史文献分析是完全不一样的。①

原来，文本背后的社会现实比文本记录的内容更能代表历史情境。那么，如何通过文本叙事对社会历史进行可靠的分析呢？有别于几重证据之间的证明或阐释，王氏将人类学看作对文化表征的理解（而非对社会发展的科学判断），将文本、文类与叙事符号等概念带入历史学的文献概念中，研究一个文本所对应的情境结构，以及在其间人的情感、意图与其书写之意义。王氏的成名作《华夏边缘——历史记忆与族群认同》② 及其续篇《羌在汉藏之间：一个华夏边缘的历史人类学研究》③《英雄祖先与弟兄民族：根基历史的文本与情境》④ 等著作互为一体，集中体现了这些方法论，它们以实际研究为例说明如何运用考古学、文献与人类学资料来了解历史。例如，《华夏边缘——历史记忆与族群认同》一书包括"边缘与内涵"，"华夏生态边界的形成"，"华夏族群边缘的形成与扩张"，"华夏边缘的延续与变迁"等内容，其研究诉诸对传统的"华夏—边缘"认同做反思性研究。该著最精彩处在于跳出近百年来的"华夷之辨"和"民族主义"的认同方式争论，用经济人类学、生态人类学、历史人类学等资源来解释：一个人类生态上的 reality（现实情境，即现实已然如此的某种社会文化状态），它激发和产生的一些事件如何表征（representation）了历史。⑤ 王氏的《羌在汉藏之间》进一步分析了文本表征与社会情境的对应性。该著分析那些看起来像神话或地方传说的"弟兄祖先故事"如何包含了血缘符号、地缘符号等叙事要素，神话本身成为"历史"——当地人观念中的一种"历史"。基于此，我们所熟悉的中国文献中各种"英雄祖先"的神话可能变得陌生。而《英雄祖先与弟兄民族》就是"将熟悉的化为陌生"，如果

① 张原等：《反思历史与关怀现实的学者——历史学家王明珂专访》，《西南民族大学学报》（人文社会科学版）2008 年第 1 期。
② 王明珂：《华夏边缘——历史记忆与族群认同》，社会科学文献出版社，2006。
③ 王明珂：《羌在汉藏之间：一个华夏边缘的历史人类学研究》，中华书局，2008。
④ 王明珂：《英雄祖先与弟兄民族：根基历史的文本与情境》，中华书局，2009。
⑤ 从人类生态方面把握历史情境的相关论述，还集中体现在王明珂《游牧者的抉择：面对汉帝国的北亚游牧部族》，广西师范大学出版社，2009。

说《羌在汉藏之间》是"化陌生为熟悉",那么王氏希望重新思考三千余年来曾流传于中国及其周边的许多"弟兄祖先故事",将它们视为另一种"历史心性"的产物,尝试了解人们在何种情境中书写与诉说这些历史,以及人们宣称此种历史时所流露的情感与意图。他把"历史"与"神话"置于相等的层面,对黄帝、太伯、箕子、檀君、九隆等英雄祖先之"历史"有反思性的认知,也对许多"神话传说",特别是"弟兄祖先故事"有真正的推进性认识。

王氏质疑传统的历史研究,认为社会中有一种历史叙事文化,历史叙事会循着一种叙事模式,他将之称为"历史心性"。他的著作围绕"历史心性",重新思考"华夏"认同所依循的"历史心性",进而"英雄祖先历史心性"就是在战国至汉代时的华夏"历史心性"作用下,将黄帝(一个英雄祖先)奉为凝聚华夏的"共同祖先"。在这里,我们看到了鲜明的"解构"旨趣,例如王氏曾论述:

> "我们是炎黄子孙",在这一最简单的中华民族史判断中,隐藏着"历史"最深的密码。然而另有一些起始于"弟兄祖先"的"历史"被人们忽略、埋没。因为相对于服膺"英雄祖先历史"之人群而言,主张这些"历史"的族群多半是居于边缘的弱势群体,因而在"英雄"成为"历史"叙事中的主角后,他们所宣称的"历史"被认为是传说、神话。
>
> ……
>
> 无论如何,在各种权力主体以"历史"相互解构中,边缘的"历史"仍然静默。因为关键不在于谁的"历史"更正确、更全面、更多元,而是只要"历史"仍是"历史","神话传说"仍为"神话传说",我们便不可能认识自身与他者的"历史",也不可能认识为"历史"所塑造的社会情境。①

王氏曾提出三种不同层次的中国历史叙事文化结构——历史心性、文类与模式化叙事情节,它们都有对应的结构化情境。这些历史叙事文化结构规范文本叙事,但它们又受文本叙事的模塑、修饰。神话传说与历史叙事一样,其出现与流传都在特定的情境之中,它们被传述与争议,也逐渐造成社会情境的改变。神话与历史相互发酵、改变对方、形塑我们的观念和记忆。② 在这里,我们

---

① 王明珂:《英雄祖先与弟兄民族:根基历史的文本与情境》,中华书局,2009,自序。

② 王明珂的神话观点还可参阅他的《华夏化的历程:太伯传说的考古与历史学研究》,见臧振华主编《中国考古学与历史学之整合研究》,(台北)"中央研究院"历史语言研究所,2009;《论攀附:近代炎黄子孙国族建构的古代基础》,见《历史语言研究所集刊》,2002年,第583~624页。

看到了笔者在之前章节中不断提到的"神话历史"和"神话中国"的影子。应该说，这两种"神话历史"殊途同归，都基于对传统神话、史学观以及"中国"认同方式的反思而产生，都诉诸跳出传统观念制约和学科束缚，进而提炼能有效认识中国文化的新视野、新方式。在具体途径上，"神话历史"丛书的研究者以反思"宗教""哲学"和现代性叙事方式为肇始，旨在探索出比文字时代更早、更有决定性的文化观念及整合因素（比如"玉教"理论及对中国神话的重新理解）。王明珂教授则从田野调查、生态人类学、文本叙事、历史心性等角度重新定义神话与历史的相互关系，以及它们如何共同塑造了我们的观念世界。

从张光直先生到巫鸿、叶舒宪、王明珂等学者，他们对神话学资源的运用，对非文字文献（考古实物、民族志、图像叙事）的阐释方式，都在"神话—古史"研究的理念和方法论方面推进了学术发展。学界相关的探索还有不少，笔者在此不逐一分析，无论哪种探索都留有可商榷或讨论的空间。最关键的在于，我们需要不断反思和实践下去。

尾　声

行文至此，本书的研究也许应该才正式开始。作为学术史的反思性研究，笔者的视角始终是围绕"神话—古史"而展开，旨在分析它们如何联袂共生于近现代文化与学术转型中，并参与了中国现代性的文化建构及民族主义认同。在这层意义上，神话学与历史学（以及由历史学衍生出的考古学）一起形塑了我们今天的观念世界。也正因为如此，笔者并没有从常见的人类学、史学、文学角度归纳分析，而是以"神话—古史"如何共同建构并强化了中国现代学术的发生、发展为线索。就"神话—古史"的角度，若对中国神话的研究不切入古史，或多或少地有缺失关键命脉之感；反之亦然。对古史的研究、对文明的探源若忽视或悬置了神话，则有直接或间接地规避中国上古文化特质的遗憾。继梳理与反思之后，更重要的是吸收前沿资源并开拓新的理论与方法。值得庆幸的是，我们这个课题组已经有其他成员在从事相关工作，并取得了阶段性的重要成果。[①]

在全书的写作中，笔者始终强调的是中国现代学术的进化论、实证主义、科学主义趋向，这乃根源于"神话—古史"观念及其体现出来的轨迹与特点。殊不知，也正是这个最大的特质在不断消解神话本身的魅力。关于这个问题，吕微教授、户晓辉教授、陈连山教授已经在做可贵的、严谨的学科论述。[②] 于笔者来看，无论是实证科学还是阐释性学科，包括人类学的种

---

① 例如叶舒宪著《图说中华文明发生史》，南方日报出版社，2015；叶舒宪、古方主编《玉成中国——玉石之路与玉兵文化探源》，中华书局，2015；王倩：《神话学文明起源路径研究》，中国社会科学出版社，2015；叶舒宪主编"神话历史"系列丛书（南方日报出版社，2011）、"神话学文库"（陕西师范大学出版社，2013）等。

② 吕微：《神话何为——神圣叙事的传承与阐释》，社会科学文献出版社，2001；吕微：《神话：出于爱而真的"第一叙事"——纳吉著、巴莫曲布嫫译〈荷马诸问题〉第四章之解读》，《中国社会科学院文学研究所学刊》，中国社会科学出版社，2008；户晓辉：《返回爱与自由的生活世界》，江苏人民出版社，2010；陈连山：《走出西方神话的阴影——论中国神话学界使用西方现代神话概念的成就与局限》，《长江大学学报》（社会科学版）2006 年第 6 期。

种田野调查、文化转向等，它们在研究心性、神性、信仰中遇到的困难是：无法用人类目前所熟悉的时间、空间、质量、能量等来测试人类最宝贵的精神，更无法用理性思辨，用证据去证明，或阐释人性的完善与超越。例如，如何用神话学去研究先秦典籍中的"神"呢？甚至可以说，目前的神话学不足以解释中国的"神话历史"的诸多维度。再稍偏激地追问，归根结底，研究是关乎个人情志与意愿的事情，倘若研究者不认同理性—感性、主观—客观的二元对立模式，那么，"神话"及目前神话学的主流话语就有被整体解构的危机。举个例子，倘若读了考古学家克莱默和汤姆森（Michael A. Cremo & Richard Thompson）的《考古学禁区》（Forbidden Archeology）一书①，或读了《审判达尔文》②《中国与达尔文》③ 等，都会让人诘问现代学术对"古"之研究的正当性与合理性。现代社会基于一种世俗功利的计算技术和理性方法，改变了古代"天—地—人"一体的宇宙观，即马克斯·韦伯所说的"祛魅"。"祛魅"的过程就是人类用自己取代了"天"（或"上帝"等），把人类自己作为最高价值和意义的本体，把"世界"置换为一种世人可以通过知识、理性和操作步骤（尤其是经济行为）来掌握的对象。换言之，过去如影随形（无论认同与否）的超验神圣性消散殆尽，人丧失神话信仰本身。在这个意义上，当神话成为神话学的时候，也就是神话逝去已成定局之时，并且，这是无法规避、逆转的。

人，到底存在于一个什么样的世界？我们之所以只能从"巫史"，从考古学角度去理性地研究上古，把上古那些说不清、道不明的文化统摄为神话，乃是因为我们人类目前所固定拥有的"二元化思考模式"（列维－斯特劳斯的神话学研究不就是在揭示这个吗）。现代文明，包括知识、逻辑、哲学等都在强化理性—非理性的对抗，神话学或其他现代人文学科无不是这种对抗中的衍生物。相反，"古"的文明为我们提供的则是其他感知世界，建构知识、思想与智慧的可能（比如佛学、儒学等）。相比其他学科，神话学的真正魅力还在于能帮助我们进入这些世界，比如荣格、铃木大拙、杨儒宾教授等都在这

---

① Michael A. Cremo, Richard L. Thompson. *Forbidden Archeology*：*The Hidden History of the Human Race*, Bhaktivedanta Book Publishing, 1998。该书列举了500个几万至几十亿年前的人类文明遗迹，而这些都曾是进化论诉求下的考古学所回避的对象。此书影响甚大，可参阅围绕此著讨论各种问题的网站：http：//www.forbiddenarcheologist.com/。

② 〔美〕詹腓力：《审判达尔文》，钱锟译，中央编译出版社，2006。

③ 〔美〕浦嘉珉：《中国与达尔文》，钟永强译，江苏人民出版社，2008。

方面有宝贵的探索经验。这类研究迥异于本书所研究的"神话—古史"面相，但此类实践也是我们借助神话走近古人古世，或者说借神话之桥走近人类自己的必要维度。在这个维度里有一位在文学领域也许让人感到陌生的思想家肯·威尔伯（Ken Wilber）。[①] 虽然肯不是神话学者，但是，他对荣格、对神话的理解，对西方 New Age（新世纪）思潮的批判性反省，已然达到了神话学者的高度，甚至超越了神话学的学科旨趣，指向更为终极的人本意义，带给我们很多思考与启发。肯认为神话蕴含着人类的原型（Archetype），因此具有神秘的或超越的重要性。但是，"原型"乃是缺乏内容的神话"形式"，然而灵性的自我修炼及体验却是"无形"的觉察，神话与心性以及与人性之间并没有任何关联。他认为，荣格最大的错误在于混淆了人作为"集体的"和"个体的"经验。换言之，一个人的心智中遗传了某些集体的形象，并不意味着这些形象就是超验的，或关于人之终极意义的。荣格的"原型"和灵性的、超越性的觉察没有关系。"原型"只是人类意识中最基本的、日常的、属于存在面的遭遇——生活、死亡、生产、母亲、父亲、阴影、私我等。鉴于此，肯一再主张要区分作为神话阶段与灵性阶段、前理性与超理性之不同。看到"前理性""理性""超理性"等字眼，容易让人觉得这又是一种进化论的理论。其实并非如此。综观肯的著作，其目的是要凸显人之理念与神性，人之肉体、意识与精神的完满。

换个角度，儒家的工夫论、心性论、性命论其实与肯的论述是一致的（虽然他从未关注过儒学）。天下之道，殊途同归。在此层面，上古文化以及后世经史传统中的"神"，并没有"话"可对应，它们是性命双修的身心修炼境界。面对这个境界，我们还有很长的一条研究之路要探索。当然，从荣格、铃木大拙到肯的研究，仅能代表神话学的心理学、灵学路径。正如笔者在引言中谈到的，"神话"概念与神话学是让人莫衷一是的问题丛，它的纷杂与万象、张力与深度，正是其吸引力和魅力所在。张光直先生曾感言："我逐渐发现，在我自己有兴趣研究的题目中，只有两个是几乎所有的人文社会科学者

---

① 之所以说"陌生"，乃因为就笔者所查阅，对肯·威尔伯的研究都在心理学，而神话学界目前尚没有关注他的学者。而他早被誉为"意识领域的爱因斯坦"，并在西方学界被评论为"在整合西方心理和东方智慧方面已经远远超越了荣格"，"与弗洛伊德同样重要"等。对肯的介绍和了解，可参阅他的著作《恩宠与勇气》，胡因梦译，生活·读书·新知三联书店，2006；《一味》，胡因梦译，深圳报业集团出版社，2010；《性、生态、灵性》，李明译，中国人民大学出版社，2009。笔者涉及的相关内容集中体现在《恩宠与勇气》，第169～180页；《性、生态、灵性》，第210～287页。

都感兴趣，喜欢从事研究的：一是城市发达史；二是神话。写这两个题目中的任何一个，或是其范围之内的一个小问题，有好处也有坏处。好处是志同道合的人多，可以互相切磋琢磨；坏处是写起来战战兢兢，牵扯不少人的'本行'，挑错的人就多。"① 张先生都有此感叹，更何况我等俗辈。在战战兢兢中，笔者诚恳欢迎各位"本行"方家挑错指正。

---

① 张光直：《商周神话之分类》，张光直：《中国青铜时代》，生活·读书·新知三联书店，2013，第372、373 页。

参考文献

白寿彝：《中国史学史》，上海人民出版社，1996。

北京大学考古文博学院编《考古学研究》（十），科学出版社，2012。

常乃德：《中华民族小史》，爱文书局，1928。

陈平原：《中国现代学术之建立——以章太炎、胡适之为中心》，北京大学出版社，1998。

陈星灿：《中国史前考古学史研究》，生活·读书·新知三联书店，1997。

陈寅恪：《金明馆丛稿二编》，生活·读书·新知三联书店，2011。

陈恒主编《历史与当下》，生活·读书·新知三联书店，2004。

陈来：《陈来自选集》，广西师范大学出版社，1997。

陈来：《古代思想文化的世界》，生活·读书·新知三联书店，2009。

陈赟：《困境中的中国现代性意识》，华东师范大学出版社，2005。

陈启能、倪为国主编《历史与当下》，上海三联书店，2005。

陈建宪：《神话解读》，湖北教育出版社，1997。

陈连山：《结构神话学：列维－斯特劳斯与神话学问题》，外文出版社，1999。

陈泳超：《尧舜传说研究》，北京师范大学出版社，2000。

程憬：《中国古代神话研究》，北京大学出版社，2011。

蔡尚思、方行编《谭嗣同全集》，中华书局，1981。

常金仓：《二十世纪古史研究反思录》，中国社会科学出版社，2005。

丁山：《中国古代宗教与神话考》，上海文艺出版社，1988。

方东树：《汉学商兑》，上海商务印书馆，1937。

费孝通：《乡土中国》，人民出版社，2008。

费孝通：《中华民族多元一体格局》，中央民族学院出版社，1989。

《傅斯年全集》，（台北）联经出版事业公司，1980。

傅斯年：《史料论略及其他》，辽宁教育出版社，1997。

冯天瑜：《上古神话纵横谈》，上海文艺出版社，1983。

葛兆光：《中国思想史》，复旦大学出版社，2001。

葛兆光：《宅兹中国：重建有关"中国"的历史论述》，中华书局，2011。

顾潮：《顾颉刚年谱》，中国社会科学出版社，1993。

顾颉刚：《我与〈古史辨〉》，上海文艺出版社，2001。

顾颉刚主编《古史辨》（1—7 册），上海古籍出版社，1982。

顾颉刚：《顾颉刚日记》，（台北）联经出版事业公司，2000。

顾颉刚、钟敬文编《孟姜女故事研究集》，中国民间文艺出版社，1983。

顾颉刚：《走在历史的路上：顾颉刚自述》，（台北）远流出版社，1989。

顾颉刚编《当代中国史学》，上海世纪出版集团，2006。

《郭沫若全集》，科学出版社，1982。

郭双林、王续添编《中国近代史读本》，北京大学出版社，2006。

高亨、董治安：《上古神话》，清华大学出版社，2004。

何刚德：《春明梦录·客座偶谈》，上海古籍出版社，1983。

何新：《诸神的起源——中国远古太阳神崇拜》，光明日报出版社，1996。

何兆武、陈啟能主编《当代西方史学理论》，中国社会科学出版社，1996。

贺学君、樱井龙彦编《中日学者中国神话研究论著目录总汇》，名古屋大学国际开发研究科，1999。

胡适：《胡适自传》，黄山书社，1992。

胡万川：《真实与想象——神话传说探微》，（台湾新竹）清华大学出版社，2004。

黄宗智主编《中国研究的范式问题讨论》，社会科学文献出版社，2003。

黄克武：《一个被放弃的选择：梁启超调适思想之研究》，新星出版社，2006。

科技部社会发展科技司编《中华文明探源工程文集·社会与精神文化卷(1)》，科学出版社，2009。

康乐、彭明辉主编《史学方法与历史解释》，中国大百科全书出版社，2005。

李孟符：《春冰室野乘》，上海世界书局，1922。

李欧梵：《现代性的追求》，生活·读书·新知三联书店，2000。

李培林：《社会学与中国社会》，社会科学文献出版社，2008。

李学勤、郭志坤：《中国古史寻证》，上海科技教育出版社，2002。

李泽厚：《己卯五说》，中国电影出版社，1999。

李天纲编校《弢园文新编》，生活·读书·新知三联书店，1998。

林惠祥：《神话论》，商务印书馆，1933。

梁启超：《饮冰室合集》，中华书局，1989。

雷海宗：《中国通史选读》，北京大学出版社，2006。

茅盾《茅盾自传》，江苏文艺出版社，1996。

江林昌主编《中国古代文明研究与学术史》，河北大学出版社，2006。

江湄：《创造"传统"》，社会科学文献出版社，2013。

蒋智由：《中国人种考》，华通书局，1929。

金观涛、刘青峰：《观念史研究：中国现代重要政治术语的形成》，香港中文大学出版社，2008。

凌纯声：《中国边疆民族与环太平洋文化》，（台北）联经出版事业公司，1982。

凌纯声、芮逸夫：《湘西苗族调查报告》，民族出版社，2003。

刘起釪：《顾颉刚先生学述》，中华书局，1986。

刘锡诚：《20世纪中国民间文学学术史》，河南大学出版社，2006。

刘德重、张寅彭：《诗话概说》，安徽教育出版社，2009。

刘城淮：《中国上古神话》，上海文艺出版社，1988。

刘魁立：《神话新论》，上海文艺出版社，1987。

刘小枫：《现代性社会理论绪论》，生活·读书·新知三联书店，1998。

陆思贤：《神话考古》，文物出版社，1995。

罗振玉：《罗振玉学术论著集》，上海古籍出版社，2010。

罗志田：《民族主义与近代中国思想》，（台北）东大图书公司出版，1998。

罗厚立：《从思想史角度看近代中国民族主义》，时代文艺出版社，2000。

吕微：《神话何为——神圣叙事的传承与阐释》，社会科学文献出版社，2001。

林毓生：《中国传统的创造性转化》，生活·读书·新知三联书店，1998。

《鲁迅全集》，人民文学出版社，2005。

马昌仪编《中国神话学文论选萃》，中国广播电视出版社，1994。

茅盾：《中国神话研究初探》，上海古籍出版社，2005。

茅盾：《神话研究》，百花文艺出版社，1981。

马勇编《章太炎讲演集》，河北人民出版社，2004。

马昌仪编《中国神话学文论选萃》，中国广播电视出版社，1994。

马昌仪选编《中国神话学百年文论选》，陕西师范大学出版社，2013。

梅新林：《仙话：神人之间的魔幻世界》，生活·读书·新知三联书店，1995。

蒙文通：《古史甄微》，商务印书馆，1933。

牟宗三：《生命的学问》，（台北）三民书局，1970。

牟宗三：《心体与性体》，上海古籍出版社，1999。

闵杰：《近代中国社会文化变迁录》，浙江人民出版社，1998。

钱理群：《周作人研究二十一讲》，中华书局，2004。

钱穆：《八十忆双亲：师友杂忆》，生活·读书·新知三联书店，1999。

钱穆：《国史大纲》，商务印书馆，1996。

钱穆：《国学概论》，商务印书馆，1997。

潜明兹：《中国神话学》，上海人民出版社，2008。

潜明兹：《神话学的历程》，北方文艺出版社，1989。

裘锡圭：《中国出土古文献十讲》，复旦大学出版社，2004。

祁连休，程蔷，吕微主编《中国民间文学史》，河北教育出版社，2008。

饶宗颐：《饶宗颐二十世纪学术文集》，（台北）新文丰出版公司，2003。

阮元等：《十三经注疏》影印本，中华书局，1982。

舒新城编《中国近代教育史资料》，人民教育出版社，1981。

陕西省文物局等编《中国史前考古学研究》，三秦出版社，2003。

苏秉琦：《华人·龙的传人·中国人——考古寻根记》，辽宁大学出版社，1994。

孙歌：《主体弥散的空间》，江西教育出版社，2002。

孙尚扬、〔比利时〕钟鸣旦：《一八四〇年前的中国基督教》，学苑出版社，2004。

孙广德：《政治神话论》，（台湾）商务印书馆，1990。

宋兆麟等：《中国原始社会史》，文物出版社，1983。

史宗编《20世纪西方宗教人类学文选》，生活·读书·新知三联书店，1995。

石元康：《从中国文化到现代性：典范的转移?》，生活·读书·新知三联书店，2000。

谭佳：《断裂中的神圣重构——〈春秋〉的神话隐喻》，南方日报出版社，2010。

谭佳：《叙事的神话——晚明叙事的现代性话语建构》，中国社会科学出版社，2009。

谭汝谦：《中国译日本书综合目录》，香港中文大学出版社，1980。

谭达先：《中国神话研究》，（台湾）商务印书馆，1990。

田兆元：《神话与中国社会》，上海人民出版社，1998。

汤显祖等原辑，（明）袁宏道等评注，柯愈春编纂《说海》（第1册），人民日报出版社，1997。

汤志钧：《章太炎政论选集》，中华书局，1977。

陶阳、牟钟秀：《中国创世神话》，上海人民出版社，1998。

童书业：《春秋史》，中华书局，2006。

童书业：《春秋左传研究》，中华书局，2006。

汪晖：《汪晖自选集》，广西师范大学出版社，1997。

汪晖：《现代中国思想的兴起》，生活·读书·新知三联书店，2004。

王汎森：《执拗的低音——一些历史思考方式的反思》，生活·读书·新知三联书店，2014。

王汎森：《章太炎的思想——兼论其对儒学思想的冲击》，上海人民出版社，2012。

王汎森：《中国近代思想与学术的系谱》，河北教育出版社，2001。

王国维：《王国维遗书》，上海书店出版社，2011。

王明珂：《华夏边缘——历史记忆与族群认同》，社会科学文献出版社，2006。

王明珂：《羌在汉藏之间：一个华夏边缘的历史人类学研究》，中华书局，2008。

王明珂：《英雄祖先与弟兄民族：根基历史的文本与情境》，中华书局，2009。

王明珂：《游牧者的抉择：面对汉帝国的北亚游牧民族》，广西师范大学出版社，2009。

王明珂：《反思史学与史学反思：文本与表征分析》，（台北）允晨文化实业有限公司，

2015。

王小盾：《中国早期思想与符号研究——关于四神的起源及其体系形成》，上海人民出版社，2008 年。

王以欣：《神话与历史——古希腊英雄故事的历史和文化内涵》，商务印书馆，2006 年。

王庆祥、萧立文校注《罗振玉王国维往来书信》，东方出版社，2000。

王宪昭：《中国各民族神话研究外文论著目录》，辽宁民族出版社，2007。

王孝廉：《中国的神话世界——各民族的创世神话及信仰》，（台湾）时报出版公司，1987。

王昕：《话本小说的历史与叙事》，中华书局，2002。

王晴佳：《西方的历史观念——从古希腊到现代》，华东师范大学出版社，2002 年。

王学典、孙延杰：《顾颉刚和他的弟子们》，山东画报出版社，2000。

王钟麒：《本国史·新时代教科书》，新时代教育社，1927。

王尔敏：《中国近代思想史论》，社会科学文献出版社，2003。

王青：《中国神话研究》，中华书局，2010。

吴天明：《中国神话研究》，中央编译出版社，2003。

武世珍：《神话学论纲》，敦煌文艺出版社，1993。

尹荣方：《神话求原》，上海古籍出版社，2003。

卫聚贤：《古史研究》（第 1 辑），新月书店，1928。

卫聚贤：《古史研究》，（第 2 辑），商务印书馆，1934。

卫聚贤：《古史研究》，上海文艺出版社，1990。

温儒敏：《中国现代文学批评史》，北京大学出版社，1993。

万书元：《神话探幽》，东南大学出版社，1995。

闻一多：《闻一多全集》，湖北人民出版社，1993。

夏鼐：《中国文明的起源》，文物出版社，1985。

夏晓虹辑《〈饮冰室合集〉集外文》，北京大学出版社，2005。

夏晓虹：《晚清社会与文化》，湖北教育出版社，2001。

萧兵：《楚辞新探》，天津古籍出版社，1988。

萧兵：《中国上古图饰的文化判读——建构饕餮的多面相》，湖北人民出版社，2011。

萧兵：《中国文化的精英——太阳英雄神话比较研究》，上海文艺出版社，1989。

萧兵：《中庸的文化省察——一个字的思想史》，湖北人民出版社，1997。

萧　兵：《神话学引论》，（台湾）文津出版社，2001。

刘岱总主编《中国文化新论·根源篇：永恒的巨流》，生活·读书·新知三联书店，1991。

熊十力：《读经示要》，（台北）明文书局，1984。

谢维扬、房鑫编《王国维全集》，浙江教育出版社，2010。

谢六逸：《谢六逸文集》，商务印书馆，1995。

谢选骏：《神话与民族精神——几个文化圈的比较》，山东文艺出版社，1986。

玄珠等《神话三家论》，上海文艺出版社，1989。

徐坚：《暗流：1949 年之前安阳之外的中国考古学传统》，科学出版社，2012。

徐珂编撰《清稗类钞》，中华书局，1984。

徐苹芳：《中国历史考古学论集》，上海古籍出版社，2012。

徐苹芳、张光直：《中国文明的形成》，新世界出版社，2004。

徐旭生：《中国古史的传说时代》，文物出版社，1985

徐一士：《一士类稿》，辽宁教育出版社，1997。

许宏：《最早的中国》，科学出版社，2009。

许纪霖：《另一种启蒙》，花城出版社，1999。

杨利慧：《女娲的神话与信仰》，中国社会科学出版社，1997。

杨利慧：《神话与神话学》，北京师范大学出版社，2009。

徐光启等撰《天主教东传文献》，（台北）学生书局，1965。

杨向奎：《中国古代社会与古代思想研究》，上海人民出版社，1962。

杨春时、俞兆平：《现代性与 20 世纪中国文学思潮》，广西师范大学出版社，2005。

姚奠中、董国炎：《章太炎学术年谱》，山西古籍出版社，1996。

叶舒宪、彭兆荣、纳日碧力戈：《人类学关键词》，广西师范大学出版社，2004。

叶舒宪主编《文化与文本》，中央编译出版社，1998。

叶舒宪：《文学与人类学》，社会科学文献出版社，2003。

叶舒宪：《高唐神女与维纳斯》，陕西人民出版社，2005。

叶舒宪：《老子与神话》，陕西人民出版社，2005。

叶舒宪：《诗经的文化阐释》，陕西人民出版社，2005。

叶舒宪：《英雄与太阳》，陕西人民出版社，2005。

叶舒宪：《中国神话哲学》，陕西人民出版社，2005。

叶舒宪：《庄子的文化解析》，陕西人民出版社，2005。

叶舒宪：《熊图腾：中华祖先神话探源》，上海文艺出版社，2007。

叶舒宪：《神话意象》，北京大学出版社，2007。

叶舒宪：《河西走廊：西部神话与华夏源流》，云南教育出版社，2008。

叶舒宪：《现代性危机与文化寻根》，山东教育出版社，2009。

叶舒宪、唐启翠编《儒家神话》，南方日报出版社，2011。

叶舒宪：《金枝玉叶——比较神话学的中国视角》，复旦大学出版社，2012。

叶舒宪：《图说中华文明发生史》，南方日报出版社，2015。

叶舒宪：《中华文明探源的神话学研究》，社会科学文献出版社，2015。

易华：《夷夏先后说》，民族出版社，2012。

余英时：《现代危机与思想人物》，生活·读书·新知三联书店，2005。

余英时：《文史传统与文化重建》，生活·读书·新知三联书店，2011。

余英时：《中国思想传统及其现代变迁》，广西师范大学出版社，2004。

俞伟超：《古史的考古学探索》，文物出版社，2002。

袁清舫、晏海澜编《西学三通》，上海文盛堂，1902。

袁珂：《中国神话资料萃编》，四川省社会科学院出版社，1985。

袁珂：《山海经校注》，巴蜀书社，1993。

袁珂：《中国神话史》，华夏出版社，1994。

袁珂：《中国神话传说：从盘古到秦始皇》，人民文学出版社，1998。

袁珂：《中国神话史》，重庆出版社，2007。

苑利编《二十世纪中国民俗学经典·神话卷》，社会科学文献出版社，2002。

扎拉嘎：《展开4000年前折叠的历史——共工传说与良渚文化平行关系研究》，中央民族大学出版社，2009。

张大东：《中华民族发展史大纲》，文化供应社，1942。

张光直：《中国青铜时代》，生活·读书·新知三联书店，2013。

张光直主编《李济文集》，上海人民出版社，2006。

张光直：《中国考古学论文集》，生活·读书·新知三联书店，1999。

张光直：《古代中国考古学》，印群译，辽宁教育出版社，2002。

张光直：《青铜挥麈》，上海文艺出版社，2000。

张宏彦：《中国史前考古学导论》，科学出版社，2011。

张辉：《审美现代性批判》，北京大学出版社，1999。

张京华：《古史辨派与中国现代学术走向》，厦门大学出版社，2009。

张忠培：《中国考古学：走向与推进文明的历程》，紫禁城出版社，2004。

张文杰编《历史的话语：现代西方历史哲学译文集》，广西师范大学出版社，2002。

臧振华主编《中国考古学与历史学之整合研究》，（台北）"中央研究院"历史语言研究所，1997。

章炳麟著、徐复注《訄书详注》，上海古籍出版社，2000。

章太炎：《章太炎全集》，上海人民出版社，1985。

中国社会科学院考古研究所编著《中国考古学》，中国社会科学出版社，2003。

钟阿城：《洛书河图——文明的造型探源》，中华书局，2014。

朱维铮：《求索真文明》，上海古籍出版社，1997。

朱维铮主编《周予同经学史论著选集》，上海人民出版社，1996。

朱崇才：《词话史》，中华书局，2006。

朱狄：《原始文化研究》，三联书店，1988。

朱狄：《信仰时代的文明——中西文化的趋同与差异》，中国青年出版社，1999。

钟叔河编订《周作人散文全集》，广西师范大学出版社，2009。

郑大华整理《胡适全集》，安徽教育出版社，2003。

〔美〕阿兰·邓迪斯编《西方神话学读本》，朝戈金译，广西师范大学出版社，2006。

〔英〕埃里·凯杜里：《民族主义》，张明明译，中央编译出版社，2002。

〔英〕埃里克·霍布斯鲍姆：《民族与民族主义》，李金梅译，上海人民出版社，2000。

〔美〕爱德华·希尔斯：《论传统》，傅铿、吕乐译，上海人民出版社，1991。

〔美〕艾恺：《世界范围内的反现代化思潮——论文化守成主义》，贵州人民出版社，1991。

〔日〕安万侣：《古事记》，周作人译，中国对外翻译出版社，2000。

〔英〕安东尼·吉登斯：《现代性与自我认同》，赵旭东、方文译，生活·读书·新知三联书店，1998。

〔英〕安东尼·吉登斯：《现代性的后果》，田禾译，译林出版社，2000。

〔日〕白川静：《中国古代文化》，加地伸行等译，（台北）文津出版社，1983。

〔日〕白川静：《金文的世界：殷周社会史》，温天河、蔡哲茂译，（台北）联经出版事业公司，1990。

〔日〕白川静：《中国古代民俗》，何乃英译，陕西人民美术出版社，1988。

〔日〕白川静：《中国古代文化》，加地伸行、范月娇译，（台北）文津出版社，1983。

〔日〕白川静：《中国神话》，王孝廉译，（台北）长安出版社，1983年。

〔加〕布鲁斯·G. 崔格尔：《理解早期文明：比较研究》，徐坚译，北京大学出版社，2014。

〔日〕大林太良：《神话学入门》，林相泰、贾福水译，中国民间文艺出版社，1988。

〔美〕戴维·哈维：《后现代的状况——对文化变迁之缘起的探究》，阎嘉译，商务印书馆，2003。

〔美〕戴维·林德伯格：《西方科学的起源》，王珺译，中国对外翻译出版公司，2001。

〔美〕杜赞奇：《从民族国家拯救历史：民族主义话语与中国现代史研究》，王宪明译，社会科学文献出版社，2003。

〔德〕恩斯特·卡西尔：《符号·神话·文化》，李小兵译，东方出版社，1988。

〔德〕恩斯特·卡西尔：《人论》，甘阳译，上海译文出版社，1986。

〔德〕恩斯特·卡西尔：《神话思维》，黄龙保、周振选译，中国社会科学出版社，1999。

〔英〕厄内斯特·盖尔纳：《民族与民族主义》，韩红译，中央编译出版社，2002。

〔英〕菲奥纳·鲍伊：《宗教人类学导论》，金泽、何其敏译，中国人民大学出版社，2006。

〔美〕费正清：《中国：传统与变迁》，张沛译，世界知识出版界，1993。

〔英〕格林·丹尼尔：《考古学一百五十年》，黄其煦译，文物出版社，2009。

〔日〕沟口雄三：《日本人视野中的中国学》，李苏平、龚颖等译，中国人民大学出版社，1996。

〔日〕沟口雄三：《中国前近代思想的演变》，索介然、龚颖译，中华书局，1997。

〔美〕郭颖颐：《中国现代思想中的唯科学主义1900—1950》，雷颐译，江苏人民出版社，1989。

〔美〕格里德：《胡适与中国的文艺复兴——中国革命中的自由主义 (1917–1937)》，鲁奇译，江苏人民出版社，1993。

〔美〕赫伯特·芬格莱特：《孔子：即凡而圣》，彭国翔、张华译，江苏人民出版社，2002。

〔美〕华勒斯坦等：《学科·知识·权力》，刘健芝等编译，生活·读书·新知三联书店，1999。

〔美〕亨利·富兰克弗特《王权与神祇》，郭子林等译，生活·读书·新知三联书店，2006。

〔英〕柯林伍德《历史的观念》，何兆武、张文杰译，中国社会出版社，1986。

〔美〕塞·诺·克雷默编《世界古代神话》，魏庆征译，华夏出版社，1989。

〔德〕卡尔·雅斯贝斯：《历史的起源与目标》，魏楚雄、俞新天译，华夏出版社，1989。

〔美〕柯文：《在传统与现代性之间——王韬与晚清改革》，雷颐、罗检秋译，江苏人民出版社，1994。

〔美〕柯文：《在中国发现历史—中国中心观在美国的兴起》，林同奇译，中华书局，2000。

〔英〕乔治·弗兰克：《心灵考古》，褚振飞译，国际文化出版公司，2006。

〔英〕拉德克利夫·布朗：《安达曼岛人》，梁粤译，广西师范大学出版社，2005。

〔美〕林乐知：《中西关系略论》，上海格致书室，1892。

〔英〕罗伯特·A. 西格尔：《神话理论》，刘象愚译，外语教学与研究出版社，2008。

〔英〕杰西卡·罗森：《祖先与永恒》，邓菲等译，生活·读书·新知三联书店，2011。

〔意〕利玛窦：《利玛窦全集》，（台北）光启出版社、辅仁出版社，1986。

〔意〕利玛窦：《天主实义今注》，〔法〕梅谦立注，谭杰校勘，商务印书馆，2014。

〔美〕刘禾：《跨语际实践——文学，民族文化与被译介的现代性（中国，1900－1937）》，宋伟杰等译，生活·读书·新知三联书店，2002。

〔德〕马克斯·韦伯：《儒教与道教》，王容芬译，商务印书馆，1995。

〔德〕马克斯·韦伯：《社会科学方法论》，韩水法、莫茜译，中央编译出版社，1999。

〔美〕马泰·卡林内斯库：《现代性的五副面孔：现代主义、先锋派、颓废、媚俗艺术、后现代主义》，李瑞华译，商务印书馆，2002。

〔英〕马林诺夫斯基：《巫术、科学、宗教与神话》，李安宅译，中国民间文艺出版社，1986。

〔英〕马林诺夫斯基：《原始社会的犯罪与习俗》，原江译，云南人民出版社，2002。

〔美〕麦克洛斯基：《社会科学的措辞》，许宝强等编译，生活·读书·新知三联书店，2000。

〔英〕麦克斯·缪勒：《比较神话学》，金泽译，上海文艺出版社，1989。

〔法〕马伯乐：《书经中的神话》，冯沅君译，商务印书馆，1939。

〔罗马尼亚〕米尔恰·伊利亚德：《神圣与世俗》，王建光译，华夏出版社，2002。

〔罗马尼亚〕米尔恰·伊利亚德：《神圣的存在》，晏可佳、姚蓓琴译，广西师范大学出版社，2008。

〔罗马尼亚〕米尔恰·伊利亚德：《宗教思想史》，晏可佳等译，上海社会科学院出版社，2004。

〔罗马尼亚〕米尔恰·伊利亚德：《瑜伽》，武锡申译，中国致公出版社，2001。

〔罗马尼亚〕米尔恰·伊利亚德：《宇宙与历史——永恒回归的神话》，杨儒宾译，台北联经出版事业公司，2000。

〔意〕马利亚苏塞·达瓦马尼：《宗教现象学》，高秉江译，人民出版社，2006。

〔法〕让－皮埃尔·韦尔南：《神话与政治之间》，余中先译，生活·读书·新知三联书店，2001。

〔美〕浦嘉珉：《中国与达尔文》，钟永强译，江苏人民出版社，2008。

〔英〕皮特.J.鲍勒：《进化思想史》，田洺译，江西教育出版社，1999。

〔英〕史密斯·安东尼：《民族主义：理论、意识形态、历史》，上海人民出版社，2006。

〔日〕上山安敏：《神话与理性：19世纪末20世纪初欧洲的知识界》，孙传钊译，上海人民出版社，1992。

〔英〕特里·伊格尔顿：《后现代主义的幻象》，华明译，商务印书馆，2002。

〔美〕唐纳德·R.凯利：《多面的历史：从希罗多德到赫尔德的历史探询》，陈桓、宋立宏译，生活·读书·新知三联书店，2003。

〔日〕小南一郎：《中国的神话传说与古小说》，中华书局，2006。

〔英〕约翰·伯雷：《进步的观念》，生活·读书·新知三联书店，2005。

〔美〕巫鸿：《武梁祠——中国古代画像艺术的思想性》，生活·读书·新知三联书店，2006。

〔美〕汪荣祖：《史通传说——中西史学之比较》，北京：中华书局，1989年。

〔美〕詹腓力：《审判达尔文》，钱锟译，中央编译出版社，2006。

〔美〕詹姆斯·施密特：《启蒙与现代性——18世纪与20世纪的对话》，徐向东、卢华萍译，世纪出版集团，2005。

〔美〕张灏：《梁启超与中国思想的过渡（1890－1907）》，崔志海、葛夫平译，江苏人民出版社，1995。

〔美〕张灏：《危机中的中国知识分子——寻求秩序于意义》,，高力克、王跃译，新星出版社，2006。

Armstrong，Karen. *A Short History of Myth. Edinburgh*：Canongate Books Ltd，2005.

Bellwood，Peter. *First Farmers：The Origins of Agricultural Societies.* Malden（MA）：Blackwell, 2005.

Carolyne Larrington, *The Feminist Companion to Mythology*, London: Pandora Press, 1992.

Day, John V. *Indo – European Origins: The Anthropological Evidence.* Washington D. C. : The Institute for the Study of Man, 2001.

Flood, Christtopher. Myth and Ideology, in Kevin, Schilbrack ed. , *Thinking Through Myth.* London and New York: Routledge, 2002.

Golan, Ariel. *Prehistoric Religion: Mythology · Symbolism.* Jerusalem, 2003.

Johannes Fabian, *Time and the Other: How Anthropology Makes Its Object*, Columbia University Press, 1983.

Joseph Mali, *Mythistory: The Making of a Modern Historiography* . The Univercity of Chicago Press, 2003.

Lacouperie, T. De, Western Origin of the Early Chinese Civilization from 2300B. C. to 200A. D. Osanabrück: , Otto Zeller, 1966.

Lincoln, Bruce. *Theorizing Myth: Narrative, Ideology, and Scholarship*, Chicago: The University of Chicago Press, 1999.

Liverani, Mario. *Myth and Politics in Ancient Near Eastern Historiography.* London: Equinox Press, 2007.

Margaret T. Hodgen, Early Anthropology in the Sixteenth and Seventeenth Centuries, Philadephia: University of Pennsylvania Press, 1964.

Michael A. Cremo, Richard L. Thompson. *Forbidden Archeology: The Hidden History of the Human Race*, Bhaktivedanta Book Publishing, 1998.

Mithen, B. The *Prehistory of the Mind: The Cognitive Origins of Art, Religion and Science.* London: Thames and Hudson, 1997.

Mithen, Steven. *After the Ice—A Global Human History* 20000 – 5000 BC. Harvard University Press, 2006.

Michael Loewe, Edward L. Shaughnessy. *The Cambridge History of Ancient China: From the Origins of Civilization to* 221 BC. Cambridge University Press, 1999.

Schrempp, Gregory and William Hansen, eds. Myth: *A New Symposium.* Bloomington & Indianapolis: Indiana University Press, 2002.

后 记

　　2009 年，中国社会科学院重大项目"中华文明探源的神话学研究"立项，作为子课题负责人，我承担"中国神话学反思与中华文明探源研究"部分。立项之初，本子课题旨在以神话学与考古学的跨学科研究为基础，着重梳理中国神话学如何参与到考古学尤其是文明探源的研究中，总结其观念与方法论得失，从而与另外两个子课题紧密连接，相互支撑。至 2012 年夏，课题顺利结项，我的相关思考越发深入，疑虑也越发浓厚。一方面，"课题稿"要研究的是神话如何成为可靠的史料参与到史学、考古学中，或考证哪些史料可以佐证神话的可靠性。如果说这种实证性倾向本身是一种在近现代学术史转型中形成的观念与方法，那么，这套观念与方法又从何而来呢？另一方面，那些近现代思想巨擘的思想张力，以及神话学本身的丰富内容会溢出"实证"与"史料"的边界，构成更丰富的现代学术转型与神话学风貌。经再三考虑，在改稿出版阶段，我一再拖延交稿时间，硬着头皮将书稿重心挪向神话学本身，在保留"课题稿"枝干的基础上，删减并重新写了一大半篇幅。当然，人贵有自知之明，这次修改的风险很大，尤其涉及了章太炎、梁启超、鲁迅、周作人、费孝通、张光直、"古史辨"派等，他们都是足以让学者为其独立著述的研究对象。我在研究中将他们的相关思想重新组合、阐释，不禁常常感到知识储备捉襟见肘，力不从心。迫于出版时间的规定，书稿尚有诸多粗糙之处。尽管如此，我仍希望通过这次修改，呈现自己更有兴趣的思考内容，也为近十年来的一些探索做个阶段性小结。

　　十年前，从博士后的研究开始，我就从神话学阐释先秦经典的角度反思中国现代学术界研究先秦历史、神话的范式及观念问题。拙著《断裂中的神圣重构——〈春秋〉的神话隐喻》集中呈现了我对神话、历史（尤其是古史）等观念的基本理解，它既打开了我跨学科研究的视野，同时也承载了那几年接触各类知识资源时的迷惑、兴奋和辛苦。跨学科研究，往往需要研究者在掌握其他学科的理念、方法方面，具有与该领域学者同一的水准。但是，人的精力和能力的有限性，会使得所谓的"跨学科"大多只是对相关学科成果的简单采用，或对其概念的单向套用而已，其结果很可能是大大规避或弱化了一个学科内部所蕴藏的丰富的问题意识、学术实践及其历史意义等。如何避免这种简单的跨越，更好地处理不同学科之间的嫁接点和研究方法？我想，也许最简单有效的方法就是先悬置"学科"问题，仅选择自己最心动、最愿意为之不断追问的研究对象，顺其自然，顺势而为。

很幸运的是，这项子课题给了我澄清思虑、聚焦兴趣的机缘。神话学所能衍生出的诸多内容早已溢出学术生产本身，让研究者能不断反省自己的视角、心态与学问态度，甚至生活方式。这种研究的快乐与意义也只有自己方知足并常乐。受课题立项与出版计划所限，这本小著仅能呈现出与古史相关的一些思考，我希望在未来岁月能逐步完成其他研究计划。在此，真诚感谢本课题首席专家叶舒宪教授为这项院重大课题所付出的一切。感谢我院科研局、文学所和比较文学室的同仁，为我提供了宽松、包容，不乏监督与动力的工作环境。感谢社会科学文献出版社高雁女士对我"严重拖延症"的一再宽容，以及对书稿的认真审阅和费心纠偏。

这几年，时间总是用加速度的方式，把杂乱仓促中的我甩在"进步"的后面，种种琐事缠身，时间被各种忙碌切割为小碎片，让我常常无暇聚焦研究，无法安静写作。然而，我已然适应并爱上这种在繁杂束缚中平心静气、尽力而为的生活。诚挚感谢一直关心我、帮助我、指导我的各位师友和亲人，罗列出这些名字会太显冗长，也容易顾此失彼。太多的情感与友谊、交往与默契、信任与理解、帮助与支持、共鸣与商榷，不需要敲锣相告。它们只会被我经常追忆和品味，随着岁月渐逝而渐明，随着这本小著的完成而更加清晰、更铭记于心。

感谢岁月和生活的给予。相逢的一切，或浓或淡，或得或失，或聚或散……其实，都是美好的、最适宜的。

谭　佳

2015 年 3 月 30 日　北京慈云寺

2016 年 2 月 15 日　修订

图书在版编目（CIP）数据

神话与古史：中国现代学术的建构与认同／谭佳著
. -- 北京：社会科学文献出版社，2016.6（2023.1 重印）
（文明起源的神话学研究丛书）
ISBN 978 - 7 - 5097 - 8731 - 1

Ⅰ.①神…　Ⅱ.①谭…　Ⅲ.①神话 - 研究 - 中国
Ⅳ.①B932.2

中国版本图书馆 CIP 数据核字（2016）第 022334 号

·文明起源的神话学研究丛书·

神话与古史：中国现代学术的建构与认同

著　　者／谭　佳

出 版 人／王利民
项目统筹／高　雁
责任编辑／高　雁　黄　利
责任印制／王京美

出　　版／社会科学文献出版社
　　　　　地址：北京市北三环中路甲 29 号院华龙大厦　邮编：100029
　　　　　网址：www. ssap. com. cn
发　　行／社会科学文献出版社（010）59367028
印　　装／北京虎彩文化传播有限公司

规　　格／开　本：787mm × 1092mm　1/16
　　　　　印　张：15.5　字　数：271 千字
版　　次／2016 年 6 月第 1 版　2023 年 1 月第 4 次印刷
书　　号／ISBN 978 - 7 - 5097 - 8731 - 1
定　　价／79.00 元

读者服务电话：4008918866